丽泽·教育学研究丛书
主编 胡春光

湖南第一师范学院教育学院出版基金资助项目

国家社科基金教育学一般课题"教育均衡理念下农村卓越教师精准培育的区域策略研究"（编号：BIA180210）的研究成果

教育均衡理念下农村卓越教师精准培育策略研究

王建平　彭玲艺　著

湖南师范大学出版社·长沙

图书在版编目（CIP）数据

教育均衡理念下农村卓越教师精准培育策略研究／王建平，彭玲艺著.
--长沙：湖南师范大学出版社，2024.10. --ISBN 978 - 7 - 5648 - 5521 - 5

Ⅰ. G415. 2

中国国家版本馆 CIP 数据核字第 202492YJ94 号

教育均衡理念下农村卓越教师精准培育策略研究

Jiaoyu Junheng Linian Xia Nongcun Zhuoyue Jiaoshi Jingzhun Peiyu Celüe Yanjiu

王建平　彭玲艺　著

◇出 版 人：吴真文
◇责任编辑：赵婧男
◇责任校对：谢兰梅
◇出版发行：湖南师范大学出版社
　　　　　　地址/长沙市岳麓区　邮编/410081
　　　　　　电话/0731 - 88873071　88873070
　　　　　　网址/https：//press. hunnu. edu. cn
◇经销：新华书店
◇印刷：长沙雅佳印刷有限公司
◇开本：710 mm × 1000 mm　1/16
◇印张：14. 75
◇字数：260 千字
◇版次：2024 年 10 月第 1 版
◇印次：2024 年 10 月第 1 次印刷
◇书号：ISBN 978 - 7 - 5648 - 5521 - 5
◇定价：50. 00 元

凡购本书，如有缺页、倒页、脱页，由本社发行部调换。

总　序

　　教育兴则国家兴，教育强则国家强。世界强国无一不是教育强国，教育始终是强国兴起的关键因素。近几年，高规格的教育政策陆续出台，教育高质量发展的体制机制建梁立柱，教育关键领域改革聚力突破，教育综合治理落地有声。在建设教育强国、科技强国、人才强国的大背景下，当下中国的教育研究应当做什么？教育研究应当怎么做？或者说，今天的中国需要什么样的教育研究？要回答上述问题，首先要回答的问题是：我们为谁而进行教育研究？这种研究的价值在哪里？

　　我一直认为，教育研究不仅仅是研究别人，而且是在研究和教育"我自己"，研究和教育"我为何而为，何以为之"。教育研究是为"我自己"而进行的生命书写，我在为"我自己"而进行教育研究。我的研究、我的写作、我的沉思都是对我自己教育信仰的安顿，研究对象不是外在于我自己的，像鲁迅先生说的，不是"隔岸观火"，而是"燃烧自己"，是"在写我们自己，发现我们自己"。教育的根本旨归是涵养人的精神，精神成人首在立人，由此教育研究的最终目的是要通过透视人自身的成长经历，塑造人性，完善人格，温润人心，进而反思人类走向何处的问题。教育中的各种困惑实际上就是人对自身存在的困惑，在此意义上，教育其实是对人的一种终极关怀。由此，教育研究就是一种对存在的反思，它反思的是：受教的灵魂知向谁边？这是一个灵魂清洗开悟的过程，一个打开自我枷锁的过程，更是一个理解自我和完善自我的过程。《论语》是这样，《理想国》是这样，《爱弥儿》也是这样，这些大家先贤的教育研究是他们生命体悟、精神成长、自我个性的显现，他们的教育研究从来都不是与自己没有关系的，从来都不是无"我"的。因为无"我"的教育及其教育研究恐怕也不会有"他人"，不会引起生命的共情同理，至多只是无心的阐释、空洞的口号和苍白的说教，这样的研究不会让人享受到幸福感和崇高感。只有真诚面对自己，面对自己的内心，才能写出永不过时的作品，正如锡德尼所说："窥视你的心而后下笔。"有心的东西才有永恒的生命力。爱默生有言，如果诗人写一部真正的戏剧，那他就是凯撒，而不是凯撒的扮演者。真正的写作和研究是在写"我自己"和研究"我自己"，"我自己"才是真正的研究对象，才是真正的作品中的人。福柯在一次访谈中说："每次当我试图去进行一项理论工作时，这项工作的基础总是来自我个人的经验，它总是和我在我周围看到的那些事情有关。事实上，正是因为我觉得在我关注的事物中，在我去打交道的制度中，在我与他人的关系中，我发现了某种破裂的东西，某种单调灰暗的不和谐之处或运转失调的地方，我就会着手撰写一部著作，它实际上是一部自传的几个片段。"因此，福柯终其一生关怀的基本问题始终是"人自身的生活命运"，在他看来，人之为人的基本特点，就在于人是审美性的存在，时刻创造着自我满足的美学存在经验。米兰·昆德拉也曾经说：诗人的写作是为了推翻那些遮蔽真正存在的事物的屏障，诗人必须超越那些已经陈旧的真理，必须拒绝为人们提供浅显的真理，必须寻求那些在这里找不到的真理。也许我们永远都找不到这样的真理，但我期望通过这种写作反省，使自己被束缚的灵魂重新获得自己失去的青春，再次让我们日趋僵化的精神生命涌动跳跃，就像柏拉图"洞穴隐喻"中的那个挣脱绳索的囚徒，他要时刻关注自己的生命。

　　教育研究是饱含着研究者心血的东西，是对自己进行一种生命体悟式的"周全反思"，这种研究折射了研究者的生活体验，倾注了研究者的个人情感，浸润了研究者的理性思考，在用自己的心灵理解他人的同时也完成了对自己的理解，最终改进了教育实践，提升了教育思想，启发了教育智慧，润泽了教育生活。我们必须承认：我们怎么做教育研究，我们也就成为什么样的教育研究者。教育研究者选择了教育研究，不仅意味着选择了一种工作和职业，更意味着选择了一种生活方式，它占用我们的生命，敞亮我们的生命，呵护我们的生命。诚如社会学家米尔斯所言："作为学者，你有特别的机会来设计一种生活方式，它将促成良好的研究习惯。无论是否认识到这一点，在努力使治学臻于完美的历程中，治学者也塑造自我。我的意思是，你必须在学术工作中融入个人的生活体验，持续不断地审视它、解释它。"从这个意义上说，学术研究应该是研究者的栖息之所，套用海德格尔的话说，我居住，我逗留，我照料自己在教育研究中，这样的研究一定是充满生命力的，因为它是关于"我自己"的研究。柏拉图说，哲学产生于一种惊奇，这种惊奇就是一种渗透理性关怀的对生命的敏感，教育研究何尝不是如此。

当下教育研究中学术研究与"我们自己"的身心分离，学术研究似乎只是一种工作和职业的必要，有时候甚至是一种"晋升职称""获得荣誉""争取经费"的被迫行为，真正的个性精神、生命叙说、心灵澄明被挡在了教育研究之外，这样"生命自我"与"教育研究"对立起来了，学术研究成为外在于"我"的东西，成为"我"不得不去应对的东西。对于学术研究，我们就只关心一件事，即生产研究成果，发表研究论文。然后，研究完成，任务结束，束之高阁，周而复始。我们在工具化的研究中体会不出自我生命的快乐、冲动、解脱、安详、崇高、敬畏，更多的是为提高生产效率而产生的倦态、无奈、压力、焦灼，有时候甚至是痛苦。其实我们正在走向一种严重的异化状态，我们正在努力做着被迫的事情、心里想逃逸的事情。教育研究也因此褪去了它应有的魅力，走向功利研究、工具研究、消费研究，研究这件事变成了我们生命的障碍，我们似乎都是在迎合研究，而不是出于研究本身。我们不能像孔子、苏格拉底、亚里士多德等古代圣贤那样把教育及其研究当作实现自我的生活，当作我们道德生活的目的。我们发明了"职业"这个词，"研究"也因此成为学术人的"职业"而不是"志业"，"职业"的教育研究逐渐沦为一种与灵魂无关的知识传授和科学研究活动，"学术为生"变成了"学术谋生"，研究者的生命价值和精神价值在"职业研究"中似乎退隐乃至消逝了，使得今天的研究活动失去了对人自身生活和精神的引导与关注，使人在学术研究中缺少了一种惬意的价值存在的崇高体验感，我们被各种"知识""技术""制度""评价"再造为某种目的的"科研工具人"。

今天的教育日益为功利所羁绊，更多地被当作一种实用知识与技能训练的消费，成为人们追逐名利的法宝，它摒弃了那些能净化人心灵的古典知识，规限了人拓展生命与精神的空间。在利益得失、欲望骄纵的复杂多变的社会里，教育渐渐失去了其唤醒人心灵解放的理性光辉，成为一种建基于技术工具理性之上的，以符合人的"物化"意愿而提供给人更多的欲望满足。相应的学术研究也导致我们丧失了对"研究"的敬畏之心，有时候"学术"甚至被当成改变命运境遇的工具和功名利禄的阶梯，它满足着人的欲望，诱惑着人的野心。当人对一件事情没有了敬畏之心，也就关闭了入德之门。对此，舍勒说："我们一旦关掉敬畏的精神器官，世界就立即变成一道浅显的计算题。只有敬畏才使我们意识到我们的自我和世界的充实与深度，才使我们清楚，世界和我们的生活具有一种取之不尽的价值财富。"他还说："只有敬畏才在清晰而有限的思想和感觉内蕴含我们空虚和贫乏之时，使我们隐隐地意识到财富和充实；敬畏赋予我们一种感觉，使我们感受到尚未发掘出来，而且在尘世生活中无法发掘的生存与力量之宝藏。敬畏悄然将我们得以施展真实力量的空间暗示给我们：这是一个比我们的时间性生存更伟大、更崇高的空间。敬畏使我们不致对自己作出只会使自己着魔般茫然失措的、正反两方面的结论性价值判断；敬畏不断地给我们铺好绿茵，插好路标，我们走在上面自己探寻自己，也许不免迷途，最终却能找到自己。"敬畏教育，敬畏研究，其实就是敬畏生命；敬畏生命，人才可入德成人。教育研究倘若不通过对人生命存在的反思与理解，那又如何能捕捉隐藏于人的存在与生存策略意识下的种种教育问题呢？

教育是造就新生力量的事业。新生力量意味着赋予新的生命，也即教育要为个体生命的澄明提供指引，祛除其自我深层的内在遮蔽，教育无疑和人的生命密切相关。人是自己意识的对象，是自己感觉、认知、精神、情感、意志、愿望、审美的对象，在马克思那里，人是"按照美的规律来构造"，构造对象，也构造自己，因此，人应该是一种审美性存在。人要走出现代性的困境，恢复人之为人的自然面目，必须寻找人的价值性与审美性存在，凭借审美存在的态度与实践，使主体自身的现状不断地经由反省而有所超越，将自身培养成为独立自由和充满创造活力的价值生命体。审美的人生就是艺术的人生，审慎地对自我设定生活的美学原则，对自身的生存内容、行动方式和生活风格，进行持续不断的艺术创造的实践活动。我们写的书，也是我们审美人生不可分割一部分，我要把它当作一件精美的艺术品，用心地打造和雕刻，用我们全部的身心来创作，这种创作就是我们的审美生活。正如苏格拉底在《申辩篇》中对审判他的法官们说，你们只关心自己的财产、信誉和荣耀，你们没有用"智慧、真理以及灵魂的完善"来关怀自己。我想，我们的写作，正是用我们的智慧、真理以及灵魂来完善我们的生命，关怀我们的生命，润泽我们的生命。《论语·为政》："《诗》三百，一言以蔽之，曰'思无邪'。"告诫我们，人要胸怀坦荡，光明磊落，做一个纯粹的人，做一个有信仰的人。学术，天下之公器也；学者，天下之良心也。学术人，尤其是要纯粹，甚至是要简单。

写就以上文字，反思教育研究中"身心分离"的问题，思考教育研究向何处去，其实是希望我们能涌现出更多、更好的教育研究成果。教育始终与国家发展和民族振兴同向同行。中国的未来发展，民族的伟大复兴，关键在人才，根本在教育。"为学之道，必本于思""不深思则不能造于道，不深思而得者，其得易失"。面对前所未有的发展机遇和严峻挑战，我们清楚地意识到，当下的教育还不适应国家经济社会发展和人民群众接受高品质教育的要求。教育发展的现状，期待我们必须更多地关注实践中的教育问题，思考每一个教育行动的价值和意义，探寻教育改革与发展的新路向，这是时代赋予我们的课题。作为教育研究者，我们要把眼光转向喧嚣的教育事实背后，去寻思那些被热闹所掩盖、浮华所遮蔽、习惯性遗忘的教育问题之域，创塑一种新的眼光、发挥一种新的想象力去了解与看清教育生活中所隐藏的矛盾与扭曲的事实，进而找到一种可行的教育改革进路去提升现实的教育品格。基于此，我们策划了此套丛书，在此要深深地感谢湖南师范大学出版社的大力支持，同时也感谢各位编辑老师的认真审校与勘误。

"衡山西，岳麓东，第一师范峙其中；人可铸，金可熔，丽泽绍高风。多才自惜夸熊封，学子努力蔚为万夫雄"，湖南一师高亢有力的校歌传递出历经千年弦歌不辍的深厚文化底蕴。这里的"丽泽"原义是"两个相连的沼泽"，《易经·兑卦》中云："丽泽，兑。君子以朋友讲习。"朱熹释义："两泽相丽，互相滋益，朋友讲习，其象如此。"后世将之比喻为朋友之间互相切磋。今年是湖南一师的百廿华诞，在这特殊时刻，出版"丽泽·教育学研究丛书"，助力"品质一师"建设，更重要的是希望开启共同愿景：

学者间相互问道，切磋学问，做真学问，行真教育，共同为中国的教育现代化贡献教育智慧和实践经验。

本套丛书的作者大多是湖南一师近年才引进的青年博士和博士后，他们秉承毛主席母校"千年学府、百年师范"的荣光，牢记主席"要做人民的先生，先做人民的学生"的教导，弘扬"传道树人、丽泽风长"的教风，践行"学思并进、知行合一"的学风，从他们身上我们看到了实现我们教育理想的某种可能。尽管他们书中有些观点和论证还显稚嫩和不足，但他们对教育理想的不懈追求，对教育信仰的虔诚敬畏，对教育现实的深厚关切令人感动。"士不可以不弘毅"，我们希望本套丛书能为中国的教育发展奉献我们一师人的一份心力。中国的教育改革之路是怎样的一条路？是哪些东西在遮蔽着我们前进的路？我们不敢说已经找到了答案，但现在我们拿出了勇气去上路，我们已经走在了寻找答案的路途中，关键是我们有一群志同道合的同路人。孟子有云："大人者，不失其赤子之心也。"我们有对教育的信仰，有执着于教育的理想，有我们坚定的守望和无畏的追求，我们一定能达成本丛书既定的目标。子曰："君子不器。"此之谓也。

胡春光

2023 年 10 月写于湖南一师特立北楼 202

序

义务教育均衡发展是基础教育的重要目标，也是我国社会主义教育制度优越性的根本体现。教育均衡发展是基于城乡教育发展不均衡的普遍事实，即农村教育与城市教育存在明显的程度差异而提出的。针对农村教育处境不利的状况，需要对现状进行积极有效的改变，从而促进城乡教育和谐有序健康发展。

教育均衡发展包含很多内在的要素与评价的维度，但其中最重要、最核心的元素是师资，师资水平是撬动城乡教育均衡发展的有力杠杆，是提升学校教育质量、创新学校育人文化的保障力量。师资水平的差异尤其是农村教师队伍的不稳定、优秀教师的自然流失是横亘在城乡教育均衡发展面前的一道难题。如何为农村教育提供优秀的师资人才、如何稳定农村教师队伍与提升农村教师队伍素质构成本书基本的研究起点与研究缘由。

二十一世纪以来，培养卓越教师成为世界各国教师教育共同的价值取向，在部分发达国家已经取得了足可借鉴的成功经验。随着我国 2014 年《教育部关于实施卓越教师培养计划的意见》及 2018 年《教育部关于实施卓越教师培养计划 2.0 的意见》的相继颁行，卓越教师培养逐渐成为我国教师教育的目标追求，取得了广泛的社会共识，深刻影响着各类院校、职前职后的教师教育行动实践。尽管卓越教师概念属性并不完全清晰，内涵、边界并非十分了然，评价标准尚未明确建立，但并不影响各级行动主体朝着卓越教师培养目标的矢志努力。

农村卓越教师培养是卓越教师培养的题中应有之义，在一定程度上说更为迫切、更有优先性。因为义务教育均衡发展的根本在于提高农村教师的专业素质，在于改变农村教育师资的薄弱状况，在于培育一批卓越的农村教师队伍，引领农村教育的健康高质量发展，这是时代赋予的历史重任，也是教师教育者无可推卸的当下使命。

农村（乡村）卓越教师既是一个不断磨砺、专业优化的过程，也是一个自主提升自然发展的结果；既代表个体的卓越，也意涵着群体的优秀；既包括职前培养具有卓越潜质的未来教师，也包括职后教育经过历练而成的真正的卓越名师。卓越既是一个目标，即努力成为专业才能突出、综合素质高、适应能力强的拔尖教师；也体现为一种精神追求，即不断走向卓越、不断接近卓越、不断成就卓越。

农村卓越教师既有一般卓越教师的特点、个性，还有自身独特的气质、气象。这种独特的气质、特性主要表现为乡土教育情怀、一专多能素质、乡村文化引领、乡村教育研究等方面。这些气质、特性不是先天自带的，而是在后天的教育环境中熏陶、锤炼、浸染而逐渐形成的。当然，最重要的还是对农村教育的信仰，对农村教育工作的职业认同，这是构成他们坚守农村教育、积极探索变革、主动追求卓越的基石依靠。

农村卓越教师作为农村教育的领航者、开拓者，引导农村教育的积极发展与创新变革，推动农村教育质量的不断提升，鼓舞其他青年教师的成长进步。只有当农村卓越教师的影响力日益扩大、农村教师队伍素质整体提高、城乡教育由基本均衡真正走向优质均衡之际，农村教育方可呈现欣欣向荣的景象，我们所祈望的以乡村教育振兴为动能的乡村振兴才能踏步走来。

总的来说，农村教育师资队伍目前总体还比较羸弱，结构性矛盾还比较突出，农村教育的职业吸引力还不够强，支持保障体系不够有力，农村卓越教师群体还不成气候，这一切均需要加以改变，需要从制度、措施、途径等构建起有利于农村教师队伍生长、发展、繁荣的支持体系。基于此，围绕农村卓越教师培养、培育的问题还需要加以深入研究。本书系国家社会科学基金2018年教育学一般课题"教育均衡理念下农村卓越教师精准培育的区域策略研究"（课题编号：BIA180210）研究成果。本书汇集了本课题组团队的集体努力，是课题组成员共同协作劳动的结果。各章主要撰写者如下：第一章，张洪萍（湖南第一师范学院教育学院副教授）；第二章，彭玲艺（湖南第一师范学院教育学院讲师）；第三章、第四章，王建平（湖南第一师范学院教育学院教授）；第五章，王建平，柳燕（湖南第一师范学院教育学院讲师）；第六章，王建平。作为课题主持人，本人拟定了该书的整体框架与基本内容，并完成了最后修改与统稿。

在本书撰写的过程中，参考与引用了许多同行研究者的相关文献，在此一并表示感谢。由于本人学识浅薄，错讹之处在所难免，敬请各位批评指正！

王建平

2024 年 6 月

目　录

第一章
教育均衡发展理念概述

党的十九大报告明确指出："中国特色社会主义进入新时代，我国社会主要矛盾已经转化为人民日益增长的美好生活需要和不平衡不充分的发展之间的矛盾。"这种发展的不平衡、不充分反映在教育上则是城乡之间、区域之间等还存在较大的差异，影响了教育的整体发展与质量提升，教育均衡发展因此成为现时代的突出主题与根本追求。为了对教育均衡发展理念有着更为深入的、全面的认识，本章对此进行阐释与说明。

第一节　教育均衡发展观的基本内涵

一、教育均衡发展观的历史追溯

教育均衡发展，从本质上说，是教育公平和教育平等思想的集中体现。教育均衡发展既是一种理想追求，也是一个历史范畴。不同历史时期，教育均衡发展有不同的表现和追求。有学者将教育均衡发展划分为四个阶段：一是低水平均衡阶段，即普及义务教育阶段，以追求教育机会均等为目的；二是初级均衡阶段，推进教育体制改革创新，追求教育过程和教育条件的均等，以追求教育资源合理配置为目的；三是高级均衡阶段，深化学校教育改革，追求教育质量的均等，以人的培养和发展为目标；四是高水平均衡阶段，这是教育均衡的理想阶段，教育资源极大丰富且得到优化配置，区域、城乡、校际和学生群体之间的差距极大缩小，每一个学生都能接受相对均等的教育，最大限度地发挥自己的特长和学习潜能。①

　　教育发展史上，对于教育公平和教育平等的追求，可以说从宗教改革时期就开始了。在宗教改革中，马丁·路德主张儿童皆应该接受教育，普及教育思想开始萌芽。

　　在普及教育的推广过程中，教育机会均等成为各国对教育均衡发展的早期追求，义务教育是其具体体现。为了推动义务教育发展，1619 年，德国魏玛邦国颁布《魏玛学校章程》，提出强迫就学主张；1717 年，普鲁士邦国颁布《义务教育令》，规定不分男女贵贱，都必须接受教育。如果说，德国在义务教育的推动方面，行动最早，则后起之秀的美国，大力推行义务教育的同时，在教育均衡方面，发展更快，效果也更显著。

　　美国国家历史虽然不长，但其对教育公平和教育平等的追求在立国之初就体现出来了。独立战争以后，美国抛弃了殖民地时期宗主国英国的双轨学制，采取单轨学制，大力发展公立学校。在公立学校运动的推动下，美国义务教育发展迅速，很快就实现了入学教育机会均等。入学教育机会均等后，教育过程及教育成功的机会均等要求凸显，成为美国教育均衡发展的重点。有色族裔、乡村等弱势人群和薄弱地区的教育滞后成为教育均衡发展过程中急需解决的问题。为了保障有色族裔、乡村地区及贫困家庭孩子的教育成功机会均等，二战以后，美国通过补偿教育计划、教育优先区计划等政策支持，对薄弱地区和弱势儿童的教育公平和教育成功机会进行保障。

　　20 世纪 90 年代开始实施的"为美国而教"和 2000 年的"农村教育成就项目"，从师资和教育经费方面对偏远地区和弱势儿童进行大力支持，希望通过均衡教育资源进一步保障教育均衡发展。2002 年，美国政府实施"不让一个孩子掉队"计划，加大对弱势学校的财政支持，但也要求学校必须提高所有学生的学业成绩，并且要求学区通过考试分数和其他措施来确保少数族裔每年取得进步。"不让一个孩子掉队"计划，对于处境不利学生学业成绩的提高有明显效果。不过，为了不让一个学生掉队，不少学校不得不延长上课时间，且在实施过程中也存在地方考评标准不均衡的情况。

---

① 翟博. 教育均衡发展：理论、指标及测算方法［J］. 教育研究，2006（3）：16 - 28.

2015 年，美国奥巴马政府颁布《每一个学生成功法案》，取代"不让一个孩子掉队"计划，进一步加大对各州的困难学校和学习表现不佳的学生的支持，以确保所有学生都达到发展目标。从"为美国而教"和"农村教育成就项目"，到"不让一个孩子掉队"和《每一个学生成功法案》，美国的政策支持正逐渐从群体落实到个体，教育均衡从追求质量和效率向满足优质教育需求转变。

欧美之外，亚洲的日本，在促进教育均衡发展方面，也是不遗余力。近代史上的日本，也曾经饱受西方侵略。明治维新中，日本向西方学习，大力发展义务教育。1886 年，日本颁布《小学校令》，开始实施六年制的免费义务教育；二战以后，通过《教育基本法》，不仅延长了义务教育年限，而且规定要保证教育机会均等，在全国实行统一规范的教学要求。为了保障全国教育均衡发展，日本颁行《偏僻地区教育振兴法》《义务教育费国库负担法》等一系列法令，加大对偏僻地区及经济不发达地区的学校进行财政支持的力度。同时，日本还颁行《教育公务员特例法》等法案，通过提高教师地位和流动机制，以保障薄弱地区及弱势学校在包括教育经费和教育设施等方面的教育资源、师资等各个方面的均衡发展。由于日本政府在法律和财政上大力支持教育，日本教育均衡发展取得了很好的效果，已经逐渐实现从形式均衡向实质均衡转变。

较之欧美和日本，我国教育均衡发展起步较晚。直到 20 世纪初，精英知识分子及清廷官员借鉴德国和日本大力普及教育的经验，开始推行国民教育。在壬寅学制和癸卯学制的基础上，于 1906 至 1907 年间，颁行《学部咨行各省强迫教育章程》，认为"非教育普及不足以养成国民之资格"，中国普及教育的先声自此开启。1907 年，学部公布《女子小学堂章程》和《女子师范学堂章程》，将普及教育的对象扩大到女子。民国初年军阀混战，虽有精英知识分子大力提倡教育普及，但政府忙于征战，非但无心教育发展，反而经常挪用教育经费，面向大众的义务教育处于风雨飘摇的苦境。国民政府建立后，对义务教育有所提倡，并开始关注到乡村义务教育发展滞后的问题。1935 年，国民政府行政院通过《实施义务教育暂行办法大纲》，试图分十年普及小学教育。对于乡村等落后地区，实行一至二年的短期小学制度，并对原有的私塾进行改良。经过国民政府对义务教育的提倡，并尽量拨款支持乡村短期小学，民国后期的义务教育有所发展，儿童入学率达到 45% 左右。①

新中国成立后，尤其是改革开放以来，政府一直致力于普及教育，从法律和财政等方面来保障与促进义务教育发展。1982 年，《中华人民共和国宪法》修订，在第 46 条明确规定"中华人民共和国公民有受教育的权利和义务"；1986 年，《中华人民共和国义务教育法》通过，提出国家实行九年义务教育，各地区根据本地经济、文化发展状况，"确定推行义务教育的步骤"。可见，20 世纪我国的教育发展，主要致力于义务教育，追求的是包括女童在内的儿童入学教育机会的均等。

21 世纪以来，随着九年义务教育的全面实现，政府对教育发展的要求不断提高，不再停留于教育机会的均等，开始着眼于教育过程中的平等和教育质量的提升。也可以说，经过 20 世纪的百年努力，我国教育均衡发展正处于初级均衡和高级均衡的交叉发展阶段。

二、教育均衡发展观的内涵界说

（一）关于"均衡"和"教育均衡"两个概念

均衡本是一个物理学概念，但经济学套用了物理学这一概念，用以解释经济体系中各种变动着的力量处于平衡的一种状态。在这些力量中，最有代表性的就是供给和需求力量，当供需一致时，就会实现经济均衡。②

教育均衡其实是借用经济均衡这一理念。毕竟，教育领域中也涉及资源配置和供求关系。教育发展过程中，曾经以及依旧存在的教育不均衡，其实就是因为教育资源不足尤其是教育资源配置不均衡所导致的。所以，追求教育均衡，实则主要是追求教育资源的均衡配置问题。要实现教育均衡，就需要有相应的法律法规进行政策支持，同时要尽量保障教育经费、师资队伍等教育资源的均衡配置。

当然，教育均衡是一种理想状态，是相对的、暂时的。随着社会发展，

---

① 国家教育委员会师范教育司. 全国师范教育工作会议文件汇编（1—5 次）[G]. 长春：东北师范大学出版社，1997：4.

② 翟博. 教育均衡论 [M]. 北京：人民教育出版社，2008：45.

人们对教育会产生新的理想和期待，原有的教育均衡状态就被打破，就需要对教育均衡重新认识，重新进行资源配置。

（二）教育均衡发展的理论基础

教育均衡发展的理想追求和现实需要，是基于多方面的理论而表现出来的基本诉求，其中影响较大者有公平理论和人权理论。

公平理论流派多样，但对于资源配置包括教育资源的配置，罗尔斯基于正义的公平理论是一个较好的参照。罗尔斯认为，社会秩序往往会由公众所认可的规则和程序来进行调节，而一个秩序良好的社会，一定是由具有公共的（政治的）正义观念有效调节的社会。这种正义观念"阐明由主要政治和社会制度所规定的基本权利和义务，并且它们也调节由社会合作产生的利益分配"。但同时，罗尔斯认为，现实社会是不平等的，如何在这个不平等的社会基本实现公民之间的自由平等呢？他提出两个原则：一是平等的基本自由原则。涉及公民最基本的政治权利，包括公民的政治自由、思想自由和结社自由等基本的自由权利。二是公平的机会平等原则和差别原则。要求公平的机会平等，也要求用差别原则来调整经济的不平等，公平的机会平等原则优先于差别原则。①

罗尔斯基于正义的公平理论，是社会资源分配的基本原则。故基于正义的公平理论分配教育资源，也应坚持以下原则：一是资源配置均等原则，即保障公共教育资源的分配对所有学生都应平等；二是财政中立的原则，即保证不同背景的学生在享有资源分配上的机会均等；三是调整特殊需要原则，即保障对处境不利的群体进行补偿的倾斜政策；四是成本分担和成本补偿原则，即具体实施过程中需要对有限的教育资源进行整体平衡；五是公共资源从富裕流向贫困的原则，这是衡量教育资源分配是否公平的最终标准。②

人权理论也是丰富多彩的。人权这一概念实则是一个历史概念，不同时期对人权的基本期待不一。对于人权概念，目前国内外的理解有较大分歧。从最基本和最简单的角度来看，人权是人基于自然属性和社会属性应

---

① 赵苑达. 西方主要公平与正义理论研究 [M]. 北京：经济管理出版社，2010：90.
② 翟博. 教育均衡论 [M]. 北京：人民教育出版社，2008：80.

当享有的权利，其基本价值体现即自由、平等和博爱。1948 年联合国通过《世界人权宣言》，对人的基本权利进行了规定，每一个人"不分种族、肤色、性别、语言、宗教、政见、国籍和社会出身、财产、出生或其他身份等"，都享有人权。而具体的人权，联合国《国际人权宪章》将其分为两大类：一是公民权利和政治权利；二是经济、社会和文化权利。①

所以，基于人权理论，作为个体的人享有受教育的权利，其受教育的权利应该是平等的。无论是入学机会、学业过程，还是学业成就等各个方面，人人都具有平等获得的权利。故基于人权的教育均衡发展，也需要对教育资源进行均衡分配，从而保障人人享有平等的教育权利。

（三）教育均衡发展观的基本内涵

我国的教育均衡发展，已经从最初追求教育普及和入学教育机会均等，过渡到如今教育过程中追求学业成就机会均等、评价标准均等以及优质教育质量。当前的教育均衡发展，至少包含以下教育理想和期待：为更多的人提供更多的教育机会；为所有的人提供基本平等的教育；为尽可能多的人提供尽可能好的教育。②

对于教育均衡发展的思考，主要集中于 21 世纪。目前对于教育均衡发展的研究，主要是在基础教育领域内进行探讨。

基础领域内的教育均衡发展，大致包含以下几个方面：一是入学权利和入学机会均等，这是实现教育均衡发展的前提；二是在区域间实现教育均衡发展，即在省域之间、市域之间、县域之间、乡域之间统筹规划，这是实现区域教育均衡发展的基础；三是在城乡间实现教育均衡发展，这是实现城乡教育均衡发展的基础；四是在学校间实现均衡发展，包括学校布局和规模均衡合理，学校教育经费投入、设备设施、师资配备、生均教育资源、学生生源等多方面均衡，这是实现学校教育均衡发展的基础；五是在学生间实现均衡发展，包括校内各班级在设施、师资、生源、管理等方面的均衡，这是实现群体间教育均衡发展的基础；六是在不同类别、不同级别教育间实现均衡发展，这里包括基础教育内部普通教育与职业教育均

---

① 张晓玲. 人权理论基本问题 [M]. 北京：中共中央党校出版社，2006：11.
② 翟博. 教育均衡发展：理论、指标及测算方法 [J]. 教育研究，2006 (3)：16 - 28.

衡发展，也包括初等教育、中等教育与高等教育均衡发展；七是在教育质量上实现均衡发展，包括课程设置、教学水平和效果的均衡；八是教育结果在学校教育中和受教育者间实现均衡发展。①

所以，教育均衡发展，实则是受教育者教育权利的保障问题和教育过程中的公平问题。要保障受教育者的教育权利，以及真正实现教育公平，为更多人乃至理想状态中的所有基础教育阶段的受教育者提供优质教育，不仅需要资源的均衡配置，同样需要有坚实的法律保障和政策支持。

教育均衡发展，包括宏观层次的教育权利的公平和教育机会的均等，以及教育发展与经济社会相互协调发展等。宏观层次的教育均衡，反映的是形式的、外在的教育权利和机会。其也包括中观层次的区域均衡、城乡均衡、校际均衡和群体均衡。中观层次的教育均衡是内在的、实质的教育均衡，它在整个教育均衡体系中体现了经济学的特点，反映的是教育资源均衡配置的均衡。其同时，还有微观层次的均衡，包括课程、教学和教育评价的均衡，是教育均衡的具体化，反映的是教学过程中的教育质量和教学效果。②

所以，教育均衡实际上是一个长期的、动态的发展过程，会随着社会经济、教育理念的发展而发生内涵变迁，将是一个在较长时期内的教育理想和事业追求。要实现教育均衡发展，需要充分发挥政府的主体责任，通过法律和政策支持，保障教育资源的均衡配置，从而保障受教育者平等和公平的教育权利，获得优质教育。

第二节　城乡教育均衡发展的提出背景

一、教育失衡发展是城乡教育均衡发展的现实原因

20 世纪以来，我国一直以教育普及为追求目标。20 世纪前半期，我国

---

① 翟博. 教育均衡论［M］. 北京：人民教育出版社，2008：116 - 117.
② 翟博. 教育均衡发展：理论、指标及测算方法［J］. 教育研究，2006（3）：16 - 28.

饱受西方欺凌，教育发展迟滞，仅有一半的学龄儿童能接受义务教育。改革开放以来，国家在大力发展经济的同时，也加大了对教育的投入，力图早日普及义务教育。但是，因经济落后，教育资源不够丰富，不得不实行文化教育的"非均衡发展"①："不仅要承认全国各省市区之间经济文化发展的不平衡性，而且要承认在一个省、一个市、一个县范围内的发展也是不平衡的，所以必须鼓励一部分地区先发展起来，同时鼓励先发展起来的地区帮助后进地区，达到共同的提高。"② 经过改革开放以来的教育发展，我国百年的追求——义务教育终于基本实现普及。

事实上，在非均衡发展的思想指导下，我国大力发展义务教育，力图实现入学教育机会均等的过程中，城乡教育的不均衡发展现象日渐明显。早在1985年，城镇已经基本普及义务教育，而农村学龄儿童的入学率不到95%，农村小学的升学率只有65%，低于这一平均数的省区有13个，农村初中升学率仅22.3%，而城市初中升学率为40%；到1999年，农村小学的升学率上升到91%，但低于90%的省区仍然有15个，农村初中的升学率仅有18.6%，不升反降，同期城市初中升学率达到55.4%。师资水平上，城乡差距也非常突出，以江苏省为例，2004年全省农村中学专任教师本科学历占比为32.3%，城镇则达到67.6%。至于教育投入，城乡差距更大，据统计，2002年全年全社会各项教育投资为5800多亿，占总人口60%以上的农村只获得其中的23%。③ 截至2015年，我国教育均衡发展取得较大成就，但仍然要着力解决"乡村弱"和"城镇挤"等问题。④

鉴于入学教育机会均等问题基本解决，而城乡教育不均衡问题日益严重，2001年《国务院关于基础教育改革与发展的决定》中，开始着手解决我国基础教育发展不平衡的问题。

2003年，我国召开全国农村教育工作会议并发布《国务院关于进一步

---

① 邬志辉，等. 中国农村教育：政策与发展（1978—2018）［M］. 北京：社会科学文献出版社，2018：6.

② 中共中央关于教育体制改革的决定［EB/OL］.（1985 – 05 – 27）［2024 – 04 – 14］. http：//www.ce.cn/xwzx/gnsz/szyw/200706/14/t20070614_ 11750610. shtml.

③ 翟博. 教育均衡论［M］. 北京：人民教育出版社，2008：252 –254.

④ 促进公平仍是义务教育改革主题［EB/OL］.（2015 – 11 – 26）［2024 – 04 – 14］. http：//www.moe.gov.cn/jyb_ xwfb/s5148/201511/t20151127_ 221351. html.

加强农村教育工作的决定》，决定"把农村教育作为教育工作的重中之重"。
2005 年，《教育部关于进一步推进义务教育均衡发展的若干意见》中正式承
认"城乡二元结构矛盾突出"，并在 2006 年修订的《中华人民共和国义务
教育法》首次以法律的形式作出"促进义务教育均衡发展"的规定。此后，
国家开始加大对农村教育的政策支持力度，如农村中小学现代远程教育工
程、农村义务教育经费保障新机制、农村义务教育薄弱学校改造计划、乡
村教师支持计划、乡村小规模学校建设计划、深度贫困地区教育脱贫攻坚
方案等，以促进城乡教育均衡发展。

二、城乡教育均衡发展是城乡一体化发展的助推器

中华人民共和国成立以来，政府一直比较重视乡村建设。改革开放以
后，政府改革的重心逐渐由乡村向城市转移，在倾向城市的政策支持下，
城市得到迅速发展，城乡差距日渐扩大。2002 年，党的十六大明确提出：
"统筹城乡经济社会发展。建设现代农业，发展农村经济，增加农民收入，
是全面建设小康社会的重大任务。"首次明确了统筹城乡经济社会发展的要
求，标志着城乡发展进入城乡统筹阶段。

在城乡统筹发展的战略思想指导下，城乡差距逐渐缩小，但乡村依然
处于弱势地位。党的十八大再进一步提出"加快完善城乡发展一体化体制
机制"，促进城乡共同繁荣。城乡一体化发展过程中，虽然乡村城镇化进程
加快，但由于我国乡村人口众多，地域辽阔，城市化进程不是一蹴而就的
事情，需要一个较为漫长的发展过程。何况，不管城镇化发展到什么程度，
乡村都不可能完全消失。① 为了进一步支持乡村发展，2017 年，党的十九大
提出乡村振兴战略，2018 年，中共中央、国务院印发《乡村振兴战略规划
（2018—2022 年）》，大力发展乡村成为一个基本愿景。

无论是早期的城乡统筹发展，其后的城乡发展一体化，还是当下的乡
村振兴，城乡教育均衡发展都是其题中之义和动力机制。没有乡村教育质
量的提高和乡村建设人才的培养，乡村振兴只能是无源之水，无本之木。

---

① 陈锡文. 从农村改革四十年看乡村振兴战略的提出 [J]. 行政管理改革，2018（4）：4 -
10.

有学者指出："乡村振兴的实质是深入推进并实现乡村的现代化。实现乡村的现代化根本在于人的现代化，人的现代化体现在价值观念、思想道德、知识结构、行为方式等由传统性向现代性的转变。没有人的现代化，社会的现代化就无从谈起。在人的现代性转变过程中，教育起到举足轻重的作用，教育决定一个人转变达到的程度。"[①] 而乡村教育现代化的程度，取决于城乡教育均衡发展的水平。

2010 年，《国家中长期教育改革和发展规划纲要（2010—2020 年）》中首次提出"建立城乡一体化义务教育发展机制，在财政拨款、学校建设、教师配置等方面向农村倾斜。率先在县（区）域内实现城乡均衡发展，逐步在更大范围内推广"。2016 年，再次通过《关于统筹推进城乡义务教育一体化改革发展的若干意见》，在城乡一体化发展进程中进一步推进城乡教育的一体化发展。

所以，优先发展乡村教育，大力推动城乡教育均衡发展，是当前乡村振兴、实现城乡一体化发展的助力器。

三、城乡教育均衡发展是实现教育现代化的迫切需要

教育现代化既是一种教育理想，也是一个历史范畴。不同时期，教育现代化的追求和具体表征都有所不同。我国对教育现代化的追求始于鸦片战争以后，在学习西方的过程中，西学东渐是中国早期教育现代化的具体表现。中华人民共和国成立以来，中国一直对教育现代化孜孜以求，邓小平在 20 世纪 80 年代明确提出"教育要面向现代化、面向世界、面向未来"。21 世纪以来，我国更是进一步加快了教育现代化的步伐，教育民主化、科学化、国际化初步实现。

2019 年，中共中央、国务院印发《中国教育现代化 2035》，提出到 2035 年，我国教育现代化的目标是："建成服务全民终身学习的现代教育体系、普及有质量的学前教育、实现优质均衡的义务教育、全面普及高中阶段教育、职业教育服务能力显著提升、高等教育竞争力明显提升、残疾儿童少年享有适合的教育、形成全社会共同参与的教育治理新格局"。

---

① 纪德奎. 乡村振兴战略与城乡义务教育一体化发展 [J]. 教育研究，2018（7）：79 – 82.

要实现《中国教育现代化 2035》的战略目标，就要完成其十大战略任务：学习新时代中国特色社会主义思想、发展中国特色世界先进水平的优质教育、推动各级教育高水平高质量普及、实现基本公共教育服务均等化、① 构建服务全民的终身学习体系、提升一流人才培养与创新能力、建设高素质专业化创新型教师队伍、加快信息化时代教育变革、开创教育对外开放新格局、推进教育治理体系和治理能力现代化。

事实上，无论是教育民主化、科学化、国际化，还是当前全民化、创新化、信息化等教育现代化的发展，单靠城市教育现代化是远远不够的，人口占比最多、地域最广的乡村教育的现代化水平，才是实现教育现代化的关键。所以，城乡教育均衡发展，才是全面推进教育现代化的关键因素，更是当前教育现代化的重要构成。

四、城乡教育均衡发展是世界教育发展的趋势要求

纵观世界各国的教育发展状况，均衡发展是趋势。在延长免费教育年限、保障教育机会均等的基础上，各国教育正向提供优质教育转变，教育均衡发展正在进一步深化，欧美、日韩等国更是进一步加大对薄弱地区、弱势儿童提供优质教育和个人成功的机会，其教育均衡发展正逐渐向高水平均衡过程转变。

进入 21 世纪以来，我国进一步强化对乡村教育发展的政策支持，加大了乡村教育的教育经费、师资建设等各方面的投入，城乡教育均衡发展取得了可喜的成绩，教育公平得到进一步保障，乡村师资队伍明显改善，教育质量明显提高。但是，我国目前城乡义务教育的均衡发展尚停留在初步均衡和高级均衡的交叉阶段，尚未进入高水平阶段。

所以，当前进一步深化城乡义务教育均衡发展，依然是我国乃至世界教育发展的趋势要求。

---

① 基本公共教育服务均等化的具体内容是：提升义务教育均等化水平，建立学校标准化建设长效机制，推进城乡义务教育均衡发展。在实现县域内义务教育基本均衡基础上，进一步推进优质均衡。推进随迁子女入学待遇同城化，有序扩大城镇学位供给。完善流动人口子女异地升学考试制度。实现困难群体帮扶精准化，健全家庭经济困难学生资助体系，推进教育精准脱贫。办好特殊教育，推进适龄残疾儿童少年教育全覆盖，全面推进融合教育，促进医教结合。

第三节　国内外激励农村教育发展的政策解读

教育普及的目标实现后，教育均衡发展成为各国关注的主题。为了促进城市和乡村、富裕地区和贫弱地区基础教育的均衡发展，世界各国采取了种种措施，以支持农村或贫弱地区的教育发展。国外政府的这些政策支持，对于我国乡村教育亦有借鉴意义。

一、国外农村教育发展的政策支持

（一）英国的"教育优先区"和"教育行动区"政策

英国基础教育极为发达，但依然存在教育发展不均衡的状况，不同地区、不同阶层的教育存在较大区别。为了让大多数学生而不是少数学生实现学业成功，英国政府在教育均衡发展方面有较多举措，其中面向乡村和贫困地区的主要有"教育优先区"和"教育行动区"政策。

1. "教育优先区"政策

二战以后，英国就提出教育机会均等的发展目标，但其进程极为缓慢。1967 年，英国发表的《普劳顿报告书》（*The Plowden Report*）中提出一个全国性的教育补偿计划——"教育优先区"。"教育优先区"以"积极差别待遇"为指导理念，由英国政府对政府列为物质或经济相当贫乏落后、需优先予以改善的地区进行优先补助，以利于教育机会均等。[1]

英国"教育优先区"政策通过教师流动率、学生辍学率、父母职业及接受政府经济补贴情况等一系列指标来划分处于不利环境的学校或地区成为教育优先区，对教育优先区内的学校校舍、教育教学设施、图书资料、师资水平等方面进行政策支持和经济补助，以期实现贫困和薄弱地区学生能获得均等的教育发展机会和学业成功机会。

针对教育优先区的师资队伍建设，政府不仅吸纳合格师资充任教职，

---

① 高卉，左兵. 英国"教育优先区"政策对我国少数民族地区教育的启示［J］. 民族教育研究，2007（6）：110－114.

给予额外的教师津贴，配置教师助理，而且十分重视对教师的培养与培训，建立教育优先区与师范院校之间的联系网络，安排师范生在教育优先区的学校进行教育实习，并加强对优先区教师的在职进修，以提高师资质量。

英国教育优先区政策在执行过程中，把大部分执行权交给地方教育局，由地方教育局设定指标和选择物质和经济上最贫困地区，提供特殊帮助或优厚待遇。但在实施过程中，地方教育局和中央政府存在认识差异，导致最终地方教育局与中央政府所认定的教育优先区数目存在极大差距，以致产生经费发放的困难。①

由于教育优先区政策实施过程中的种种问题，英国在20世纪60年代末开始试行教育优先区政策，到70年代中期，逐渐取消。

虽然，英国教育优先区政策的实施效果不理想，但其对教育机会均等及面向大众的政策取向和政策帮扶倾向，对英国乃至世界教育改革都有重要影响。其后，荷兰、法国等国家都相继实施教育优先区政策。如法国在20世纪80年代通过向政府所划定的教育优先区提供政策、资金和人力等多方面支持，"为来自贫困地区的学生提供一种特殊的教学指导"，以"提早预防学生学业失败"。②

2. "教育行动区"政策

英国"教育优先区"政策虽然不再实施，但教育均衡发展依然是基础教育的主要追求：英国一流学校及学生发展居于世界前列，而占据相当部分的社会不利处境的学生，尤其是公立学校学生，其学业发展不尽如人意。为了大多数学生能有良好的发展机遇，提高薄弱公立学校的教育水平，促进基础教育均衡发展，在"教育优先区"的政策启发下，英国政府推出"教育行动区"政策计划。

所谓"教育行动区"，本质上就是公立学校私营化，在公立学校办学经费继续由政府财政负担的前提下，废除地方教育行政部门在学校经营和管理方面的传统垄断权，借助市场机制，吸引社会各界尤其是私营工商企业

---

① 高卉，左兵. 英国"教育优先区"政策对我国少数民族地区教育的启示 [J]. 民族教育研究，2007（6）：110-114.

② 李佳赛. 法国"教育优先区"计划对我国乡村学校发展的启示与借鉴 [J]. 西部素质教育，2016（14）：12-13.

参与公立学校的经营和管理，有效配置公共教育资源，提高教育质量。①

具体说来，英国"教育行动区"的基本做法是：针对学生学业成绩低下、需要特别支持的城镇和乡村地区，由大约 20 所薄弱学校（二三所中学及部分小学）组成一个集体，通过公开招标，由社会各界特别是私营工商业申请接管所属公立学校。其实质就是公校私营，共建薄弱学校，以提高教育质量，实现均衡发展。②

在教育行动区内，政府在课程、经费及教育资源方面进行大力支持。在师资方面，不仅招聘更多的优秀教师充实教学一线，而且提供更加优厚的待遇，设立奖励基金，奖励教学成绩突出的教师；同时吸纳社会力量对学校进行经营和管理，并鼓励家长积极参与学校事务，这对于转换政府教育管理职能、更好地促进学校发展具有重要意义。

英国"教育行动区"政策自 1998 年开始实施，至 2001 年，英国共有大行动区 73 个，小行动区 40 个，涉及学校 1000 多所，遍布英国全境，大多数行动区位于英国最贫困的城乡地区。③

英国"教育行动区"政策实施以来，行动区学校的教育质量开始改善，学生获得更多机会，教师工作起来更为容易，家长对学校的态度大为改善，学生的成绩正在提高。④

（二）美国："补偿教育"、"为美国而教"和"农村教育成就项目"

美国自立国以来，就大力推动公立学校运动，致力于教育公平和教育均衡发展。公立学校运动为美国教育普及的实现奠定了重要基础，但是，随着社会发展和贫富差距的扩大，美国城市和乡村、公校和私校之间的教育差距越来越大。为了缩小差距，实现教育公平和均衡发展，美国采取了多种措施，如"补偿教育"计划、"为美国而教"计划和"农村教育成就项目"等。

---

① 陈寿宗. 县域中小学委托管理的尝试与思考 [M]. 福州：海峡文艺出版社，2014：16.
② 杨军. 英国促进基础教育均衡发展的政策综述 [J]. 外国教育研究，2005（12）：6 – 10.
③ 陈学敏. 英国"教育行动区"计划探究 [D]. 苏州：苏州大学，2010：23.
④ 贺武华. 英国"教育行动区"计划改造薄弱学校的实践与启示 [J]. 教育科学，2006（3）：78 – 81.

1. "补偿教育"计划①

二战以后，美国民权运动对教育机会均等的追求使得有色人种获得了平等的入学机会。但随着对教育研究的深入，人们发现，对于有色人种和低收入人群而言，由于经济贫穷导致了文化贫穷，这些低收入家庭的儿童学业成就低下，导致就业也极不理想，最终形成"贫穷循环"。因此，约翰逊政府提出"向贫穷宣战"的口号，面向少数民族和贫困家庭进行教育补偿，使之获得学业成就和就业能力的提高。

美国"补偿教育"以 1965 年颁布的《初等和中等教育法》（简称 ESEA）及一系列法案，如 1981 年《教育巩固与促进法》、2001 年《不让一个孩子掉队》等为法律依据，包括 1965 年以来联邦及各州颁布的 30000 多个补偿性的教育项目。②

"补偿教育"计划自 20 世纪 60 年代开始实施，联邦政府主要向州和地方政府提供法律支持和财政援助；各州等地方政府则负责补偿政策的具体实施，包括审核学区的援助申请、资金分配及执行监督等；地方教育行政部门则负责补偿教育计划的具体实施，通过校外项目、附加项目、班内项目及替代项目等多种途径，对学生进行补偿教育，尤其关注阅读、写作与算术学科等教学与学习。1974 年，美国国家教育所经过 3 年的调查，形成《补偿教育研究》报告，证明补偿教育政策对低收入家庭儿童的学习有很大影响。

2. "为美国而教"计划

"为美国而教"是普林斯顿大学的毕业生文迪·科普（Wendy Kopp）所创立的民间组织（Teach for America，简称 TFA）。有感于美国教育发展不均的现状及顶级高校毕业生希望从事有意义工作的就业意向，文迪·卡普在毕业论文中设想：雇用和训练刚毕业的一流大学的优秀毕业生成为教师，到欠发达地区和城市薄弱学校任教两年，让全国儿童特别是贫困社区儿童获得平等的受教育机会。1990 年，文迪·卡普募集到 250 万美元，正式实施其"为美国而教"计划，从来自 100 所大学的 2500 名申请者中聘用了

---

① 注："补偿教育"计划主要参考了戚姝婷的硕士学位论文《美国"补偿教育"计划对我国民族教育优先发展的启示》一文。

② 戚姝婷. 美国"补偿教育"计划对我国民族教育优先发展的启示 [D]. 重庆：西南大学，2011：25.

500 名大学生。①

"为美国而教"计划所聘皆为美国一流大学的优秀毕业生，大部分在大学期间担任过学生领导职务，是美国各行业潜在的未来领军人物，往往具有崇高的理想，其职业取向是从事有意义的工作而非追求高薪，希望通过投身教育努力消除教育不公平和不均衡发展。

为了选择最优秀、最具发展潜力的毕业生，"为美国而教"计划的选拔极为严格，2005 年，"为美国而教"从 1.7 万名申请者中只录用了 17% 的毕业生。② 2006 年，《华盛顿月刊》报道指出："'为美国而教'的录用率很低，只接受最具竞争力的院校毕业生。"③ 但越来越多的优秀毕业生为了理想追求，申请为美国而教。2009 年，常青藤盟校有 11% 的毕业生递交了申请，"为美国而教"的成员规模从最初的 500 人，达到 2009 年的 4100 人;④ 2011 年，有 48000 名大学毕业生申请 5200 个教师岗位;2011 至 2012 年，有 9000 名"为美国而教"成员为 60 万名学生提供教学服务，"为美国而教"成为美国低收入社区教师的最大提供者。⑤

为确保所聘毕业生成为合格教师，更好为边远和贫困地区的儿童提供教育服务，"为美国而教"的新成员必须参加夏季培训学院，组织通过实践、观察、辅导、计划及反思等方式，对其进行教学能力、教学计划与实施能力、班级管理与班级文化、多元性与学业成就的相关性、学习理论、读写教学等多方面的培训。⑥ 为了保证这些"为美国而教"的优秀大学生的进一步发展及争取更多的成功机会，"为美国而教"在提供充足的生活保障的同时，还通过派遣专职教师跟踪指导、暑期集中培训等方式提供持续的专业支持以促进其进一步发展。

---

① Georgia L. Keohane. 21 世纪社会创业：席卷非营利、私人和公共部门的革新 [M]. 叶托，译. 广州：华南理工大学出版社，2014：16.

② 徐春妹，洪明. 解制取向下的美国教师培养新路径——"为美国而教"计划的历程、职能与功过探析 [J]. 外国教育研究，2007 (7)：24-28.

③ 王定华. 美国基础教育：观察与研究 [M]. 北京：人民教育出版社，2016：96.

④ 王定华. 美国基础教育：观察与研究 [M]. 北京：人民教育出版社，2016：96.

⑤ Georgia L. Keohane. 21 世纪社会创业：席卷非营利、私人和公共部门的革新 [M]. 叶托，译. 广州：华南理工大学出版社，2014：16.

⑥ 祝怀新，赵梦蝶. "为美国而教"计划的实施与影响探析 [J]. 外国教育研究，2010 (10)：78-82.

"为美国而教"的初衷是吸纳有理想并具有各行业发展潜力的优秀毕业生为消除教育不均衡发展而为美国而教。当他们完成"为美国而教"计划后，为了强化这些具有教育情怀且怀有改造社会理想、各行业潜在的未来领军人物的后续影响，"为美国而教"还创设了生涯计划，帮助这些毕业生进入领导者岗位，并和他们保持紧密联系，以得到他们的长期支持。据统计，绝大多数（99%）曾参与"为美国而教"计划的校友都会以各种方式继续支持"为美国而教"计划；超过一半（66%）的校友正在进行教育方面的专职工作或研究，超过24%的校友仍然在原来当志愿者的地区任教。[①]

"为美国而教"计划后来将招聘院校的范围扩大至全美大多数高校，但并没有改变吸收最优秀毕业生的初衷，其对所聘用毕业生的后续发展保障，使得"为美国而教"计划取得较大成功：2003年凯恩帕森斯事务所的一项独立研究表明，大多数与"为美国而教"成员一起工作的校长声称"为美国而教"计划的教师在他们学校产生了重大而积极的影响；90%的校长认为"为美国而教"计划的教师与其他教师一样准备充分；66%的校长相信"为美国而教"计划对成员的训练比美国教师培训平均水平要好。而2004年公布的一项研究也表明："'为美国而教'计划的教师相对于其他教师包括一些教育专业人士对高中学生学业成就的影响更大。这种影响在数学和科学方面尤为显著。"[②]

3. "农村教育成就项目"

美国虽是发达国家，但依然存在农村地区且范围广阔，大约有一半的学区、三分之一的学校和五分之一（约970万）的学生在农村。[③] 美国城市和农村之间的教育发展极不平衡，尤其是农村地区公立学校的教育质量极为低下，存在严峻的教师短缺问题，尤其是双语、数学和科学等学科。由于农村教师薪酬低于城市和其他行业，农村教师流失严重，导致农村地区

---

① 徐春妹，洪明. 解制取向下的美国教师培养新路径："为美国而教"计划的历程、职能与功过探析 [J]. 外国教育研究，2007（7）：24-28.

② 祝怀新，赵梦蝶. "为美国而教"计划的实施与影响探析 [J]. 外国教育研究，2010（10）：78-82.

③ 刘丽群. 乡村教师如何下得去和留得住：美国经验与中国启示 [J]. 教师教育研究，2019（1）：120-127.

尤其是贫困农村地区的新教师成为教师主体，严重影响了农村教育质量，农村学生学业成就极不理想。2006年，路易斯安那州麦迪逊学区，城市学校的升学率达到81.5%，而农村学校的升学率只有54.5%。① 美国农村学校尤其是公立学校教育质量堪忧，和财政投入较低有直接关系。美国教育财政由联邦政府、州政府和学区共同承担，其中州政府和学区是教育财政投资的主体，因此，联邦政府的各项项目和资金很难覆盖边远地区，流向农村地区的慈善资金比例和农村人口及其需求也不相称。

2000年12月，美国总统克林顿签署通过"农村教育成就项目"，这是美国历史上第一个专门针对农村教育实施的拨款法案，希望通过联邦专项拨款，为农村教育发展提供资金支持。"农村教育成就项目"包括两个方面，一是"小型农村学校成就项目"，平均补助金额为21131美元，二是"农村低收入学校项目"，平均补助金额为64000美元，用于农村小规模学校和低收入学校引进新教育技术、创设安全无毒品学校和社区、针对移民的双语教育，以及提高教师质量等各个方面。②

由于教师质量是农村教育取得成就的关键，"农村教育成就项目"中，有相当部分的资金用于教师的招聘和保留，包括进行签约奖金和其他物质激励，并支持教师专业发展。据统计，有36%的地区通过利用"农村教育成就项目"的资金支持，为新晋教师支付薪水、为教师提供奖金以挽留教师、将兼职教师聘为全职教师，亦可以用于开展培训课程或暑假培训计划以提升教师质量。③

"农村教育成就项目"实施以来，虽然存在一定的问题，但亦取得相当成就：相关地区学生学业成绩有所提高，农村学校的教育条件与质量相对改善，如普雷斯顿社区学校在2002至2003年申请了"小型农村学校成就项目"，获得27446美元的拨款，不仅更新了学校的教学设备，而且将相当部分的拨款用于教师职业发展机会的拓展以及培训员工将新技术融入课堂教学。在"农村教育成就项目"的推动下，普雷斯顿社区学校具备了与大型

---

① 李倩. 美国农村教育成就项目（REAP）研究 [D]. 重庆：西南大学，2014：21.

② 傅松涛，赵建玲. 美国城乡教育机会均等与"农村教育成就项目" [J]. 外国教育研究，2003（3）：35-39.

③ 李倩. 美国农村教育成就项目（REAP）研究 [D]. 重庆：西南大学，2014：27.

农村、郊区和城市学校在教育、专业领域的竞争能力。①

而且，由于美国大多数少数民族学生主要在农村贫困学校就学，故"农村教育成就项目"不仅推动了城乡教育一体化的发展进程，尤其是对美国少数民族的教育发展起到较大的提升作用。

（三）韩国的乡村教育关怀政策

20 世纪 80 年代前，韩国致力于义务教育的发展。随着城镇化进程加快，城乡教育发展不均衡日渐明显，20 世纪 80 年代以后，尤其是 21 世纪以来，为了推动城乡教育均衡发展，提升乡村教育质量，韩国颁布了众多支持乡村教育发展的政策。应该说，韩国是世界上针对乡村及偏僻地区较早进行专项立法且立法数量较多的国家之一。在众多支持乡村教育发展的政策中，本书择要介绍其《岛屿、偏僻地区教育振兴法》、小规模学校合并与适度规模学校建设计划及城乡学校交流计划等。

1.《岛屿、偏僻地区教育振兴法》

20 世纪 60 年代以来，随着韩国的工业化进程，城乡差距日渐扩大，教育不均衡现象日益明显，尤其是岛屿、偏僻地区的教育发展较为滞后。1967年，韩国政府颁布《岛屿、偏僻地区教育振兴法》，力图振兴岛屿、偏僻地区的义务教育。

《岛屿、偏僻地区教育振兴法》针对岛屿和偏僻地区的教育发展，规定了各项优先措施，如提供教育设施、教材，采取措施保障学生通勤，通过财政支持聘用称职教员并为其提供住宅，为在岛屿及偏僻地区任教的教员发放津贴，改善教师的工作和生活条件，同时规定地方自治团体为岛屿及偏僻地区的学校提供必要条件，并优先提供教员培训和升职机会，保证了农村教师队伍的稳定。②

《岛屿、偏僻地区教育振兴法》为岛屿及偏僻地区的教育发展提供了法律和财政支持，使得这些地区贫困家庭的儿童在六年义务教育方面获得均等的入学机会，对提高这些落后地区的教育发展起到重要作用。

1985 年，韩国《关于中学义务教育实施的规定》，优先保障岛屿、偏僻

---

① 李倩. 美国农村教育成就项目（REAP）研究［D］. 重庆：西南大学，2014：34.
② 黄育林. 韩国发展农村基础教育政策研究［D］. 延吉：延边大学，2013：16.

地区初中义务教育的普及，故 1992 年之前韩国初中义务教育的对象集中于岛屿和偏僻地区的学生，1992 年以后逐渐扩大到其他地区。

2. 小规模学校合并与适度规模学校建设计划

20 世纪 80 年代以来，随着韩国工业化程度的提高，大量人口向城市流动，农村学龄儿童锐减，导致小规模学校日渐增多，以致教育质量不高，教育效率低下。为了调整农村学校布局，韩国开始对小规模学校进行合并。

1982 至 2004 年间，韩国合并小规模学校 5211 所，对农村教育资源进行重新配置并有所改善。但是，在合并过程中，因未充分考虑农村学生的教育环境或地区条件、家长和教师等人的意见，也存在一定的问题。[①]

为了改善小规模学校合并过程中所产生的问题，韩国政府于 2006 年颁布《合并农山渔村小规模学校与建设适度规模学校计划》，积极推进适度规模学校的建设。在本计划中，取消了以往以 100 名为硬性指标合并小规模学校的做法，进而以符合当地实际情况合并小规模学校的多种合并措施，优先合并人数不足 60 人的学校，[②]并进一步加强政府宣讲和动员工作，以顺利完成小规模学校的合并工作。这些政策为韩国小规模学校合并、适度规模学校的建设起到了较好的促进作用。

3. 城乡学校交流计划

为了更好实现城乡教育均衡发展，韩国政府于 2009 年制定了《推进农、渔村蓬勃发展的城乡交流五年计划》，旨在加大城乡交流，促进城乡均衡发展。其中教育方面的内容包括：一是推广"农、渔村留学"工作，让城市学生到农、渔村学校就读和体验生活，增加城市学生对农、渔村生活的了解，同时更亲密接触自然生态教育；二是推广中小学的农村文化体验课程，建立农村学校和城市学校合作关系，并鼓励城市儿童到农、渔村进行为期 3～5 天的生活体验及志愿者活动。为此，政府需要培训农、渔村学校的体验教师，并组织校长、讲学师及任课教师进行研讨，以更好地实现城乡交流。[③]

---

① 黄育林. 韩国发展农村基础教育政策研究 [D]. 延吉：延边大学，2013：19.
② 黄育林. 韩国发展农村基础教育政策研究 [D]. 延吉：延边大学，2013：26.
③ 黄育林. 韩国发展农村基础教育政策研究 [D]. 延吉：延边大学，2013：30.

城乡学校交流计划，尤其是"农、渔村留学"工作，使得部分城市学生充实到农村学校，不仅避免学生人数过少导致小规模学校撤并危机，而且城市生源的加入，对于乡村学生的学习动力和学习氛围也有一定的改善。

事实上，为了提升乡村教育质量，实现城乡教育均衡发展，韩国还颁布并实施了农村学生特别考核选拔制度、田园式农村学校建设规划、全年监护学校规划等众多乡村教育发展的支持政策，对促进城乡教育均衡发展具有一定的促进作用。

（四）日本的教育平衡政策

日本在近代普及义务教育的过程中，一直较为关注教育均衡发展。二战以后，日本以教育民主为基本原则，致力于教育机会均等。经过三十多年的发展，日本教育逐渐实现由教育机会均等到教育过程平等的过渡。20世纪80年代以来，日本教育开始关注内在的、内容层面的、实质的公平与均等，改变了过去认为的"人人一样就是平等"的教育平等理念，转而关注学生的学习需求，希望给每个人以最适合的教育，从而使得教育均衡发展进入到一个更高的层次。① 应该说，在教育均衡发展的过程中，日本是一个先行者，政府通过大量立法，对教育发展进行法律保障和政策支持。日本众多的教育政策中，如针对偏僻地区教育发展的《偏僻地区教育振兴法》、为解决教育经费不均衡的《义务教育费国库负担法》、为保障校际之间师资均衡和流动的《教育公务员特例法》等，是我们在推动教育均衡发展过程中非常值得借鉴的一些政策。

1.《偏僻地区教育振兴法》

日本虽然在二战以后，就大力提倡"教育机会均等"，但偏僻地区的教育发展状况却不尽如人意。为了促进偏僻地区的教育发展，1954年，日本颁行《偏僻地区教育振兴法》，并制定《偏僻地区教育振兴法实施令》及《偏僻地区教育振兴法实施规则》。

日本《偏僻地区教育振兴法》明确了市街村、都道府县、文部及政府的职责，确定了偏僻地区及其学校的具体标准，规范其师资待遇，并增加

---

① 李文英，史景轩. 日本义务教育均衡发展的实现途径［J］. 比较教育研究，2010（9）：38－42.

财政补助。其中，关于师资部分，首先是保障偏僻地区教师的待遇，在文部科学省规定的标准之外，发放偏僻地区教师津贴，并于 1958 年和 1960 年修订相关法令内容，要求都道府县以法律形式明确补助的发放标准和比例。特殊津贴之外，提高偏僻地区教师的福利待遇和医疗保障，如发放偏僻地区医疗、交通费、旅行补助等。其次是大力保障偏僻地区教师的专业发展和职后培训，规定在教育学院或短期大学的培训之外，在师资较为缺乏的都道府县，以县为主题，设置教师培训机构，并在 70 年代以后，致力于城乡、校际之间的教师流动。① 通过上述措施，日本偏僻地区的师资质量得到保障，促进了偏僻地区的教育发展。

2. 《义务教育费国库负担法》等法令

教育发展过程中，师资是关键，经费是基础。日本非常重视教育投资，近 20 年来全国教育经费占国民生产总值（GNP）的 6% 左右，其中大部分的教育投资，流向了基础教育。②

由于日本基础教育主要是公立学校，故其教育经费主要是政府投入。日本虽然经济极为发达，但各地方经济发展水平并不均衡，只依靠地方政府的教育投入，难以保障教育经费在全国范围内的均衡。早在 1900 年，日本就公布《市町村立小学教育费国库补助法》，并于 1918 年制订《市町村义务教育经费国库负担法》，以减轻地方政府的经费负担。二战以后，随着日本义务教育的进一步发展，对教育均衡的要求提高，日本以《地方交付税法》为基础，实施《义务教育费国库负担法》以及《义务教育诸学校设施费国库负担法》，以消除不同地区因经济水平不同而导致教育投入不均衡的状况，在教育经费均衡的基础上，保障基础教育均衡发展。

日本《地方交付税法》于 1950 年颁行，通过国家统一征收税费，再根据地方政府运行的实际情况设定统一的交付基准，交付地方政府，以保证各地方政府间的财政均衡。

在《地方交付税法》的基础上，日本政府于 1952 年颁行《义务教育费

---

① 吴晓蓉. 日本偏僻地区教育优先发展经验研究：以《偏僻地区教育振兴法》为鉴 [J]. 当代教育与文化，2009（4）：100 - 104.

② 李协京. 日本教育财政制度和教育立法的若干考察：教育均衡化发展的制度环境 [J]. 外国教育研究，2004（3）：61 - 64.

国库负担法》、1958 年颁行《义务教育诸学校设施费国库负担法》。这些法令规定：中央财政负责承担公立中小学教师工资的一半以及危房改建费的三分之一；都道府县负责教师工资的一半以及教学设备设施的部分经费；市町村则负担校舍建设费的三分之一至二分之一，以及教学设备设施的部分经费。①

虽然，日本基础教育经费的相当部分由地方政府承担，但地方政府所承担的这部分经费，实际上出自通过《地方交付税法》返还给地方政府的转移支付金。也可以说，地方教育经费中的一部分，是由国库间接负担的。据统计，日本文部 2001 年的预算是 6 兆 5784 亿日元，占政府年度财政预算的 13.52%；其中由国库直接负担的义务教育费用为 3 兆 153 亿日元，占文部预算的 45.8%。②

日本地方交付税制度及义务教育国库承担制度等一系列制度的建立，使得全国范围内教育经费均衡得以实现，为日本教育均衡发展奠定了坚实的经济基础。

3. 《教育公务员特例法》

如果说，日本通过《义务教育费国库负担法》等法令，是通过教育经费均衡实现不同地区的教育发展均衡，那么，对师资队伍建设实行公务员制度与定期流动制度，则是希望通过师资流动以保障校际之间的教育均衡。

1949 年，日本颁布《教育公务员特例法》，规定日本教师属于公务员身份，但其待遇优于一般公务员。其实施分为几个方面：一是通过《公立义务教育诸学校学级编制和教职员定数标准法》确定岗位设置，重视岗位管理及其职业发展机会；二是通过《地方教育行政组织运营法》等法律规定，将教师任命权和管理权归于地方教育委员会，并严格选拔程序，择优录取；三是实行教职员定期轮岗制度，并规定相应的人事调动细则，包括校长、教头等管理岗位的定期轮岗制度，普通教职员轮岗制度等。③ 其流动范围既

① 李协京. 日本教育财政制度和教育立法的若干考察：教育均衡化发展的制度环境 [J]. 外国教育研究，2004（3）：61－64.

② 驻日使馆教育处. 日本的义务教育经费国库负担制度 [N]. 中国教育报，2003－03－03.

③ 蔡永红，肖艺芳. 日本教育公务员制度的特点及其对我国的启示 [J]. 教师教育研究，2011（6）：76－80.

包括市町村之间的流动，也可以跨县级行政区域间流动，并推行偏僻地区优先的人事行政制度，选拔优秀教师到偏僻地区任教。不过，日本虽然大力鼓励教师流动，任职 3 年以上的教师属于流动对象，6 年以上的则必须流动，但其流动管理较为人性化，生病、怀孕及产假期间的教师可以免予流动，并对流动教师进行经济津贴。

为了让教师安心从教，日本确定教师公务员身份，并尽量保障教师的经济地位及社会地位。1974 年，日本政府实施《关于为维持提高学校教育水准的义务教育诸学校的教育职员人才确保的特别措施法》，提出"义务教育诸学校教职员的工资，相比一般公务员工资水平，必须采取必要的优待措施"。到 20 世纪 80 年代，日本中小学教师的平均工资大致比同级地方公务员工资高出 10% ~ 25%。[①]

日本政府正是通过这些措施，保证了日本各个地区、各个学校以及城乡之间，在师资队伍、教育经费及教育设施上均衡发展，从而保障了日本的教育质量，并开始从形式均衡到实质均衡过渡。

二、我国城乡教育均衡发展的政策支持

20 世纪以来，我国一直在为普及义务教育而奋斗。经过百年努力，终于基本实现入学教育机会均等。但当最初的教育理想得以实现，再重新审视我国教育发展时，教育不均衡发展问题一下子就显得尖锐而突出，追求教育均衡发展成为 21 世纪以来教育发展的新的理想和追求。

21 世纪以来的 20 年间，政府从法律和政策层面，为推进我国教育均衡发展进行制度保障和财政支持，使得我国教育均衡发展取得显著效果。下面就从教育资源的均衡配置、学生对优质教育及学业成就机会的获得两大方面，对政府推动教育均衡发展的政策进行梳理和解读。

（一）教育资源的均衡配置

总体来说，教育资源包括教育经费、教学设施和师资队伍等方面。教育资源的均衡配置，是教育均衡发展的重要前提。

---

① 胡国勇. 日本义务教育均衡发展的法制保障：以东京都为例 [J]. 外国中小学教育，2015 (10)：5 - 12.

1. 教育经费方面的政策

改革开放以来的很长一段时间，我国教育经费都是"乡村自给"。1994年以后，开始实行分税制改革，此次改革，导致县乡财政实力削弱，尤其是乡级财政十分困难。在分税制下，财权和事权失衡，乡村难以保障农村学校的教育投入，使得农村教育发展受到很大的限制。据国务院发展研究中心调查，在全国义务教育投入中，乡镇负担78%左右，县财政负担约9%，省地负担约11%，中央财政只负担2%左右。①

2001年以后，政府改革教育投入管理机制，教育经费实行"以县为主"，农村教育经费从之前的以乡镇为主逐渐转向县级政府。2003年，《国务院关于进一步加强农村教育工作的决定》中，划分了各级政府在教育投入中的责任：中央、省市通过转移支付，增加对财政困难县的义务教育经费投入；县级政府将农村义务教育经费全额纳入预算，增加农村义务教育经费；乡镇政府通过筹措资金，改善农村学校办学条件。在此基础上，不断完善"以县为主"的财政投入体制。

虽然确立了"以县为主"的教育投入管理体制，但实际上，由于经济发展的地域差距，各地县政府在财政收入中极不平衡，因而在义务教育的投入上存在较大的地区差异。以东部、中部和西部地区的舒尔兹系数和基尼系数为例，可见教育投入上的地区差异。

表1-1　基础教育投入的舒尔兹系数和基尼系数②

参数	东部经济带	中部经济带	西部经济带
舒尔兹系数	0.07083	0.029923	0.069449
基尼系数	0.621492	0.866748	0.886764

舒尔兹系数反映的是农村基础教育投入指数低于经济带内总体平均宏观税负的省（区、市）的累积差异。表1-1中的数据表明东部经济带＞西部经济带＞中部经济带。其中，东部和西部经济带内，各省市的教育投入指数相差较大。

① 转引自：张茂聪.论教育公共性及其保障［M］.北京：商务印书馆，2012：120.
② 注：关于舒尔兹系数和基尼系数的部分内容，主要参考了李斌《我国各地区农村基础教育财政投入的比较分析》一文，发表于《中国软科学》2004年第9期。

而基尼基数反映的是各地区宏观农村基础教育投入指数的一个指标，表1－1中的数据表明西部经济带＞中部经济带＞东部经济带。其中，西部经济带内，地区之间的教育投入指数相差最大，东部相差最小。

各地经济发展的不均，加上教育总投入不足，导致县级财政在义务教育发展中依然捉襟见肘。

2005年，国务院通过了《关于深化农村义务教育经费保障机制改革的通知》，提出建立中央和地方分担项目、按比例分担的农村义务教育经费保障机制，开始加大中央对地方的教育投入补助。此次改革，教育投入的责任主体逐渐上移，省和中央在义务教育中的投入开始增加，但中央所占比例并不高。据统计，2008年，中央财政收入占全国财政收入的比例为53.3%，地方占比为46.7%。而在教育投入方面，中央财政教育事业费支出仅占总额的5.46%，地方财政教育事业支出占总额的94.54%。①

随着我国经济的进一步发展，2022年全国教育经费总投入为61344亿元，比上年增长6%。其中，国家财政性教育经费为48478亿元，比上年增长5.8%。② 财政收入的增加，为我国加大教育投入奠定了坚实的物质经济基础。

2015年，《国务院关于进一步完善城乡义务教育经费保障机制的通知》中确定"建立统一的中央和地方分项目、按比例分担的城乡义务教育经费保障机制"。其具体内容包括：对城乡义务教育学生免除学杂费、免费提供教科书，对家庭经济困难寄宿生补助生活费（统称"两免一补"），加大对贫困生的补助力度，对于贫困寄宿生生活费的资金补助，中央和地方按5∶5比例分担；统一城乡义务教育学校生均公用经费基准定额，所需资金由中央和地方按比例分担，西部地区及中部地区比照实施西部大开发政策的县（市、区）为8∶2，中部其他地区为6∶4，东部地区为5∶5；进一步加大投入，完善农村地区义务教育学校校舍安全，所需资金中央和地方按照5∶5分担；同时中央继续对中西部地区及东部部分地区义务教育阶段教师工资给

---

① 邬志辉，等. 中国农村教育：政策与发展（1978—2018）[M]. 北京：社会科学文献出版社，2018：172－173.

② 2022年教育经费总投入61344亿元 同比增长6% [EB/OL]. (2023－07－05) [2023－11－11]. http://www.cinic.org.cn/xw/tjsj/1451443.html.

予支持，省级人民政府加大对本行政区域内财力薄弱地区的转移支付力度。教育投入逐渐进入"城乡一体化"时期。2016 年，《国务院关于统筹推进县域内城乡义务教育一体化改革发展的若干意见》颁行，希望先在行政区划较小的县域内率先实现城乡教育均衡发展。

不过，现有的这些城乡一体、多级共担的义务教育经费保障机制，是短时政策，还是长期制度，目前尚无法律依据。且多级承担的责任主体中，省级政府在地方教育投入中的责任并不明确，省、市和县等各级政府教育投入的比例尚无明确规定。这就使得省和地市级政府在教育经费的投入上可能陷入随心所欲的境地，最终地方教育经费还是由财政并不充裕的县级政府承担，从而局限了教育投入。

所以，关于农村教育经费的投入，应进一步明确责任主体，并尽可能实现责任主体的上移，才能进一步解决县级教育投入捉襟见肘的窘况。

2. 教育设施的均衡配备

教育资源的均衡配置，还包括学校的硬件设施。早期教育经费由乡镇负担时，为了节约经费，导致很多农村校舍不仅设施不齐，甚至很多是危房，给学生安全带来严重隐患。2003 年，教育部、财政部、国家发改委通过《关于农村中小学危房改造工程的实施意见》，提出"中央安排专项资金支持地方政府完成对农村中小学现存 D 级危房的改造任务。建立和完善农村义务教育设施建设投入新机制。农村中小学现存的 B 级、C 级危房及以后新产生的危房，由地方政府负责核查、制订规划、落实资金并承担改造责任"。

改造危房的同时，政府也加强了对农村学校教学设施的配备，使农村学校的硬件设施有所改善。随着农村劳动力不断地向城市流动以及计划生育政策的实施，农村生源减少，为了优化有限的农村教育资源，更好地发挥农村学校的教学效益，从 2001 年开始，政府开始对农村学校布局进行调整。此时期，关于农村学校调整的政策很多，如 2001 年《教育部、财政部关于报送中小学布局结构调整规划的通知》、2006 年《教育部办公厅关于切实解决农村边远山区交通不便地区中小学生上学远问题有关事项的通知》以及《教育部关于实事求是地做好农村中小学布局调整工作的通知》、2012 年《国务院办公厅规范农村义务教育学校布局调整的意见》等。通过对农村一些偏远、生源不足的学校进行调整后，农村学校数量有所减少，规模教学效果有所提升。但是，合并乃至撤销边远地区学校的过程中，也存在诸多问题，如撤并标准、撤并后出现的大班额、学生远途上学的安全等问题，使得政府开始重新审视农村中小学的布局，不仅调整布局政策，并逐渐将注意力转向农村小规模学校和弱势学校的建设上。

2010 年，《国家中长期教育改革和发展规划纲要（2010—2020 年）》中提出，"要改造小学和初中薄弱学校，尽快使义务教育学校师资、教学仪器设备、图书、体育场地基本达标"。2011 年，财政部、教育部下发《关于实施农村义务教育薄弱学校改造计划的通知》，决定从两个方面对农村薄弱学校进行改造：一是教学装备类项目，图书、教学实验仪器设备、音体美等器材，以及配备多媒体教学设备，提高教育信息化水平，从而提高农村义务教育质量；二是校舍改造类项目，包括农村学生营养改善、支持农村寄宿制学校学生附属生活设施建设，以及县镇学校扩容改造等。

随着农村学校布局政策的完善，政府在改造农村薄弱学校的基础上，进一步加强了对边远地区和贫困家庭儿童的政策支持，全面加强对农村小规模学校和寄宿制学校的建设。2018 年，《国务院办公厅关于全面加强乡村小规模学校和乡镇寄宿制学校建设的指导意见》中强调，办好乡村小规模学校（不足 100 人的村小和教学点）和乡镇寄宿制学校，改善经费、师资、办学条件，统筹规划布局，这是实施科教兴国战略、加快教育现代化的重要任务，是实施乡村振兴战略、推进城乡基本公共服务均等化的基本要求。

在支持小规模学校和乡镇寄宿制学校建设的同时，政府进一步均衡城乡学校的硬件建设。在《城市普通中小学校建设标准》（2002 年）基础上，于 2008 年修订通过了《农村普通中小学校建设标准（建标 109 - 2008）》，希望从建设规模、学校布局、校园规划、校舍建筑标准等各个方面向城市学校看齐，以提高农村学校建设水平，促进办学条件均衡发展。2012 年，住建部下发《中小学校设计规范》，对城乡中小学校的场地、教学用房及教学辅助用房、行政办公用房及生活服务用房、室内环境和建筑设备等各方面进行统一规定，城乡学校建设开始一体化发展。

在城乡学校建设均衡发展的同时，政府加强了对农村学校教学设备的配置。为了促进城乡优质教育资源共享，提高农村教育质量和效益，政府决定从 2003 年开始采取教学光盘播放点、卫星教学收视点、计算机教室等三种模式，将优质教育资源传输到农村。但是农村学校的教学硬件满足不了信息化教学的需要，2003 年 9 月，国务院在全国农村教育工作会议上决定实施农村中小学现代远程教育工程，加快农村地区中小学信息技术基础设施建设，以推进农村学校网络课程资源共建共享、网络教学和管理平台共建共享，并组建面向中西部农村地区在职教师继续教育和培训、实现终身学习的网络教育联盟。信息平台搭建后，还需要有能使用信息技术的教师，2013 年，教育部通过《关于实施全国中小学教师信息技术应用能力提升工程的意见》，对全国中小学教师进行信息技术的培训。2019 年，教育部颁发《关于实施全国中小学教师信息技术应用能力提升工程 2.0 的意见》，在进一步深化中小学教师信息化培训，打造信息化教学创新团队的同时，力图缩小城乡教师信息技术应用能力差距，尤其是要以"三区三州"等深度贫困地区、老少边穷地区为重点，因地制宜开展贫困地区乡村教师信息化教学示范培训，探索名师网络课堂和远程协同教研相结合的"双师教学"模式培训改革，提高乡村教师信息技术应用能力，推动乡村教育现代化。

3. 乡村教师支持计划

中华人民共和国成立以来的一个较长时间内，基础教育处于非均衡发展状态，城乡教师队伍差距极大。至 2005 年，全国小学具有专科以上学历教师，城市 78.01％，县镇 67.17％，农村 47.49％；全国初中具有本科以上学历的教师，城市 62.44％，县镇 34.5％，农村 24.34％。[①] 为了促进乡村教师队伍建设，提高乡村教育质量，在乡村教师队伍补充、培训等各方面，政府都有大量的政策支持。

（1）乡村教师的队伍补充

中华人民共和国成立以来的很长一段时间内，农村教师以民办教师为主体，没有接受过专业训练。20 世纪 80 年代，开始解决民办教师问题，但农村教师严重不足的问题并没有解决，民办教师问题尚未完全解决，代课教师应运而生。至 2005 年，我国有代课教师共 44.8 万人，其中农村中小学

---

① 程洪. 试论农村教师队伍补充及城乡教师交流机制的建立［J］. 人文论谭（第二辑），2010（00）：360 – 369.

教师约 30 万人。[①] 21 世纪以来，我国义务教育基本普及，教师资格制度开始实行，城乡教育均衡发展成为趋势，政府开始着手清退代课教师，并补充合格乃至高水平教师。

为了提升乡村教育质量，实现城乡教育均衡发展，早在 1996 年，国家教委《关于"九五"期间加强中小学教师队伍建设的意见》指出，要促进中小学教师在学校和地区之间的交流，鼓励教师从城市到农村任教，拉开了城市教师到农村支教的序幕。2003 年，《国务院关于进一步加强农村教育工作的决定》中提出，"要建立城镇中小学教师到乡村任教服务期制度。地（市）、县教育行政部门要建立区域内城乡'校对校'教师定期交流制度"，标志着我国城乡教师交流制度正式启动。2006 年，《教育部关于大力推进城镇教师支援农村教育工作的意见》中强调，城镇教师支援农村教育，是不断优化和提高农村教师队伍结构和素质的重要举措，并从多方面保障支援效果。2012 年，国务院《关于深入推进义务教育均衡发展的意见》中进一步规定："各地逐步实行城乡统一的中小学编制标准。""实行县域内公办学校校长、教师交流制度。"在政策支持下，城乡教师交流尤其是城市教师到乡村任教一定年限逐渐成为常态。

推行城乡教师交流制度，尤其是城市教师到乡村任教，在一定程度上改变了乡村教师的教育理念，提升了乡村教育质量。但是，城乡教师交流机制，目前更多是城市教师到乡村支教，而乡村教师到城市任教、学习的不多，存在单向交流情况。由于城乡教师交流更多表现为城市教师支教，农村学校处于弱势地位，导致农村学校所需的教师并不能得到对口支援。而且，城乡教师交流过程中，制度性强制较为明显，部分城市学校及其教师的原有利益会有一定损失，就会出现显性或隐性的抵制行为，导致交流效益不明显。而且，城市教师支教，是一种短期行为，支教期限一到，立刻回撤，这对于农村学校师资的稳定性和教学效果的持续性产生一定影响。

为了弥补城乡教师交流机制的不足，增加乡村教师补充渠道，促进城乡义务教育均衡发展，基于中央和国务院在 2005 年下发《关于引导和鼓励

---

① 朱启臻，田牧野. 从代课教师到"新代课"教师：对于农村教师问题的回顾与思考［J］. 湖南师范大学教育科学学报，2014（2）：93–99.

高校毕业生面向基层就业的意见》精神，教育部在《关于大力推进城镇教师支援农村教育工作的意见》中提出探索实施农村教师特设岗位计划，"在农村边远贫困地区师资紧缺的义务教育学校设立一定数量的教师岗位，公开招募大学毕业生到岗任教，逐步改善农村教师队伍结构，增强教师队伍活力，提高农村教师队伍整体素质"。

农村教师特设岗位计划提出后，教育部、财政部、人事部、中央编办于2006年5月印发《关于实施农村义务教育阶段学校教师特设岗位计划的通知》，正式实施农村教师特岗计划。农村教师特岗计划所需资金由中央和地方财政共同承担，以中央财政为主，公开招募高校毕业生到西部"两基"攻坚县县以下农村义务教育阶段学校任教，任教期限3年，引导和鼓励高校毕业生从事农村教育工作，逐步解决农村师资总量不足和结构不合理等问题，提高农村教师队伍的整体素质。

农村教师特岗计划实施以来，2006至2008年，共招聘特岗教师5.9万多人，覆盖400多个县、6000多所农村学校。[①] 到2020年，累计招聘95万名特岗教师，覆盖中西部省份1000多个县、3万多所农村学校。[②]

为了让特岗教师安心从教，充分发挥他们对农村教育的促进作用，政府不断提高补助标准，切实保障特岗教师三年服务期满、考核合格且愿意留任的特岗教师全部落实工作岗位。同时，按照国家规定落实特岗教师报考党政机关公务员和硕士研究生等优惠政策。对服务期满留任并选择在职攻读教育硕士专业学位的教师，仅2013年，教育部的招生规模就达到2500名，且同等条件下优先录取村小、教学点特岗教师。[③]

"特岗计划"的实施，有力地缓解了农村地区教师紧缺和结构性矛盾，

---

① 教育部 财政部 人力资源社会保障部 中央编办.关于继续组织实施"农村义务教育阶段学校教师特设岗位计划"的通知［EB/OL］.（2009 – 02 – 23）［2023 – 10 – 30］.http：//www.mohrss.gov.cn/SYrlzyhshbzb/jiuye/zcwj/gaoxiaobiyesheng/200902/t20090225_ 86348.html.

② 柴如瑾.教师的职业吸引力为何越来越强［EB/OL］.（2020 – 09 – 07）［2023 – 10 – 30］.http：//www.moe.gov.cn/jyb_ xwfb/xw_ zt/moe_ 357/jyzt_ 2020n/2020_ zt16/meitibaodao/202009/t20200907_ 485981.html.

③ 教育部办公厅 财政部办公厅.关于做好2013年农村义务教育阶段学校教师特设岗位计划有关实施工作的通知［EB/OL］.（2013 – 05 – 07）［2023 – 10 – 30］.http：//www.moe.gov.cn/srcsite/A10/s7151/201305/t20130507_ 151810.html.

促进了农村学校面貌的变化。这些接受了高等教育的年轻教师，为农村教育带去新的理念、新的教学方法，注入了新鲜血液，有利于推动城乡教育均衡发展。

不过，由于特岗教师包括非师范生，没有接受过教育教学方面的训练，加上大学期间缺少教师职业信念和教育情怀方面的熏陶，所以，当他们在教学工作中面临挑战时，容易产生临阵脱逃的念头。而且，多数特岗教师并不是本地生源，甚至有相当部分人来自城市，教学之余，普遍感到农村生活单调、孤独、无味。这些都容易成为他们逃离农村、逃离农村教师的动因。

几乎是实施农村教师特岗计划的同时，为进一步培养高素质、能扎根的乡村教师。2007 年，温家宝总理在第十届全国人民代表大会第五次会议工作报告中提出，在教育部直属师范大学实行师范生免费教育。同年 5 月，教育部、财政部、人事部、中央编办下发《教育部直属师范大学师范生免费教育实施办法》，规定从 2007 年开始，在教育部直属的 6 所师范大学实行师范生免费教育，要求免费师范生毕业后回到生源省份，从事中小学教育十年以上；到城镇学校工作的免费师范生，应先到农村义务教育学校任教服务两年。2018 年，在《教育部直属师范大学师范生公费教育实施办法》中，不仅将免费政策调整为公费政策，将十年服务期调整为六年，两年乡村教师服务期调整为一年，并鼓励他们到中西部边远贫困和少数民族地区任教。

教育部直属师范大学的师范生免费教育，为地方教育培养了大批优秀师资。但这批优秀师资，回到生源省份以后，基本在城市任教，难以下沉到乡村。加上特岗教师的流动性和非本地化的生源特征，并不能完全解决优质乡村教师的补充问题。2006 年，湖南省教育厅针对湖南农村小学师资补充困难的实际情况，率先在全国范围内实施农村小学教师定向培养专项计划，由湖南第一师范学院负责培养。最初培养的是五年制专科层次的小学教师，其后，根据城乡教育均衡发展需要，陆续实施高中起点四年制本科层次和初中起点六年制本科层次小学教师以及公费定向培养农村初中教师、学前教师等多种培养计划。截至 2016 年 9 月，湖南省共招收培养各类农村教师公费定向师范生 4.13 万人，其中已毕业 1.4 万人。对 2011 至 2014

年毕业的 3577 名免费生的调查显示，已有 3255 人受到县级以上奖励，占 91%；335 人已成为所在学校校级或中层管理骨干。①

湖南公费定向培养农村小学教师的经验，很快在其他各省得到推广。地方师范院校所定向培养的公费师范生，皆来自农村地区，毕业后回到生源所在地。这一规定不仅解决了农村优质师资的来源，而且，这些教师因为家庭和亲人皆在当地，流动的可能性较小，真正实现了乡村教师"下得去、留得住、教得好"的夙愿。

通过城乡教师交流制度、特岗计划和公费定向培养计划，从不同渠道、以不同方式补充农村优质教师，提高农村教学质量，尤其是对偏远贫困地区及少数民族等地区优质师资补充，具有非常重要的现实价值。农村教师的优化，成为深化城乡教育均衡发展的关键。

（2）乡村教师培训

在不断创新乡村教师补充来源的同时，加强对现有教师的培训，是提高乡村教师质量的重要举措。2000 年，教育部决定在全国范围内实施"中小学教师继续教育工程"，提出在继续教育中，"要加强农村、少数民族和边远贫困地区中小学教师的培训"。

实际上，在继续教育过程中，较之城市，乡村教师的培训更多是集中于合格培训，面向专业发展和职业提升的培训机会极少，这就迫使乡村青年教师和骨干教师向城市流动，以求得到更多的发展机会。

进入 21 世纪，我国对中小学教师尤其是农村小学教师的培训力度空前加大，并根据财政部、教育部《关于印发〈农村中小学公用经费支出管理暂行办法〉的通知》的要求，"按照农村学校年度公用经费预算总额 5% 安排教师培训经费"，以保障农村教师培训。从 2007 年暑期，教育部开始了援助西藏、新疆教师培训和西部农村教师国家级远程培训"三项计划"，在此基础上，于 2008 年进一步创新培训模式，包括：一、"教育部支持西部边远地区骨干教师培训专项计划"：采取专项支持和"对口支援"相结合的

---

① 湖南省委教育工委宣传部. 湖南省农村教师公费定向培养工作介绍［EB/OL］.（2017－05－08）［2023－10－30］. http：//www. moe. gov. cn/jyb_ xwfb/xw_ zt/moe_ 357/jyzt_ 2017nztzl/2017_ zt03/2017_ zt03_ hn/17zt03_ yw/201705/t20170508_ 304048. html.

方式，分别对云南等西部省区中小学骨干教师，新疆、广西、青海、甘肃等贫穷落后地区的乡村教师，以"送培到省"和"送教上门"的方式，进行有针对性的培训；二、"中西部农村义务教育学校教师远程培训计划"，通过卫星电视课程播放与网络在线辅导答疑的方式，对中西部22个省及新疆生产建设兵团150个县20万名农村义务教育阶段的小学语文、数学、体育和初中语文、数学、体育等6个学科教师进行40学时的专项培训。①

在国家层面，通过国培计划，国家不断扩大和深化农村教师培训：在地域上加大对偏远薄弱地区和少数民族贫困地区教师的培训力度；在培训学科上，既有针对语文、数学等主要学科的培训，也逐步加强了对体育、艺术等薄弱学科的培训；在培训对象上，既有对专任教师的培训，也有对班主任、校长、培训者自身等进行培训。

通过国家层面的培训，以及省市、县域等地方培训，还有学校的校本培训，乡村教师的学历不断提升，教学能力、信息应用等多方面能力得到提高，尤其是对偏远和民族贫困地区的大力支持，使得城乡教师的差距日渐缩小，为进一步推进城乡教育均衡发展奠定了基础。

（3）乡村教师的待遇政策

改革开放以来，政府一直在想办法提高基础教育阶段教师的经济待遇。先是1979年试行班主任津贴，1985年实行教师教龄津贴，并于同年对中小学教师工资进行改革，通过了《中小学教职工工资制度改革实施方案》，开始实行以职务工资为主要内容的结构工资制度，包括基础工资、职务工资、工龄津贴、教龄津贴和奖励工资几个部分。《方案》中规定："各类学校毕业生分配到'老、少、山、边、穷'地区和调入上述地区从事中小学教育工作的教职员，待遇从优。"但是待遇如何从优，并没有具体规定。

此后，政府虽屡有提高中小学教师工资标准的办法，包括2008年教育部印发的《关于做好义务教育学校教师绩效考核工作的指导意见》等，但这些政策都是针对全国中小学教师而言的。除开保障民办教师和代课教师

---

① 教育部办公厅. 教育部办公厅关于印发《2008年中小学教师国家级培训计划》的通知 [EB/OL]. （2008－04－08）[2023－10－31]. http：//www.moe.gov.cn/srcsite/A10/s7058/200804/t20080408_ 81495.html.

的工资之外，对于农村教师的工资提升，没有专项规定。随着城乡差距的扩大，尤其是教育经费尚未纳入全县统筹、转移支付时期，教师尤其是农村教师工资拖欠问题严重，导致农村教师大量流失，城乡教师差距日渐扩大。

2015 年，国务院办公厅颁发专门针对乡村教师经济待遇及职业发展的《乡村教师支持计划（2015—2020 年)》，要求统一城乡教职工编制标准、职称（职务）评聘向乡村教师倾斜，切实提高乡村教师生活待遇，全面落实集中连片特困地区乡村教师生活补助政策和乡村教师重大疾病救助工作等，以"加强老少边穷岛等边远贫困地区乡村教师队伍建设，明显缩小城乡师资水平差距，让每个乡村孩子都能接受公平、有质量的教育"。

在中央的政策支持和财政支持下，各省政府也陆续制定执行政策和财政补助政策，全面落实乡村教师支持计划。

经济待遇之外，政府也极为关心教师的社会地位。1993 年，颁布了《中华人民共和国教师法》，以保障教师的合法权益，提高教师的社会地位；2000 年，实施的《教师资格条例》则提高了教师的专业地位。

在政府一系列的政策支持下，乡村教师的待遇明显改善，吸引了更多的优秀毕业生投身乡村教育，原有的乡村教师也能安心从教，对于缩小城乡师资水平差距，保障城乡教育均衡发展起到了促进作用。

（二）学生教育成就机会的均等政策

对学生而言，教育均衡主要涉及其教育机会均等。城乡教育均衡发展，除开教育资源（经费、设施、师资）均衡配置之外，还应给城乡学生提供均等的教育机会。教育机会包括入学机会及学业成就机会等多方面。义务教育普及后，针对乡村学生的就近入学、随迁子女的入学和升学方面都有相应的政策支持，入学机会基本实现均衡。当前，政府正着力解决学生学业成就的机会均等问题。

1. 支援中西部地区普通高校招生协作计划

学生在学业成就上的机会均等，包括他们学习资源和学习机会的均等，也包括升学机会的均等。

当义务教育基本普及后，农村学生由小学升入初中已经实现了入学机会均等，但初中升入高中、高中升入大学的入学机会存在较大的城乡差距。

随着国家加强了面向农村的职业教育后，农村初中学生的升学情况有所好转，但在高等教育入学方面，城乡学生差距非但没有缩小，反倒有日渐扩大的趋势。2008 年，我国高等教育毛入学率为 23%，即 100 名 18～22 岁的学龄人口中，有 23 个在校大学生，其中城市 19 个，农村 4 个。① 其中，农村学生在重点大学的比例也日益下降，有数据表明，北京大学新生中农村籍学生所占比例从 1978—1998 年间的 20%～40%，下降为 2000 年后的 10%～15%。②

2008 年 1 月，在全国高等教育招生计划工作会议上，教育部副部长袁贵仁提出，从 2008 年开始试行"支援中西部地区普通高校招生协作计划"，从招生计划增量中专门拿出 3.5 万人，安排给高等教育资源丰富、办学条件较好的 11 个省份，由其所属高校指定到高等教育资源缺乏、升学压力较大的 5 个中西部省份招生。

2012 年，教育部等五部门联合颁布《关于实施面向贫困地区定向招生专项计划的通知》，明确提出"在普通高校招生计划中专门安排适量招生计划，面向集中连片特殊困难地区（以下统称贫困地区）生源，实行定向招生，引导和鼓励学生毕业后回到贫困地区就业创业和服务"。为农村学生提供升入大学机会的同时，政府也增加了农村学生升入重点大学的支持力度。2013 年，国家进一步扩大并完善专项招生计划：招生规模扩大至 32100 名，招生区域由 2012 年的 680 个集中连片特殊困难县扩大至 832 个县，所涉及的高校由之前的 222 所扩大到 263 所，覆盖了所有"211 工程"学校和 108 所中央部属高校。③

面向农村学生的专项招生计划实施以来，取得了比较明显的成效。2018 年，教育部答复政协十三届全国委员会第一次会议第 2051 号（教育类 219 号）提案，面对农村学生高等教育入学问题时称，国家会继续农村贫困地

---

① 王正惠，蒋平. 高考"弃考"之剖析：教育公平的现实困境与价值诉求 [J]. 教育学术月刊，2009（9）：45-48.

② 郭少峰，刘云杉. "寒门子弟进名校"如何不再难 [EB/OL]. (2011-10-29) [2023-11-01]. https://view.news.qq.com/a/20111029/000007.htm.

③ 邬志辉，等. 中国农村教育：政策与发展（1978—2018）[M]. 北京：社会科学文献出版社，2018：285.

区定向招生专项计划，"实施国家、地方和高校三个专项招生计划，由重点高校面向贫困地区定向招生，部属高校和省属重点高校安排一定比例名额招收边远、贫困、民族地区优秀农村学生等措施增加农村学生上重点高校人数，三年来累计招收 37 万农村考生，形成了保障农村和贫困地区学生上重点高校的长效机制"。①

面向农村贫困地区招生的专项计划，对于基础教育处于弱势的这些农村贫困地区的学生而言，他们增加了升入大学乃至重点大学的机会。但在当前整个城乡学生学业成就机会失衡的背景下，农村学生需要更多升入高校的机会，需要更进一步的政策支持。

2. 乡村学校少年宫项目

据 2012 年中国扶贫基金会调查，仅中西部 9 省贫困地区，开设音体美课程的农村学校，86.7% 没有专职音乐教师，84.8% 没有专职体育教师，87% 没有专职美术教师；农村小学生 79% 没有音乐用品，48% 没有体育用品，43% 没有美术用品。②

人的发展应该是德智体美劳全面发展，尤其是体格的健壮和审美的发展，对于人的价值教育具有不可或缺的作用。但乡村学校音体美的教育状况，和城市学校相比，其差距不可同日而语，尤其是乡村学生音乐、美术等艺术素养的校外发展，和城市学生相比，完全没有可比性。为了推动城乡教育均衡发展，给予乡村学生均等的发展机会，2011 年 6 月，经国务院批准，财政部、中央文明办和教育部联合制定了《中央专项彩票公益金支持乡村学校少年宫项目管理办法》，意味着乡村学校少年宫项目正式启动。

《中央专项彩票公益金支持乡村学校少年宫项目管理办法》利用中央专项彩票公益金，依托乡镇中心学校现有场地、教室和设施，进行修缮并配备必要的设备器材，依靠教师和志愿者进行管理，在课余时间和节假日组

---

① 教育部. 关于政协十三届全国委员会第一次会议第 2051 号（教育类 219 号）提案答复的函 [EB/OL].（2018 - 09 - 19）[2023 - 11 - 11]. http：//www. moe. gov. cn/srcsite/A10/s7151/201305/t20130507_ 151810. html.

② 转引自图解"十二五"时期全国乡村学校少年宫建设情况暨"十三五"期间建设规划, http：//www. kids21. cn/zt/2016/wj/09/index. html.

织开展普及性校外活动。乡村学校少年宫的功能定位为为农村未成年人的思想道德建设、文体活动及科普活动进行服务。具体包括：

第一，开展丰富多彩的文体娱乐活动，以乐促智。结合未成年人的身心特点，因地制宜，广泛开展未成年人喜闻乐见、乐于参与的歌咏、乐器、舞蹈、绘画等艺术活动，球类、武术、棋艺、跳绳等体育活动，以及滚铁环、灯谜、放风筝、舞龙灯等乡土文化特色活动。

第二，开展力所能及的技能培训活动，以技促能。既可利用师资、场地、设施等条件，开展科技、手工等活动，也可根据地域文化和学校特色，引进陶艺、编织、木偶、剪纸、民乐、戏曲等项目。

第三，开展内容鲜活的经典诵读活动，以读养德。精选适合未成年人阅读的红色经典和传统经典，结合"我们的节日"，积极开展经典诵读活动。配合学校德育工作，深入开展"做一个有道德的人"活动，开展生命安全、环境保护等主题教育实践活动。①

至 2018 年，中央专项彩票公益金累计投入 55 亿元，支持建设的乡村少年宫达到 16536 所。② 2019 年，政府进一步扩大乡村学校少年宫的覆盖面，利用中央专项彩票公益金新建 8000 所乡村学校少年宫，推动各地再自建 10000 所乡村学校少年宫，争取到 2020 年，全国各类乡村学校少年宫总数达到 5 万所，全国 20% 以上的乡镇农村学校建有少年宫。③

为了更好地解决乡村学校少年宫师资薄弱等难题，2018 年，中央文明办将分别会同教育部、文化和旅游部、国家体育总局、团中央、中国文联、中国科协等部门联合开展六大志愿行动：1. 实施退休教师下乡服务志愿活动；2. 实施农村未成年人文化志愿服务计划；3. 开展乡村学校体育志愿服

---

① 中央文明办 教育部关于印发《乡村学校少年宫使用管理办法》的通知［EB/OL］. (2011 - 08 - 08) ［2023 - 11 - 11］. http：//www. moe. gov. cn/jyb_ xxgk/moe_ 1777/moe_ 1779/201108/t20110808_ 126451. html.

② 六大志愿行动助力乡村学校少年宫［EB/OL］. (2018 - 05 - 23) ［2023 - 11 - 11］. https：//chuzhong. eol. cn/news/201805/t20180523_ 1601911. shtml.

③ 中央专项彩票公益金支持乡村学校少年宫项目建设综述［EB/OL］. (2016 - 07 - 10) ［2023 - 11 - 11］. https：//www. 360kuai. com/pc/9fa7cc92b6bbb3b86？cota =4&kuai_ so =1&tj_ url = so_ rec&sign =360_ 57c3bbd1&refer_ scene = so_ 1.

务项目；4. 开展关爱乡村少年志愿服务活动；5. 开展乡村学校艺术教师培训计划；6. 开展农村未成年人科普志愿行动。

乡村学校少年宫项目的开展，对乡村少年的艺术修养、道德品质、科技知识、乡土文化等众多方面都提供了学习机会，对于乡村学生的创新精神、乡土意识、责任和担当精神等起到重要的熏陶作用。乡村学校少年宫项目的实施，充实了乡村学生的课后学习，陶冶了他们的情操，为其学业成就提供了更多的机会。

（三）我国城乡教育均衡发展政策的不足

针对城乡教育发展失衡问题，21 世纪以来，政府重拳出击，陆续出台了大量关于支持乡村教育发展的政策，在教育资源的均衡配置、学生学业成就机会均等等各方面都取得显著成效。但由于我国乡村地域广阔，人口众多，而经济基础又极为薄弱，导致我国城乡教育均衡发展问题依然极为严重，政策支持力度仍需加大。

目前，在教育资源的均衡配置问题上，城乡学校的硬件设施日益一体化。教育经费的管理与支出方面，虽然确立了中央、省府及县府多元主体的教育经费体制，但农村教育经费，依然是由财政并不充裕的县府承担主要责任，省府和中央在农村教育经费虽有一些专项支持计划，但所应承担的经费比例及整体责任，尚未完全明确。至于城乡教育均衡发展的关键——师资问题，仍应在政策上进行大力扶持，尤其是对乡村教师的尊重和支持方面。

近年来，乡村教师的工作职责日益泛化，非教学工作压力增大，在一定程度上影响着乡村教师的教学质量和教学热情。加上这些年来，师生关系的日益异化，家长、社会、学校和教育行政部门对教师的支持力度减弱，教师和学生之间如果有所冲突，多数情况下教师会成为责任主体。这些新的现象，成为促使乡村教师流失的新的因素。增加乡村教师的吸引力，提升乡村教师的地位，不仅包含经济地位、专业地位的提升，社会地位的提升也应该进一步增强，让乡村教师成为受人尊敬的职业，并有强力的政策支持，这是当前城乡教育均衡发展要关注的新动向。

在学生学业成就方面，目前虽有高校招生专项计划和乡村学校少年宫计划，但总体来说，针对学生学业成就机会的政策支持比较薄弱。较之城市，农村因为教育资源的限制以及家长的观念影响，农村学生的学习机会主要集中在学校。课余之后的学习，无论是政府、公益机构支持的各种课后教育机会，还是盈利机构的学习培训机会，尤其是关于文体、科学、艺术等涉及人的全面发展等方面的学习机会是极为欠缺的。从法律、政策、财政等各方面加大对农村学生课后教育的支持，包括通过政策和活动支持改变农村家长的教育理念，是当前缩小城乡学生学业成就机会差距的重要方面。

第二章
乡村教师队伍建设现状及其困境

第一节　乡村教师队伍建设的现实审视

一、问题的提出

"百年大计，教育为本，教育大计，教师为本"，乡村学校（本书所指的乡村学校、乡村教师、乡村教育与农村学校、农村教师、农村教育含义相同）是我国农村义务教育的重要组成部分，在促进社会公平正义、保障乡村儿童的受教育权、提高乡村人口素质、传承乡村优秀传统文化、推进教育精准扶贫和提升乡村现代化水平等方面发挥着不可替代的重要作用。乡村教师队伍建设的发展更是我国乡村基础教育全面深化改革的成败关键，如何建设一支数量充足、结构合理、素质较高、队伍稳定、扎根乡村的乡村教师队伍也成为了当前解决乡村教育问题的关键。截至 2018 年底，全国乡村教师有 290 多万人，现在幼儿园、小学和初中（不含高中阶段以及大学）的教师共 1131 万人，总体来看乡村教师占同学段教师的 1/4 左右。[①]乡村教师分布在中国最广大和最基层的农村地区，乡村教师队伍建设是乡村教育发展和乡村文化振兴的重要突破口。

近年来，乡村教育和乡村教师队伍建设问题备受党和国家的高度关注。

[①]　数据来源：中华人民共和国教育部新闻发布会：介绍 2018 年教育事业发展有关情况. http：//www. moe. gov. cn/fbh/live/2019/50340/twwd/201902/t20190226_ 371310. html.

2006年5月，教育部等部门联合下发《关于实施农村义务教育阶段学校教师特设岗位计划的通知》（教师〔2006〕2号），通过给予优厚政策待遇公开招募高校毕业生到西部农村义务教育阶段学校任教，以逐步解决农村义务教育师资总量不足和结构不合理等问题。2007年5月，国务院办公厅转发教育部等部门《关于教育部直属师范大学师范生免费教育实施办法（试行)》的通知，为农村义务教育培养优秀教师。2010年7月，国家颁布《国家中长期教育改革和发展规划纲要（2010—2020年)》，将促进教育公平提高到国家基本教育政策高度，并提出教育公平的主要责任在政府。2012年8月，国务院颁布《关于加强教师队伍建设的意见》（国发〔2012〕41号），明确强调要"以农村教师为重点，采取倾斜政策，切实增强农村教师职业吸引力，激励更多优秀人才到农村从教"。随后教育部等五部委联合发布《关于大力推进农村义务教育教师队伍建设的意见》，为"加快农村义务教育教师队伍建设，建立城乡一体化义务教育发展机制"提出了九项重要举措。2015年国务院办公厅颁发了《乡村教师支持计划（2015—2020年)》，以"解决当前乡村教师队伍建设领域存在的突出问题，吸引优秀人才到乡村学校任教，稳定乡村教师队伍，带动和促进教师队伍整体水平提高"。为进一步推进国家关于乡村教师队伍建设政策的落实，各省在国家相关政策的基础上出台了更为具体的行动与实施政策。如湖南省2015年印发了《湖南省乡村教师支持计划（2015—2020年）实施办法》等政策文件贯彻中央精神和落实中央政策。2020年，教育部等六部门发布《关于加强新时代乡村教师队伍建设的意见》提出要努力造就一支热爱乡村、数量充足、素质优良、充满活力的乡村教师队伍。2022年教育部工作重点提出，加强工资待遇保障，提高教龄津贴标准，落实好乡村教师生活补助政策，逐步提高乡村教师待遇，支持艰苦边远地区改善乡村教师周转宿舍。

在各级政府的高度重视和强力关注下，乡村教师队伍整体结构和质量得到了很大的改善与提升，但从整体来看，我国乡村教育受多重因素的影响仍然存在一些难点和痛点，依旧是我国义务教育事业中最为薄弱的环节，师资队伍的缺陷以及整体素质的不足仍是制约乡村教育发展的短板。为了进一步全面了解当前我国乡村教师队伍的现状，本课题组组织团队成员深入乡村教师群体，走访大量的乡村学校，调研了大批乡村教师和乡村校长，以期能够真实地反映乡村教师的生活与工作状况，为进一步改进乡村教师队伍建设提供实践依据和参考意见。

二、研究的设计

（一）研究对象的选取

为深入了解乡村教师队伍建设现状，课题组主要选取湖南省的乡村教师为研究对象。选择湖南省的原因主要是该省是中国的中部省份，经济发展水平处于中间层次，基本能够代表我国经济发展的平均水平。所选取的研究对象遍及湖南省的东西南北中各个县域，具有较好的代表性。为确保调查对象具有代表性，研究对象的选取涉及不同性别、不同类型学校、不同师源类型、不同学历的各学科乡村教师。

（二）研究工具的设计

课题组一方面制定了调查问卷展开了较大规模的问卷调查，另一方面分别制定了针对乡村教师和乡村管理人员的访谈提纲展开深度访谈。考虑到乡村小规模学校的特殊性，课题组制定了两个调查问卷，分别是"乡村教师队伍建设现状调查问卷"和"乡村小规模学校教师队伍建设现状调查问卷"，其中以第一个问卷为主。"乡村教师队伍建设现状调查问卷"分为三大部分：第一部分是基本信息资料，包括性别、学校所处位置、婚姻状况、岗位性质、任教学科、任教年级、学历、职称、教龄和出生所在地等，共有14题。第二部分是乡村教师的现状，主要包括面临的困境、从教与留守意愿、激励机制、乡村教育已得到的改善、乡村教师教学效果影响因素和乡村教师职业素质等层面，共有11题。第三部分是乡村教师对岗位待遇与发展的期待，主要包括工资待遇、住房、子女教育、专业发展等方面的期待，了解乡村教师的职业发展诉求，共有6题（问卷具体详见附录）。

（三）研究过程的实施

课题组成员最早从2017年开始走访乡村学校，2018至2019年间深入湖南省五大区域，如湘西的龙山县和芷江县与泸溪县、湘中的湘乡市和攸县、湘南的永州市、湘北的临湘市、湘东的浏阳市等地的多个乡村学校对乡村教师和乡村学校管理人员进行深度访谈，实地了解乡村学校教师的生活与工作状况。2019 至 2020 年期间，课题组特别对乡村小规模学校的师资情况进行了深入调查，通过问卷星平台向这些区域的教师发放问卷。回收了"乡村教师队伍建设现状调查问卷"1100 份，剔除答题时间少于 90 秒且与实际情况有出入的问卷，共得到 920 份问卷，有效率为 83.6%；还回收了"乡村小规模学校教师队伍建设现状"调查问卷 450 份，剔除与实际情况有出入的问卷，共得到 430 份问卷，有效率为 95.6%。为了便于对数据进行深入分析，研究中的所有问卷数据，均采用统计分析软件 SPSS22.0 进行统计，结果统计以"乡村教师队伍建设现状问卷"的调查数据为主。访谈对象的选择遵循便利性、代表性和典型性等原则，选择 20 名乡村教师和10 名乡村学校管理人员（含校长）进行深度访谈。在实地调研的过程中，课题组广泛地了解乡村教师当前的生活与工作状态及环境，收集了大量的与乡村教师工作与生活息息相关的文本材料，并拍摄了大量的实地图片，以期能够真实地解读和反映乡村教师的生活与工作境遇。

三、调查结果与分析

（一）问卷调查样本基本情况

通过对问卷调查有效样本的统计分析可知，参与乡村教师问卷调查的920 名教师中，任教阶段覆盖了小学至高中全部基础教育阶段。学校处于乡中心区域的教师有 642 人，占比 69.8%，教学点教师有 32 人，仅占 3.5%。出现这一现象的原因主要是乡村中学（包括初中和高中）和乡镇中心小学一般都在乡中心区域；教学点由于教师数量少且分散，有些教学点只有一两个教师，因此填答的人数比较少。男教师 330 人，占比 35.9%，女教师590 人，占比为 64.1%，基本符合乡村小学教师性别比例分布。在婚姻状况上，已婚 608 人，其中已婚分居的约占一半；单身 212 人，占总人数的23%；已有对象但不在一个地方的占总人数的 8%。据访谈发现，已婚团聚和未婚但对象在一起的相对其他群体来说，更容易稳定在乡村任教。但这两类人员仅占 37.8%，而已婚分居、已有对象不在一个地方的和未婚的占62.1%，这些人容易由于家庭或婚姻需要离开所任教的乡村学校。所在学校类型上，乡镇中心区教师 69.8%，村小（含教学点）占比 30.2%；教龄在

10 年以下的占 65.6%，11～20 年的仅占 15.9%，20 年以上的占 18.5%。这一比例基本符合当前乡村学校教师的构成情况。（详见表 2 - 1）

表 2 - 1　调查样本个人背景基本情况（部分）

名称	选项	人数（N）	百分比	合计
学校区域	乡中心区	642	69.8%	920
	村小	246	26.7%	
	教学点	32	3.5%	
学校距城区距离	10 公里以内	14	1.5%	920
	20 公里以内	28	3.1%	
	30 公里以内	58	6.3%	
	40 公里以内	152	16.5%	
	50 公里以内	248	27.0%	
	60 公里以内	142	15.4%	
	60 公里以外	278	30.2%	
学校离家的距离	非常远	254	27.6%	920
	比较远	426	46.3%	
	比较近	204	22.2%	
	非常近	36	3.9%	
性别	男	330	35.9%	920
	女	590	64.1%	
婚姻状况	已婚分居	286	31.1%	920
	已婚团聚	322	35%	
	已有男友（女友），不在一个地方	74	8%	
	已有男友（女友），在一个地方	26	2.9%	
	单身	212	23%	
任教学段	小学	482	52.4%	920
	初中	326	35.4%	
	高中	24	2.6%	
	九年一贯制	88	9.6%	

（续表）

名称	选项	人数（N）	百分比	合计
任教学科数量	一门学科	404	43.9%	920
	二门学科	228	24.8%	
	三门学科	122	13.3%	
	三门以上学科	166	18.0%	
任教年级数量	一个年级	526	57.2%	920
	二个年级	274	29.8%	
	三个年级	70	7.6%	
	三个年级以上	50	5.4%	
学历	高中或中专	4	0.4%	920
	专科	262	28.5%	
	本科	644	70.0%	
	硕士研究生	10	1.1%	
职称	未评职称	254	27.6%	920
	三级教师	22	2.4%	
	二级教师	266	28.9%	
	一级教师	290	31.5%	
	高级教师	88	9.6%	
年龄	25 岁以下	148	16.1%	920
	25~30 岁	344	37.4%	
	31~40 岁	242	26.3%	
	41~50 岁	142	15.4%	
	51 岁以上	44	4.8%	
教龄	5 年以下	452	49.1%	920
	6~10 年	152	16.5%	
	11~15 年	54	5.9%	
	16~19 年	92	10.0%	
	20 年及以上	170	18.5%	
出生地	乡村	760	82.6%	920
	县镇	148	16.1%	
	城市	12	1.3%	

（二）乡村教师队伍整体现状

1. 乡村教师供需总量基本情况

教师是学校建立和发展的第一资源。近年来，我国通过公费师范生定向乡村培养模式加大了对乡村教师培养的力度，借力特岗教师计划、支教计划、城乡教师轮岗计划、银龄计划等多渠道拓宽了乡村教师资源供给渠道，完善了乡村教师补充机制。通过查阅湖南省教育事业统计年鉴，结合实地走访的情况发现，按照国家的师生比标准，乡村教师供需总体数量基本能够得到保障。但按照国家的教师编制标准并不能满足实际需要。由于大量乡村人口外出务工，很多乡村儿童跟随父母迁入城市学校学习。全国教育发展统计报告显示，到 2019 年全国义务教育阶段在校生中农村留守儿童共 1384.4 万人，全国义务教育阶段在校生中进城务工人员随迁子女共 1426.96 万人。[①] 随迁子女总人数已超过农村留守儿童的人数，乡村适龄儿童不断下降且越来越分散，乡村地区出现了大量学生人数不足 100 人的乡村小规模学校，有些教学点的学生人数是个位数。按照师生比核定教师编制，往往这些学校出现教师编制总量超编，但又不能满足学校对合格师资的现实合理需求，造成缺编和超人同时普遍存在的现象。虽然文件规定要对农村偏远地区适当倾斜，按照师生比和班师比的方式核定编制，但是总量编制已定，城镇学校缺编缺人相当严重的情况下，上述规定基本是无法实现的。部分乡村小规模学校不得不聘请临聘教师方能基本保障学校教育教学工作的开展。课题组统计了部分地区乡村小规模学校的师生比和临聘教师情况（详见表 2 - 2），发现县域所在乡村学校的临聘教师比例高于市，市域所在乡村学校的临聘教师比例高于区，即越是远离城市中心的地区，临聘教师的比例越高。虽然乡村学校的师生比远低于国家规定的标准，但是由于存在大量的小规模学校，现有的教师数量仍然不能保障乡村学校的正常运转，不得不聘请临聘教师，有的地区甚至高达近半数的临聘教师。临聘教师虽然基本弥补了数量不够的问题，但据访谈得知，公办教学点无编制

---

① 教育部 . 2019 年全国教育事业发展统计公报［EB/OL］. http：//www. moe. gov. cn/jyb_xwfb/s5147/202005/t20200521_ 457227. html.

的临聘教师存在起点低、责任心欠缺、稳定性不够、育人水平不高等问题。统计数据也显示，远离城市中心的地区和城乡接合部地区的师生比相对更低，主要是因为这两个地区学生流失相对更严重。

表 2-2　湖南省部分县市区乡村小规模教学点数量统计表

类型		永州零陵区	攸县	临湘市	湘乡市	衡阳市	芷江县	泸溪县
乡村小规模学校数量（所）		15	35	76	71	195	91	138
按教师构成划分	只有 1 名教师	5	0	52	0	36	79	106
	2~5 名教师	2	24	19	10	76	11	30
	6~10 名教师	0	9	5	38	76	1	2
	11 名及以上教师	8	2	0	23	7	0	0
乡村小规模学校教师总量（人）		135	188	118	676	911	158	208
临聘教师		3	55	4	99	105	69	54
临聘教师比例		2.22%	29.26%	3.39%	14.64%	11.53%	43.67%	25.96%
按学生构成划分	10 人及以下	5	0	44	2	41	65	108
	11~20 人	1	2	13	3	22	18	10
	21~40 人	3	6	6	12	39	6	9
	41~60 人	0	11	0	17	32	2	7
	61~80 人	1	11	3	20	29	0	2
	81~100 人	5	5	10	17	32	0	2
乡村小规模学校学生总量（人）		644	1971	1444	4218	8350	811	1393
师生比		1:4.77	1:10.48	1:12.24	1:6.24	1:9.17	1:5.13	1:6.70

2. 乡村教师队伍结构基本情况

教师队伍结构是建设高质量教师队伍整体素质的重要条件，其合理与否是衡量教师队伍整体质量的重要标志。教师队伍结构即学校教师队伍的基本构成情况，包括教师的学历、年龄、职务、性别等自身条件要素的数量构成比例及其组合关系。通过调查发现，乡村教师队伍结构呈现以下特征：

（1）在性别结构上以女教师为主体

一直以来，教师职业深受女性的青睐。教师职业相对稳定的工作环境，吸引更多的女性投身其中。因此，很多女性在接受高等（师范）教育之后选择成为一名教师。统计数据显示，2020 年初中阶段教育我国女教师占教师总体人数的 59.43%，初等教育阶段女教师占总体人数的 69.04%。① 教师群体女多男少的现象在乡村地区更为突出。随着乡村人口大量进城务工，很多乡村儿童成为了留守儿童，乡村学校需要的正是兼具教学和照顾双重角色的女性教师。乡村教师职业既符合传统的女性性别角色期待，求职压力又小，成为许多女性的选择。乡村常住人口的减少加速了乡村教育的衰落，乡村教师的社会地位和收入无法满足传统社会对男性养家糊口的角色规范要求，在岗的乡村男教师不断流失，愿意报考师范专业的男生越来越少。从近年来湖南省定向乡村培养的公费师范生性别构成中也可以看出，女生报考和男生报考的比例大约在 7∶3，但实际上最终录取的比例会更高，达到 8∶2，定向培养的师资性别构成进一步加剧了乡村学校性别失衡的问题，引发了包括女教师婚配难、女教师安全保障难、乡村男童培养不力等一系列的连锁反应。这一现象也引起了师范院校和政府部门的高度重视，为了改善乡村男女教师性别严重失衡的问题，增加男生报考和录取比例。如湖南省实施了"男女招生比例相对均衡政策"和"专门招收培养小学男教师计划"，以期改善乡村教师队伍性别失衡问题。

（2）在年龄结构上两端多中间少

年龄结构是指各年龄阶段教师们在教师队伍中的分布，教师年龄结构是否合理，将关乎师资队伍的发展和教育整体水平的提升。从年龄结构来看，乡村教师呈现出年轻老师和年老临近退休教师多，中年教师少的特点，这种青黄不接的局面一方面受到我国师范教育体制改革的影响，另一方面是由历史性的城乡二元格局所造成的。20 世纪 90 年代中期开始我国的师范教育体制逐渐从本科—大专—中专三级体制升级为本科—专科二级教育体

---

① 教育部 . 各级各类学校女教师、女教职工数［EB/OL］. http：//www. moe. gov. cn/jyb_sjzl/moe_ 560/2020/quanguo/202108/t20210831_ 556359. html.

制，以培养乡村小学教师为主体的中师退出了历史舞台。在之后的 10 多年时间里，乡村教师队伍失去了师范院校培养这一关键的补充渠道，加之城乡二元结构催化了乡村的凋敝，乡村学校难以招聘到年轻的乡村教师，造成了当前四五十岁乡村教师几乎断层和上世纪中师毕业的乡村教师即将面临退休的问题。所幸国家和各级政府敏锐地发现了这一突出问题，湖南省从 2006 年开始在全国率先启动实施了农村教师公费定向培养工作。国家从 2007 年开始在六所重点师范院校开展免费定向培养师范生计划，虽然这些计划只是定向培养的开端，刚开始力度不大，开设范围小且专业有限；但这种培养模式给定向乡村培养教师注入了新的绵延不断的活力。全国多个省份都相继开始了免费定向师范生培养计划，尤其是湖南省定向师范生的培养一直走在全国的前列，2010 年再次创新性地开设了六年制初中起点定向乡村培养公费师范生的计划，招生计划涉及中小学各个学科，培养院校从一所扩展到十多所，培养专业从一个专业扩展到几十个专业，公费师范生的培养极大地为乡村地区精准补充了教师，真正实现了乡村教师"下得去"的目标，改变了"爷爷奶奶教小学"的乡村教师队伍面貌，35 岁以下的年轻教师逐渐成为乡村教师队伍的主力军。因此，当前乡村教师队伍中年轻教师数量不断地增加。这样逐步形成了上世纪 80 年代和 90 年代的中师毕业生逐年老龄化，新入职的年轻免费师范生数量扩大化和中年教师断层的局面。乡村教师年龄结构的失衡，中年教师的不足导致没有形成良好的教师梯队，首尾难以相接。年轻教师的成长缺乏引领，年老教师的发展缺乏热情，整个队伍建设容易缺乏团队凝聚力和核心竞争力。

（3）在学历结构上以本科为主

学历结构是指接受不同层次专业教育的教师在教师队伍中所占的百分比。学历结构在一定程度上体现了教师的专业素质和教学能力的高低。有关研究证明，"高学历"与"高素质"之间存在较为显著的正相关关系。高学历教师在教学情绪、教学期望、教学策略、教学业绩等方面都要高于学历相对较低的教师，且其教学自主性也更高，从而拥有更好的教学表现。[①]教育部 2017—2020 年的教育统计数据显示，我国普通中小学教师学历层次

---

① 李红梅，靳玉乐. 教师教学业绩的影响因素研究：基于全国 2380 名中小学教师的调查分析[J]. 湖南师范大学教育科学学报，2018（1）：63–68.

整体呈现上升趋势，教师学历合格率逐年提高。从调查数据来看（详见图2-1），在920名教师中，71.10%的教师拥有本科及以上学历，28.50%的教师有大专学历，还有0.40%的教师只有高中或中专学历。

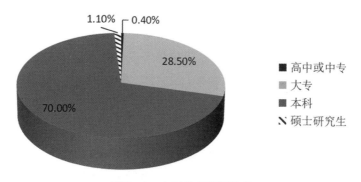

图2-1　乡村教师学历结构

可见，乡村教师以本科学历为主，基本达到了国家对中小学教师的学历要求标准。但是在访谈过程中发现，为了解决乡村学校师资不足的问题，很多县市规定了新进教师必须先在乡村服务1至2年方可进入城区学校，而定向分配的公费师范生则依约安排进入乡村学校。在分配新进教师时，优质的新进教师往往首先被安排在乡村初高中和规模相对较大的乡镇中心小学或城郊小学，处于偏远地区的村小和教学点等乡村小规模学校处于新教师流入的末端，往往被安排了一些特岗教师或者社会招考的非师范毕业生。他们很多学历虽然达标，但来自非师范类的独立学院、专科学校和高职院校，未经历过专业的师范教育训练。在调研中，有教师反映："虽然一些特岗教师的学历要高于中专毕业生，但是教学能力甚至比不上后者。"此外，特岗教师中一大部分人本身并不愿意在乡村任教，只是想以此为跳板寻求更好的机会，他们并不安心任教，也不在意自身的教学能力，综合教育素质较低。此外，一些学校由于招不到合格的教师，就会聘请一些临聘教师，这些代课教师可能是其他行业转进来的，并不具有相关的知识技能，有些甚至没有教师资格证，也没有参加过岗前培训就直接上岗，很难保证其教学能力达到应有的标准。

（4）在职称结构上以低职称和未评级教师为主

职称结构是教师队伍中相同或不同学历教师之间数量匹配关系的反映，对教师队伍的经验、能力和产出等方面产生影响。从调查数据来看（详见

图2-2），被调研的乡村教师中享有高级职称教师仅有9.60%，拥有初级职称（包括三级和二级）的教师占比31.30%，还有27.60%的教师没有评职称。换言之，一半多（58.90%）的教师是低职称和未评级教师。一般来说，拥有中高级职称的教师往往在教学和学生管理上经验丰富，属于学校核心的优质教师资源。如果这类优质教师资源短缺，必然无法引领年轻教师的成长，导致学校教师队伍整体质量提升受到影响。乡村教师队伍中优质教师资源的不足不利于乡村学校的可持续发展。另外，调查中也发现，有些学校即使拥有中高级职称教师，但其中有部分教师的工作积极性也并未得到充分调动。一些教师一旦评上高级职称后，不仅不能承担引领青年教师发展的重要任务，反而陷入自我停滞期，后续的专业发展也无从谈起。一方面是年轻的低职称和无职称的教师需要通过职称评定来获得成长；另一方面中高职称教师不仅数量少且不愿承担引领年轻教师成长的重任。对于年轻教师来说，由于支持他们成长的资源相对稀缺，在县域内城乡统一的职称评定中他们常常处于劣势。一位在教学点的年轻老师就说道："我们也想通过参加区县市赛课提升自己的教学水平，通过赛课获奖为自己职称评定增加资本，但是在这个学校上课就几个学生，连磨课的班级都没有，还需要去中心小学借班磨课，更别说有优秀的教师或教研团队能指导我了。"成长缺乏相应的支持条件，职称评定缺乏资本的困境不仅助长了乡村年轻教师的职业倦怠感，也增大了优秀年轻教师的流失概率。

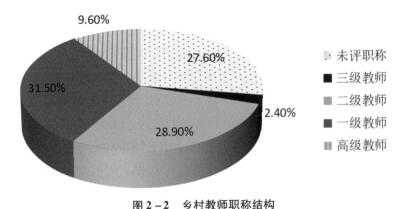

图2-2　乡村教师职称结构

（5）在学科结构上小学科教师严重缺失

学科结构是反映一个教师群体所掌握的学科专业知识构成的重要指标，

也是衡量教师队伍质量的一个重要指标。虽然从编制配置来看，目前乡村教师数量上符合国家标准 1:19，但是教师队伍的学科结构性矛盾突出。以湖南省 2017 年的情况为例（见表 2-3），根据"班级数×班周学时/小学专任教师每周任教 16 学时"的测算方法，发现乡村学校体育和科学教师严重缺乏，音乐、美术教师和新课改中新增的综合实践活动课程也缺乏专业的师资。进一步调查表明，乡村学校在这些学科教学中，除极少数由中心校安排教师走教外，大多数由语文或数学教师兼任，这些课时也常常被改成了语文和数学。师资的缺乏不仅导致国家规定的课程无法开设、课程空置，也会导致功能室无法正常作用。

表 2-3　2017 年湖南省乡村小学学科教师缺编情况统计表

科目	每班每周学时数	班级数	预估所需教师数	实际教师数
体育	3~4	47144	8839~11786	3370
科学	3	47144	8839	2430
音乐	1~2	47144	2946~5893	2327
美术	1~2	47144	2946~5893	2037
综合实践活动	1	47144	2946	1814
外语	2	47144	5893	5288

（注：班级数和实际教师数来源于 2017 年《湖南教育事业统计年鉴》，各科每班每周学时数参考《湖南省义务教育阶段新课程计划表》，小学教师每周任教学时数为调研小学教师后取一个较高值 16，各科所需教师估算为各科每班每周学时数与班级数乘积再除以小学教师每周任教 16 学时。）

3. 乡村教师队伍质量基本情况

教师队伍建设的核心是教师质量的提升。[①] 在乡村振兴战略背景下，教师队伍数量的基本满足能够解决乡村儿童"有学上"的问题，而教师队伍的质量则是乡村儿童"上好学"的重要保障。因此，乡村教师队伍的质量是实现教育真正公平的关键所在，也是乡村学校综合竞争力的重要表征。教师质量从表面特征来说，主要表现为教师职业道德高尚、教学理念更新和整体业务能力突出等方面。据调查，乡村教师存在师德不佳、教育理念

---

① ［法］雅克·哈拉克. 投资于未来：确定发展中国家教育重点［M］. 尤莉莉，徐贵平，译. 北京：教育科学出版社，1993：118.

陈旧、业务能力不足等现实问题。

(1) 职业道德层面

从调查数据来看（详见图 2-3），有 28.04% 的老师认为乡村教师缺乏职业理想，还有 3.48% 的老师认为乡村教师的职业道德较差。只有 37.61% 的教师认为乡村教师的职业没有问题。在实地调研访谈中，一些校长和地方教育局的管理人员也反映，有些乡村教师职业热情不高，工作积极性比较低，处于混日子或养老的状态。与乡村教师交流时也发现，部分乡村教师参与集体活动如公开课研讨、集体备课等不主动、不积极，有些教师把学生成绩差的原因主要归咎于学生自身和家长的不关心，常常抱怨学生基础差、家长不作为，很少从自身教育教学方面来反思自己可能存在的问题。有老师甚至表示："我考虑的比较多的是如何让学生在学校不出安全问题，不出意外就行，能顺顺利利毕业就好。"

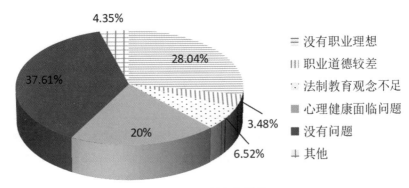

图 2-3　乡村教师师德状况

(2) 职业理念层面

乡村教师队伍中年轻教师和年老教师居多，中年教师几乎处于断层的状态，直接导致了年轻教师总体教学业务能力不足和年老教师教育理念陈旧的问题。通过访谈发现，一些老教师仍然秉持着传统的教育观念，如"不打不成才""分数才是硬道理""升学成绩是判定学校质量的唯一标准"，等等。教育理念会指导现实中的教育行为。在这些观念的指引下，应试教育在乡村学校大行其道，非考试学科常常形同虚设，没有得到有效开展。如果遇上责任心不强、混日子的教师，就连应试教育都懒得应付，每天在学校中消磨自己和学生的时光，这并非个别现象。而那些年轻的教师，虽然受到正规的师范教育训练，掌握了一定的先进教育理念，但缺乏教育实践经历。他们在面对复杂的教育现实情境时，无法沟通教育理论与实践，以至于常常发出"理想很丰满，现实很骨感"的感叹。很多公费师范生顶岗实习回来后，与课题组老师们谈得最多的就是"我们所学的教育理论都很美好，但在乡村的教育教学实践中根本实现不了，这些理念于乡村的实际需要来说还是太理想化了"。这些即将走向乡村教师岗位的实习教师们在面对教育中的问题时，往往不能运用所学的教育理论即时解决，转而向有经验的老师们学习和请教，其中也包含了那些秉持传统教育理念的教师。正因为如此，传统的教育理念与习惯做法在新老教师之间实现了代际传递，一直盘踞在乡村学校文化之中。年轻教师也在新旧教育理念的拉锯中逐步形成了自己对乡村教育的认识和理解。

（3）职业能力层面

教师专业发展周期的相关研究认为，教师专业生涯从生疏到成熟是一个动态的线性变迁过程。如美国学者弗兰西斯·富勒（Frances F. Fuller）认为教师专业发展经历任教前关注、自我生存关注、教学情境关注和学生关注四个阶段。[1] 一名初任教师一般要 8 年或 8 年以上甚至更长时间才能形成相对成熟的教学技能。但是受我国师范教育体制改革的影响，目前乡村学校的年轻教师大多是近些年刚从师范院校毕业的公费师范生和招聘的特岗教师。这些教师入职时间短，教育实践经历不足，他们自身的教育教学专业能力未得到足够的锤炼，常常无法独立面对教育中出现的一些问题。可以说，乡村学校近一半的教师尚未达到成熟期，教师专业能力还不强，亟须通过在职培训进一步提升。但调查显示（详见图 2 - 4），乡村教师能力素质提升面临比较大的困难。21.74% 的教师认为自身能力素质的提升面临非常大的困境，专业无法得到成长。65.43% 的教师认为有一定的困境，主要是由工学矛盾造成的。只有 10.87% 的教师认为自身素质提升困难很小和没有困难。在乡村地区，由于很多乡村学校规模小，一个学校只有几位教师，因此乡村教师往往需要身兼数职，同教数科，甚至包揽了整个班的所有教育教学工作，工作任务很重，职业压力很大。他们一方面每天疲于应

---

① Fuller, F. & Bown, O. Becoming a Teacher. In K. Ryan（Ed. ），Teacher Education: The 74th Yearbook of the National Society for the Study of Education ［M］. Chicago, IL: University of Chicago Press, 1975.

对各项工作，没有更多的精力和时间来参与包括线上形式在内的职业学习与培训；另一方面他们几乎无法完全抽身参加现场的学习，因为他们的暂时离岗会导致班级无人上课，学生无人照管的窘境。访谈中有老师谈及："我们整个学校就4个老师，每个人包一个班。我也很想走出去学习更多的经验和方法，但是如果我去外面学习了，我的班就没有老师上课了。"一位乡村校长告诉我们，乡村教师就是万金油，什么都要教，什么都要做。

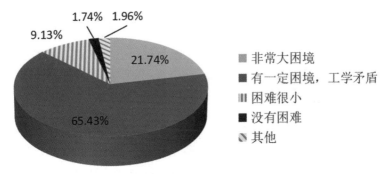

图2-4 乡村教师能力素质提升面临的困境程度

在这种不便的地理位置、相对闭塞的村落、繁重的工作任务、成就感不高和缺乏成长空间的工作环境中，要让乡村教师做到"安心从教、尽心从教、舒心从教"就显得困难重重。

4. 乡村教师队伍流动基本情况

教师的流动按其性质和影响可分为合理流动与不合理流动两种类型。合理流动是有进有出、双向的、数量与质量平衡的流动。调查显示（详见图2-5），70.03%离开乡村学校的乡村教师流向了县城和离县城较近的乡镇学校。6.96%的乡村教师流向市里的学校。整体来看，当前乡村教师流动呈现出乡村小规模学校（含教学点）向中心校、集镇学校单向流动、由集镇或中心校向城区学校的单向流动。这种不合理的单向流动形成了乡村教师流失现象。访谈中，某教育局人事科的相关领导表示："临近开学初最怕去办公室上班，因为一上班，很多乡村学校校长找我要人上课，甚至有校长就坐在我办公室不走了，而我也很苦恼，因为手边根本无人委派。"乡村优秀的师资源源不断地流向城区或镇区，而留下的多是能力不足、资源不够、没有条件流出的教师。为了避免这种单向不合理的流动愈演愈烈，国家出台了城乡教师轮岗交流制度。该制度的初衷是让部分优秀的城区教师回流乡村任教一段时间，带动和引领乡村教师的专业成长，促进城乡教育的公平化。但在实际的操作中，真正愿意交流轮岗的城区教师并非都是城区优秀的教师，往往是出于职称评定需要而被迫选择轮岗，他们一般轮岗任教1～2年，对提升乡村教师队伍质量所发挥的效能并不明显。

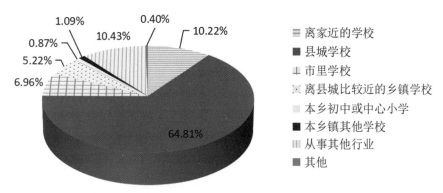

图2－5　乡村教师的主要流向情况

　　乡村教师流失不仅已成一种普遍现象，而且还有大量的乡村教师正在筹划和期待实现区域的跃进。在"您有调动或改行的想法吗?"的回答中，只有13.04%的乡村教师没有过离岗离职的想法，其他乡村教师都有过这样的想法，其中21.09%的教师经常有离岗离职的想法，7.17%的教师总是有离岗离职的想法（详见图2－6）。这说明乡村教师普遍具有离岗离职的强烈意愿，他们的留任意愿非常低。当教师自身具备了一定的教学能力，在乡村学校取得了一定教学成绩后，就非常有可能流向城区学校。乡村优秀教师向城区的单向流动造成了乡村学校教师流动严重失衡、优秀教师严重短缺的局面。

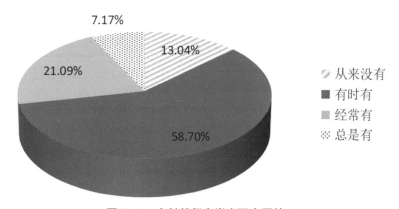

图2－6　乡村教师离岗离职意愿情况

英国的 Peter Mortimore 教授等人对 50 所学校 2000 名学生进行长达 4 年的研究发现，教师的稳定是提高学校效能的关键因素之一。但就目前乡村教师的流失现象和留任意愿来看，乡村教师队伍是非常不稳定的，对乡村学校的发展也是非常不利的。是什么原因导致乡村教师流失如此严重呢？有学者的研究证明，利益失衡与需要失衡恰恰是教师流失的重要原因。① 调查显示（详见图 2-7），乡村教师流失的前六大原因依次是：工资待遇偏低、孩子上学面临困难、社会认可度偏低、学校交通不便利、专业发展不足和没有住房保障。乡村教师尤其是年轻的新进教师工资待遇低是不争的事实。调查显示（见图 2-7），71.09% 的教师认为工资待遇偏低是乡村教师流失的主要原因，排在流失原因的第一位。很多男生不报考公费师范生，乡村教师岗位留不住男教师的一个重要原因就是工资待遇低，无法满足他们养家的需求。另外，一些乡村学校没有周转房供教师生活使用。调查发现，有些离家远不得不住校的教师只能把部分空置的教室用来做宿舍，这些宿舍条件非常简陋，没有厕所和厨房，私密性也非常差。还有一些乡村学校的教师宿舍年久失修，房屋多处漏水，门窗严重透风，住宿条件堪忧。微薄的收入和简陋的环境加重了乡村教师逃离乡村的决心和职业倦怠感。

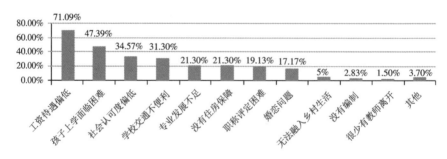

图 2-7　乡村教师流失的原因

5. 乡村教师专业发展空间基本情况

教师专业发展是乡村教师队伍建设的核心内容之一，也是实现"教得

---

① ［美］费斯勒，［美］克里斯坦森. 教师职业生涯周期：教师专业发展指导 ［M］. 董丽敏，译. 北京：中国轻工业出版社，2005：28-29.

好"这一目标的重要途径之一。具体来说，可以从以下方面来反映其现状：

（1）教师专业发展的辅助资源层面

教师在专业发展的过程中，需要有物质资源和人文资源的支持。在当今信息化社会，教师无论是进行专业学习还是专业创新实践，都有赖于网络技术和智能设备的加持。借力于新的信息化手段，教师可以随时随地开展专业学习。但目前大型的有价值的专业数据库是需要付费的，而乡村学校几乎没有经费来购买这些数据库。当教师需要寻找所需的教学资源或学习资源时，只能在海量的信息中获取良莠不齐的资源。信息技术2.0时代的到来，教师借助于智能化的设备开展教学创新备受关注，但是乡村学校缺乏足够的资金购买这些昂贵的智能化设备，因此乡村教师基于智能教育开展教育教学创新实践只能是纸上谈兵。虽然乡村学校也实现了班班通，可以与限定的某一所或几所学校共享云端课堂，但乡村学校往往是云端课堂的信息接收端，接受城市优质学校课程资源的输出，在云端课堂资源共享系统中缺少话语权，处于被动地位。与此同时，乡村学校往往缺乏引领青年教师成长的优秀学科带头人，缺乏集体教研的氛围和引领者。很多年轻教师反映：自分配到乡村学校以来，所有的工作都是靠自己去摸爬滚打，没有人能够帮我或者带着我做。

另外，学生人数与学生基础素质、家长的支持程度影响教师的专业发展程度。在关于"影响教师教学效果的因素"调查中（详见图2-8），学生基础（71.92%）、家长的配合与支持程度（71.31%）和非教学性事务多少（46.52%）以绝对优势依次排列前三。沅江某教师表示："班级只有两个学生，基础都不好，提出一个问题也无人回应；想参加市里或镇里的教学比武都需要到其他学校借班磨课，真心很累。"还有教师表示："经常是好不容易把班级某几个孩子带好了，成绩上来了，家长就把孩子送到规模更大的乡村学校或者直接送到县城陪读。"

总之，无论是物质资源还是人文资源的支持，无论是学校的支持还是生源的稳定都无法满足乡村教师专业发展的需要。

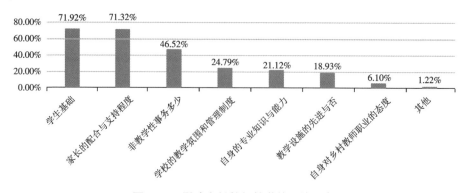

图 2 - 8　影响乡村教师教学效果的因素

（2）教师专业自我发展意识层面

教师专业发展不仅需要有外在资源和力量的支持，更重要的是依赖于教师自身专业发展的意识。教师自我发展意识是教师自身对教育情境中自己专业现状的总体认识、体验和评价与期望。教师是一种高自律的职业，教师的自我发展意识对教师的行为与专业成长具有明显的制约作用。它既能将教师过去的发展历程、目前的发展状态和以后的发展水平结合起来，又能增强教师对自己专业发展的责任感，确保教师专业发展的自我更新取向。调研发现，乡村教师普遍缺乏自我成长的意识。他们习惯于把教育中出现的问题归咎于外界因素，而不从自身寻找原因。如对于留守儿童中出现的学习不认真、学习习惯不好等问题，他们更多的是把原因归于儿童父母的"放任不管"和隔代抚养的"溺爱不严"。"班上学生几乎都是留守儿童，他们的父母几乎都不跟我们老师联系，很多孩子的父母我们都没有见过，也没有交流过，即使是电话交流或网络交流都很少有。"还有教师反映一些家长对教师的教学行为不能给予基本的支持和肯定。"有时候我放学后留下上课或者作业不认真的孩子单独谈一谈，他们的爷爷奶奶来接孩子，看到自家孩子没出来等得着急了就在校门口对我们老师说三道四甚至骂骂咧咧的，真的难听。"由于家长的缺位，家校合作在乡村地区没有得到足够的重视，甚至很难推进。"每次开家长会，基本上来的都是孩子家里的老人，跟他们讲一些家庭教育的理念或者方法，感觉他们像听不懂一样，也可能是他们根本就没有认真听。这样的家长怎么来做好家校合作？""家校共育在乡村真的只是理想，家长们仍然一味地认为，他们把孩子送进学校，教育孩子变成学校和老师的事。"

从访谈中可以看出，乡村教师把孩子教育中出现的问题多是归于家长的不参与和不配合，缺乏对自身教育教学行为的反思。在他们的观念中，孩子的问题主要是由于家长的缺位，而自身专业水平的不高则是学校环境的不力和支持的不够所造成的。"我也想参加区县的教学比赛，但是学校也没有安排其他老师来帮助我、指导我。完全依靠自己来准备一堂课肯定比不过那些有团队支持的，即使有想法参赛但最终也没有去参加。""班上就几个孩子，想要磨一磨课都不可能，更不用说去参赛了。"与城区学校相比，环境的不利确实是乡村学校的硬伤，但不得不说，乡村教师也缺乏依靠自身和主动努力多方寻找资源以实现自我专业提升的意识。虽然想参赛提升专业水平是值得肯定的，但总想依靠团队支持的想法却失之偏颇。如果条件允许有团队支持当然是最好不过的事；但如果没有团队支持，也可以完全依靠自己的努力去钻研，哪怕孤注一掷也应该去试一试。即使没有既定的团队支持，也可以借助于个人的人际资源向其他学校、其他学科的教师讨教一番。即便没有足够的学生人数，也可以借班磨课，还可以依托现有的人数创新教学组织形式，呈现出其不意的效果。

（3）教师专业发展的时空层面

苏霍姆林斯基曾说："教师没有自由支配的时间，这对于学校是真正的威胁。"教师专业发展需要有充足的能够自主支配的时间和空间。调查数据显示，65.43%的乡村教师认为存在工学矛盾。繁杂的工作让乡村教师疲于奔命，忙于应付，导致教师无法专门、安心地进行教学准备。"我是包班的，班上所有学科都是我教，我自己是学中文的，有些学科如科学、体育、音乐等自己也不太懂，需要花很多时间来备课，但有时忙起来实在没时间好好备课，直接拿着书本就进教室上课了，只能照着书本上的内容教一下应付完成。"多学科教学任务不仅增加了教师的备课任务，而且对教师自身的知识体系和能力也是一种挑战。这些教师往往需要付出比城区单科教师更多的精力和时间来完成教学任务。如果不付出足够的时间和精力，可能会导致教不好自身不擅长的学科，也让自身所学的优势学科得不到良好发展的尴尬局面。当教师把更多的时间投入应对各学科的教学时，他们能够自由支配的时间就变得很少了。"我想静下心来好好读读专业书籍，但是每天像个陀螺一样应付各种工作，根本没有时间。"乡村教师们常常没有时间参加教师培训，没有时间读书，甚至没有时间规划自己的专业发展。

人的成长不仅需要时间，还需要空间。不同的空间对人的发展必然产生不同的影响。乡村教师没有时间外出参加培训，也很难有外来的高水平专业人员送教到校，每天他们被局限在学校这一方天地单打独斗，疲于应付每日的人和事，日复一日，年复一年，职业倦怠感与日俱增。一位年轻教师谈及："我感觉在这里我只有我自己，除了自己没有其他人了，特别孤独和无助。"新入职教师的专业成长并不仅仅限于个人对专业知识和教学技能的掌握，更重要的是基于群体协作，"通过'团队关注'提升个体发展潜能，以期共同走向成功的彼岸"①。没有团队的支持，没有可交流的同伴，一成不变的人与事，寂静无味的环境，直接碾压了乡村教师成长的空间，让乡村教师在忙碌而又枯燥单调的工作中蹉跎了岁月，磨灭了热情。

6. 乡村教师队伍保障制度实施情况

为吸引更多优秀的人才加入乡村教师队伍，提升乡村教师的留任意愿和专业水平，真正建立起一支"下得去、留得住、教得好"的乡村教师队伍需要有良好的保障和激励机制。近年来，国家和各级政府加大了对乡村教育的投入，完善乡村教师队伍建设的保障与激励机制，一直在努力提升乡村教师职业的吸引力，其政策的实效也得到了广大乡村教师的认同。调查显示（详见图 2 - 9），乡村教师对近年来乡村教育改善最为满意的前五个方面依次是：办学条件不断改善（61.74%）、工资待遇水平不断提高（61.09%）、职称（职务）向乡村教师倾斜（37.61%）、学校管理和教学风气较好（20%）和自身专业能力水平不断提升（16.74%）。说明与过去相比，目前通过相关保障机制实现了乡村学校条件的不断改善，乡村教师的工资收入的大幅提升，职称评聘有了更多的机会，专业水平也有了很大的进步，乡村学校的教学氛围更为浓厚。即使这些方面有了很大的改进，但依然没有满足乡村教师的需求。在关于乡村教师流失原因的调查中（详见图 2 - 7），工资待遇偏低、专业发展不足、没有住房保障等保障制度不足依然是乡村教师流失的主要原因。

---

① 袁利平，戴妍. 基于学习共同体的教师专业发展 [J]. 中国教育学刊，2009（6）：87 - 89.

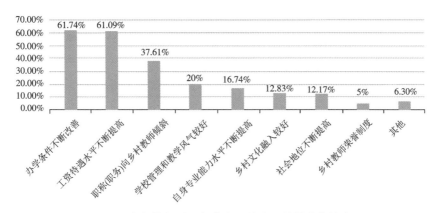

图 2 - 9　乡村教师对近年来乡村教育改善最满意的方面

换言之，与过去进行纵向比较，乡村教师队伍建设的保障机制有了很大的进步，但与同县域的城区教师横向比较，乡村教师的一些保障条件仍存在差距。

（1）工资待遇基本情况

调查显示（见图 2 - 10），年收入不足 3 万的乡村教师占比为 22%，也就是说，月平均收入不足 2500 元。他们作为 90 后和 00 后，生活开销大，每月的收入勉强能满足自己的生活需要，如果要考虑婚恋需要的话压力会更大，男生尤为突出。年收入处于 3 万~6 万的教师占比 52%，访谈中了解到实际上这一部分老师大多工资收入大概 4 万。与当地公务员相比，61% 的老师认为自己的工资收入低于公务员工资收入，其中 34% 的老师认为低很多（见图 2 - 11）。通过进一步访谈得知，虽然每月工资与公务员差异不大，但年终奖励性补贴差异很大。在一些地方，这种"一次性奖励"占公务员工资收入的比例很高。

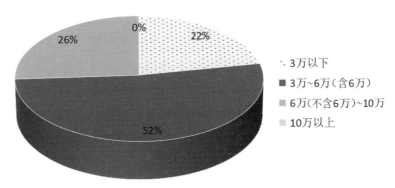

图 2 - 10　乡村学校教师工资年收入情况

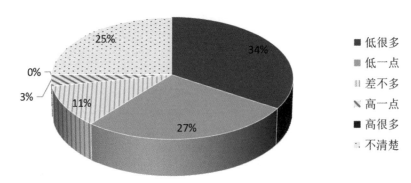

图2-11 乡村学校教师工资与当地公务员工资的差异情况

（2）荣誉制度实施情况

乡村教师无论是所处的学校环境还是所获得福利待遇都处于劣势，但他们所承载的工作任务却是非常繁重的。为了广泛宣传乡村教师坚守岗位默默奉献的崇高精神，国家建立了乡村教师长期从教荣誉制度，表彰一直坚守乡村学校岗位的乡村教师。《乡村教师支持计划（2015—2020年）》中指出：国家对在乡村学校从教30年以上的教师按照有关规定颁发荣誉证书。省（区、市）、县（市、区、旗）要分别对在乡村学校从教20年以上、10年以上的教师给予鼓励。各省级人民政府可按照国家有关规定对在乡村学校长期从教的教师予以表彰。2020年，教育部等六部门出台的《关于加强新时代乡村教师队伍建设的意见》中再次提出要完善荣誉制度。为了了解荣誉制度对乡村教师的影响，我们开展了相关调查。调查结果显示（详见图2-12），64.57%的乡村教师完全没有享受过专项的乡村教师荣誉奖，这与参与调研的教师教龄在10年以下的比例大致相当。可见，依据国家的荣誉制度，在乡村教龄10年以上的教师基本获得过专项乡村教师荣誉奖励，但10年以下的几乎都没有获得过。这种以乡村从教年限为奖励标准的荣誉制度过于单一，对年轻教师几乎难以产生激励作用。为了更好地促进全体乡村教师的从教热情，应该进一步丰富乡村教师荣誉制度，建立起包括诸如师德师风、业务能力、乡村社区参与、乡村文化建设、乡风文明引领等在内的多元化的、专项的乡村教师荣誉体系。调查数据还显示（详见图2-13），68.48%的教师表示没有获得过专项乡村教师荣誉奖金，比获得专项乡村教师荣誉的教师比例高出约4%。说明其中有部分教师只获得了乡村教师荣誉证书，没有获得实际性的物质奖励。情感励人的方式虽然有助于宣传乡村教师坚守岗位的奉献精神，但如能加上物质奖励的话更能得到教师们的认同。访谈中有老师谈到"我的乡村教师荣誉只有一张证书，我更希望有一些实际性的物质表彰"。《乡村教师支持计划（2015—2020 年）》中也提出要对长期在乡村学校任教的优秀教师给予物质奖励。因此，当前的乡村教师荣誉制度还需要在奖励方式上做出更多的努力，更好地发挥出激励的实效性。

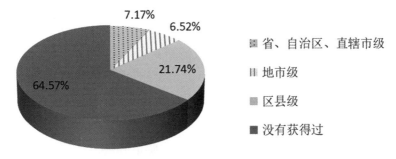

图 2－12　乡村教师所获的专项乡村教师最高荣誉情况

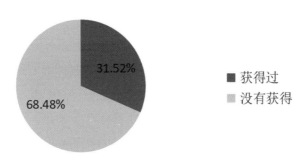

图 2－13　乡村教师所获专项乡村教师荣誉奖金情况

第二节　乡村教师队伍建设存在的困境

通过实地调研，结合问卷调查的结果，总体来看，当前乡村教师队伍建设面临诸多现实的问题，这些问题困扰乡村学校的发展与乡村教师的成长。

一、乡村教师队伍数量仍不能满足实际需要

虽然根据国家现有教师编制标准（城乡小学师生比为 1:19，初中师生比为 1:16，高中师生比为 1:13），乡村学校教师队伍数量虽然基本充足，甚至部分乡村地区教师存在超编现象，但这一标准的前提是假定每个班级学生数量为 45~50 人。这种基于学生数量的核算方式忽略了学生的年级跨度和班级跨度，导致班级学生数量少的乡村学校的教师数量不能满足正常的教学需要。很多乡村学校根本达不到一个班 45~50 人的标准人数，乡村小规模学校更是整体人数都不足 100 人。但这类学校广泛分布于我国的乡村地区，尤其是偏远的老少边穷地区。统计数据显示，全国人数少于 120 人的小学（含教学点）有 110436 所，在校学生 5405287 人，占农村小学阶段学生人数的 24.87%。① 这些学校往往由于生源数量少，分布稀疏，难以吸引和留住教师，教师数量短缺和教学负担是其面临的严峻问题。为了保证教学工作能够顺利开展，很多小规模学校不得不聘请临聘教师以缓解教师空缺所带来的问题。

二、师资队伍存在结构失衡

虽然乡村教师队伍整体数量基本符合国家编制标准要求，但其内部存在不同程度的结构失衡问题，主要表现在：

第一，性别结构上以女性为主，男性教师严重不足。乡村教师中的女性在人数上占绝对优势，远远超过男教师，出现了乡村教师"女性化"的局面。这一局面的形成是男性主动退出、女性补位的结果。现有研究表明，教师队伍性别比例失衡不利于学生身心健康发展，不利于创新教育和创新人才培养，不利于男女学生平等地接受学校教育，尤其可能会带来"男孩危机"问题。② 心理学和管理学的研究表明，性别混合的工作效率高，不容易产生疲劳。如果男女教师比例失衡，女性占大多数，容易造成团体内部

① 刘善槐，邬志辉，史宁中.我国农村学校教师编制测算模型研究 [J].教育研究，2014 (5)：50－57，64.

② 翟春城.基础教育男女教师性别失衡原因及对策研究 [J].中国教育学刊，2013 (S3)：112－113.

矛盾，不利于教学工作的开展，也不利于学生性别角色的形成。乡村教师性别结构的失衡不仅影响对乡村儿童性格的培养，而且造成了乡村女教师婚恋困难，引发女教师住校安全难题，加重了乡村女教师逃离岗位的决心。

第二，年龄结构上年轻教师和年老教师居多，中年教师较少，呈现出两端多中间少近乎断层的局面。乡村教师队伍主要由"留守"的60后及新补充的80后两部分人组成，中坚力量几乎"断层"。中年教师的断层、年轻教师和老年教师的过度集中所带来的直接后果就是教师之间的梯队建设无法实现，教师专业发展存在巨大困难。很多老年教师因自身精力和职业倦怠失去了职业的热情和职场创新，呈现"衰退"的职业发展特征；而年轻教师一方面在专业成长上由于缺乏引路人只能自我摸索成长，专业发展上也难以有很大的起色，另一方面在未来职业发展道路上也会产生"拥挤"，产生激烈竞争，不利于教师队伍之间的互动交流与和谐有序发展。

第三，职称结构上以低职称和无职称居多，高职称教师数量少。低职称和无职称的教师多是处于专业发展的初期，以关注自身生存状态为主，专业能力亟待提升。但由于整个乡村教师群体中，中高职称教师的不足导致引领青年教师成长的队伍缺失，容易让青年教师陷入自我停滞期，造成专业成长速度缓慢，职业发展空间狭窄。拥有中高级职称的教师属于学校核心的优质教师资源，这类教师资源的不足将不利于乡村学校的可持续发展。

第四，学科结构上小学科教师严重不足。由于编制标准难以满足乡村学校教学的需要，为了把有限的编制最大化利用，学校在招聘新教师时首先考虑的是确保语文和数学这类大学科有教师可用，因而小学科教师难以纳入到乡村学校的招聘计划之中。乡村学校的小学科，诸如体育、音乐、科学、美术等课程大多由未接受过相关专门教育的教师兼教，普遍存在体育课"随处放羊"、音乐课"唱歌走样"、美术课"欣赏欣赏"、计算机课"有脑无网"、科学课"观望观望"的现象，甚至有的学校课表上都未按国家统一要求开设和开足课程。

三、教师离岗离乡意愿强烈

过去我们常常以"只求奉献，不计索取"的大爱精神鼓舞乡村教师，以"蜡烛"和"春蚕"等形容乡村教师的伟大，"情感留人"在稳定乡村教师队伍建设中发挥了较大的作用。但随着人们对生活品质和幸福指数要求越来越高，以往单纯的情感留人，已经不能完全满足教师的现实需求。待遇留人更有助于真正解决乡村教师的一些实际性问题。近些年国家和各级政府为提升乡村教师的待遇做出了很多的努力，让乡村教师的待遇有了较大的改观。但是从实际调研的情况来看，工资待遇低仍然是乡村地区教师最大的痛点。由于乡村学校地域环境的限制，城乡办学条件的差距，福利待遇的差异，不少教师人心不稳，人心思动，通过各种可能的方式逃离了乡村学校。每到开学之初，很多学校的师资很紧张，不得不临时聘请教师或者请实习生顶岗任教。他人的调离行为给在岗的教师造成了一种教师队伍非常不稳定的印象和感受，进一步刺激了他们的离岗意愿，降低了对乡村学校教师职业的认同感。在待遇留人难以兑现的情况下，想要真正让优秀教师能够留得住，为其营建良好的专业发展空间和职业上升空间显得更为重要。但很多乡村教师尤其是年轻的乡村教师在岗位上既缺乏优秀前辈的引领与指导，也难以参加和投入到高效能的职业培训之中。专业发展不足成为乡村教师流失的重要推手。

四、福利待遇低成为教师流失最主要原因

福利待遇是教师关心的现实问题，是吸引优秀人才从教、稳定教育队伍、提高教师经济社会地位的重要内容。早在义务教育法和教师法中指出"教师的平均工资水平应当不低于当地公务员的平均工资水平"。2018 年出台的《关于全面深化新时代教师队伍建设改革的意见》中，重申了"核定绩效工资总量时统筹考虑当地公务员实际收入水平，确保中小学教师平均工资收入水平不低于或高于当地公务员平均工资收入水平"。但现实的情况是乡村小规模学校教师的工资收入低且大部分普遍低于同地区同工作年限公务员的工资收入。调研发现，与同区域的公务员相比，虽然基本工资相差不大，但在奖励性绩效方面存在很大差异导致乡村教师总体收入低于公务员。在关于"乡村教师面临的主要困境"的调查中，76.52% 的教师认为其主要困境是工资待遇偏低（详见图 2－14）。访谈中，年轻教师比老教师

对工资待遇改善的要求更为迫切。受自身教龄和职称的限制，年轻教师是学校中收入最低的群体，但他们恰恰又是消费最高的群体。年轻教师有着同所有年轻人一样的消费期待，同时还背负着结婚买房和养家糊口的重任。以工资待遇来说，虽然同县域内的教师基础性绩效工资是相同的，但学校依据自身情况自主分配的奖励性绩效工资却存在很大差距。奖励性绩效工资往往与学校规模和发展水平成正比关系。学校规模越大，发展水平越好，奖励性绩效工资越高。目前乡村学校的奖励性绩效工资收入基本缺失，这是造成城乡教师收入差距的主要原因。即使乡村教师还有专项的乡镇补贴，但这点补贴与城区教师的奖励性绩效工资完全无法比拟。乡村教师除了每月由财政发放的固定工资收入外，再无其他任何增收的收入，而这样的收入难以满足他们每月个人和家庭的开销支出，这成为乡村教师出走乡村学校岗位的最大推力。另外，目前乡村学校还有不少的临聘教师，这些无正式编制的任课教师在工资及"五险一金"等福利待遇方面与正式编制的任课教师相比存在巨大的差距。

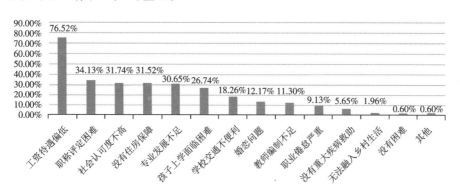

图 2 - 14　乡村教师面临的主要困境

五、教师周转房建设亟待加强

古人常说，安居乐业。换言之，教师只有安居方能乐教。给予乡村教师一个舒心的栖身之所，更能留住乡村教师从教乡村。为了更好地改善乡村学校教师工作和生活条件，留住优秀人才在农村长期从教、终身从教，推进城乡义务教育均衡发展，我国多个省市都推行了乡村教师周转房建设，但成效亟待加强。以湖南省为例，乡村中心小学和规模较大的小学基本上已建好教师周转房，但缺乏住房保障仍然是此次调查中乡村教师面临的主要困境之一。主要原因是部分乡村学校还没有完全建设好周转房，部分学校还没有周转房，部分学校的周转房不具备厕所和厨房等基本住房标准，教师只能将多余教室作为宿舍，没有厕所和厨房，生活极为不便利。还有一些周转房是将原来的学生宿舍进行加工改造的，房屋年限比较长，房屋质量存在漏水等问题。很多教学点虽有闲置的教室可做临时周转房，但由于教学点多处于比较偏僻的村落，教师人数少，乡村教师尤其是女教师孤身居住在这些临时改建的周转房不仅会情感孤独，更为严重的是存在一定的人身安全隐患。因此，逼仄的生活环境加速了乡村教师尤其是年轻教师离开乡村学校的步伐。

六、教师职称评定困难

职称不仅是教师专业水平的重要体现，也会影响教师的工资水平。虽然各省都出台了相关文件规定职称评定向乡村教师倾斜。但是在实际操作中，职称评定以县域为主体、城乡教师统一评聘，根据教师的教学获奖、科研成果等多项指标进行考核。这些考核必然与教师所获的各项奖励直接关联。城区教师在日常的工作中参与教学与科研比赛的机会多，他们获奖的概率更高，乡村教师受多方限制参与这些比赛的机会少，且缺乏团队支持，获奖概率更低。与城区学校相比，乡村学校更缺乏科研氛围，乡村教师每日疲于应对繁重的工作，几乎无暇顾及开展教育研究工作。因此，与城区教师相比，乡村教师在职称评定中拥有更少的含金量高的奖励证书和资本，在城乡教师集体职称评定竞争中往往处于劣势地位，难以获得更高一级职称的晋升。调查中，34.13%的乡村教师认为职称评定困难是他们当前面临的主要困境。另外，在乡村地区，那些乡村小规模学校的教师由于教师基数较少，得到照顾的机会更少，大多没有真正享受到职称评定向乡村教师倾斜这项政策的优惠。只有教龄超过20或30年的乡村教师可能享受到了直接评定高级职称的优待政策，这些政策对年轻教师几乎没有激励价值。

七、教师专业发展空间狭窄

教师专业化发展不仅是提高教育质量的关键，也是学生发展的根本保障。"问渠那得清如许，为有源头活水来。"教师只有不断学习，丰富自我方能让自我得到长足的发展，适应教师岗位和社会发展的需要。调研发现，乡村教师专业发展总体呈现滞后状态，主要表现为教师专业发展的辅助资源不足，教师缺乏自我成长的意识和缺少专业成长的时间和空间。乡村学校受自身条件的限制不仅缺乏优质的网络培训资源和智能化的信息技术设施，而且大多缺乏引领青年教师成长的优秀学科带头人和集体教研的氛围。当在教育成效不及预期时，乡村教师习惯于把问题归咎于外在因素而缺乏对自身行为的反思与改进。乡村教师往往身兼数职，兼教数科，工作繁重而琐碎，缺少时间和精力对教育教学中的问题进行钻研和反思。"心有余而力不足"是乡村教师自我成长困境的真实写照。教师在职培训是促进教师专业发展的重要途径。就我国而言，乡村地区教师整体实力较低，教育教学能力有待提升，乡村教师在职培训对提升乡村教师整体素质发展尤为重要。为推动教师的专业发展，提升教师的专业素质，教育行政部门推行了各级各类教师培训，如国培、省培、市培、县培和校本培训，线上和线下培训等。乡村学校教师整体本就存在先天不足，教师质量整体相对弱，应该通过后天岗位培训弥补和提高他们的教育教学质量。但据调查统计，乡村学校教师岗位培训机会少、整体层次不高，超过半数的教师表现工学矛盾，没有足够的时间，因为乡村学校中部分教师一人包班或任教多个学科，因此上课期间就不能参加培训。问卷调查结果显示（详见图 2-15），59.13%的乡村教师最希望得到的专业成长是提升教育教学能力和解决实际问题的能力。换言之，乡村教师希望通过教师培训真正促进自身解决教育教学问题能力的提升。访谈中，很多老师也都谈到希望能够参加高层次如省培国培的教师培训，希望培训课程能够贴合自身的教育教学工作，培训能够真正指导和引领自身的教育教学实践。另外，还有 21.09%的教师希望提升学历和提升教育理论素养，其中主要是入职后的公费师范生。说明很多公费定向师范毕业生对提升学历和增加自身理论修养也有着很强烈的愿望。

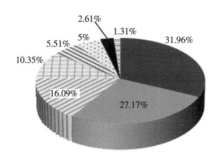

图 2-15 乡村教师专业发展的最大诉求

总体来说，较低的工资待遇，逼仄的生活环境、优质生源的流失、繁重的工作任务、狭窄的专业发展空间等问题是乡村教师队伍建设当前面临的主要问题，这些问题的存在降低了乡村教师的职业成就感和满意度，增加了乡村教师的职业压力度和职业倦怠感，坚定和加速了乡村教师逃离乡村学校岗位的决心和步伐。

第三节　优化乡村教师队伍建设的基本思路

一、建立教师补充的长效机制，确保持续发展

为确保乡村教师队伍数量的稳定和质量的提升，需要建立乡村教师补充的长效机制。所谓长效机制，即是指能长期保证制度的正常运行并发挥预期功能及成效的制度体系。具体来说，主要包括两个方面：

（一）加强公费定向师范生的培养

由于乡村学校地理位置、教学环境与条件的特殊性，本土教师因文化背景、学院关系、生活习惯等皆根植于当地，对本地区有着特殊的情感，因此更容易扎根当地；非本土的教师因不了解当地的风土人情，很难融入当地的乡村生活，容易成为乡村的"局外人"。调查显示（详见图 2-16），乡村教师选择任教乡村的原因排列前三的是：这里是家乡（50.65%）、毕业分配或聘任到这里（43.07%）和职业稳定（36.52%）。东北师范大学一项关于我国乡村教师的社会来源的调查也表明，绝大部分的乡村青年教师

来源于本土。① 因此，要解决"留不住"的教育状况，必须从根源着手，遵循"从本地招生，到本地就业"的原则。提高政策选拔机制吸引优质生源报考。我国自 2007 年实施免师计划（2018 年更名为公费定向师范教育）实施以来，基本解决了乡村教师"下不去"的问题，提高了乡村教师留任意愿和乡村学校的教育质量。湖南自 2006 年实行公费定向师范生培养以来，培养出了一大批乡村教师，他们几乎都能履约服务于乡村教育，他们的专业素养得到了教育局和用人单位的高度认同，公费定向师范生的培养为稳定乡村教师队伍、提高乡村教育质量作出了很大贡献。综合考虑到当前乡村学校教师人均数量少、教师任教学科多、部分学科缺乏专业教师等因素，建议各地教育行政部门应根据国家教育发展规划和地方教育发展规划，结合中小学课程结构和学生数量预测数，对区域内的各专业的师资进行科学预测，并选出优质生源送入师范院校委托培养，使师资培养数量、结构和质量能最大限度地契合乡村学校需求。

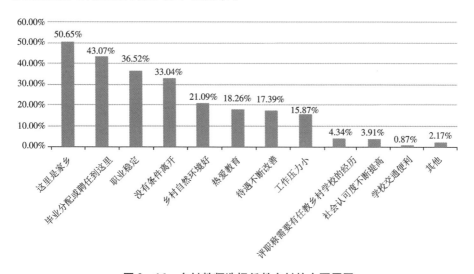

图 2－16　乡村教师选择任教乡村的主要原因

（二）建立在职教师流动机制

无论是特岗教师、公费定向师范毕业生还是社会招考教师，新进教师

---

① 张源源，邬志辉. 我国农村青年教师的社会来源与职业定位研究：基于全国东中西 9 省 18 县的调查分析 [J]. 教师教育研究，2015（4）：40－45.

一律安排到乡村学校以最大限度保证乡村学校的需要。为了激发新教师的积极性和主动性，促进新教师的发展，应建立乡村教师向上流动机制，通过考核和积分实现流动。积分制是根据教师在乡村学校服务年限、每年学生学业质量评估结果和教师个人获奖等进行打分，每年可以累计积分。考核制建议每三年组织一次考核，包括笔试、面试和积分。工作满三年的教师可以参加由教学点向中心校流动、由区域边缘学校向乡镇中心学校流动的考核，工作满五年的教师可以参加流动到县城学校的考核。

二、创新编制测算方式，优化编制管理

目前按照国家规定的生师比设置编制，导致乡村学校教师理论上超编但实际上缺编的问题，现有的编制人数根本不能满足实际的需求。以生均的方式配置教师虽然做到了分配的简单化和便利化，但这是以牺牲乡村学校尤其是乡村小规模学校教育质量、增大教育差距及过度消耗教师的体力为代价的。现有教师数量的分布与实际需要不匹配，是制约我国农村教育质量提升的重要因素。其中问题的关键在于，基于生师比单维指标的教师编制核算方式不切合学校教学的班级组织形式对教师的需求，导致教师数量未能满足正常的教育教学、教师的学习提升以及保证教师身心健康的需要。为此，应推行农村教师数量保障的综合改革，创新编制测算方式。刘善槐、邬志辉和史宁中教授均呼吁应该以教师工作量为标准测算乡村教师基本编制。[①] 他们指出，在确定教师基本编制时，应核算学校的工作总量及类别。只有在每个学校教师常规工作量一致的条件下，学生才有可能享受均等的教育服务。除基本编制外，还要考虑设置一定比例的机动编制和非专任教师附加性专业编制。一方面是由于乡村教师也有参加在职培训的需求，为保证不同培训形式能顺利开展，学校需要有一定比例的机动编，使部分教师能够从教学岗位上替换下来定期培训。还有女教师是乡村教师的主体，随着国家对二孩、三孩政策的放开，女教师群体增加了休产假的比例，因此机动编也要考虑到这方面的变化。另一方面乡村学校因生源分散

---

① 刘善槐，邬志辉，史宁中. 我国农村学校教师编制测算模型研究 [J]. 教育研究，2014（5）：50－57，64.

实施寄宿制管理，学生多是留守儿童，因此需要增加专业性的教师以应对留守儿童关爱服务和寄宿制管理等情况。在创新乡村教师编制测算的同时，教育行政部门要加强和完善编制及人事管理制度，防止专任教师编制被挪用、专任教师被其他政府部门随意借调等。

三、构建综合待遇保障制度，提升乡村教师职业吸引力

乡村教师"下不去、留不住、教不好"的主要原因，不仅在于工资收入总体较低，更重要的是由工作生活条件艰苦、专业成长和职业发展受限、住房问题解决不好、社会保障不足、子女教育困难等多重因素综合所致。前面的调查数据也显示，除工资待遇外，职称评定困难、生活不便利、成长与发展受限、没有住房保障、子女教育不便等都是乡村教师当前面临的主要困境，也是导致乡村教师流失的主要原因。尽管我国出台实施了一系列有关乡村教师队伍建设和地位待遇提升的政策举措，但效果未能达及预期，乡村教师待遇仍然呈现前述比较突出的问题，其深层次、根本的原因在于基于多元化层级需求的综合性待遇保障体系尚未形成。① 导致这一问题的原因首先在于政策制度制定层面缺乏以综合待遇概念为逻辑支撑的综合待遇制度体系。其次，相关待遇保障政策的制定过程多是以打补丁的方式来设计。最后，相关政策在执行过程中涉及多部门联动推动，但在实际操作中各部门往往分头推进难以形成联动效应。

因此，为提升乡村教师职业吸引力，需要突破现有的单一维度和特定待遇政策，从乡村教师所面临的主要困境出发，基于教师最为关切的三个维度来构建乡村教师综合待遇保障机制。一是服务于教师作为社会劳动者的基本保障性待遇政策，包括工资薪酬、社会保险、住房公积金（补助）等方面；二是服务于教师专业成长的职业发展性待遇政策，包括职业培训、职称晋升、专业交流等方面的政策规定；三是服务于教师社会地位、师道尊严和身份认同的奖励激励性待遇政策，包括疗养保健、荣誉优待、政治参与、子女教育保障等政策规定。

---

① 庞丽娟，杨小敏，金志峰，等. 构建综合待遇保障制度　提升乡村教师职业吸引力［J］. 中国教育学刊，2021（4）：34－40.

具体来说，实施乡村教师综合待遇系统化保障的举措包括以下方面：

第一，健全乡村教师工资收入增长保障机制，完善义务教育绩效工资制度。结合中小学教师特点，特别体现对乡村教师的倾斜，明确各级政府在核定绩效工资时，对乡村小规模学校、寄宿制学校、老少边穷地区学校给予倾斜，分配绩效工资时要向村小、教学点等乡村教师大力倾斜，提升乡村教师工资收入水平。内容维度上，除已有的交通补助应足额，还宜包括艰苦地区津贴、专业发展受限补偿、家庭照护补偿等三个主要方面。确保我国现有近300万乡村教师的工资收入在现有基础上能有较大水平的增长，有力提升乡村教师的职业吸引力。

第二，改善乡村教师的生活环境。根据学校现有教师人数和学区内入学人口的数量规划出乡村学校所需的教师周转房数量，在乡村学校建立统一的教师公寓。特别指出的是，教学点的教师公寓宜集中建在人口相对集中的乡镇，不仅有利于保障安全，也有利于满足教师人际交流与业务交流需求，解决情感孤独；如果部分教学点确有周转房建设的需要，也应至少建设两套公寓以解决一人一校或两人一校的小规模学校教师住宿问题。教师公寓基本条件要求有30平方米以上，一室一厅，有厕所和厨房；既可以是改建原有校舍或宿舍，也可以新建，因地制宜地利用已有资源，不铺张浪费。中心校还应根据辖区内教学点教师公寓数，折半建立多功能教师周转房（既可以在教师人数多时用于住宿，也可以在教师人数少时用于图书室、休闲室、多媒体电影室等）。这些周转房一方面是解决教学点教师出于自身安全考虑不愿意在教学点周转房住宿的问题，可以有效解决青年女教师的安全问题；另一方面镇级层面的周转房能形成乡村教师文化交流与群体交往的聚集地，有助于形成乡村教师交流共同体，可以有效地缓解乡村教师的孤单感。中心校应该对多功能教师周转房进行统筹规划和调配。

第三，强化乡村教师岗位职称的倾斜性制度创新。一方面，市级统筹，调整优化中小学教师岗位比例，职称评定切实向乡村教师有效倾斜，进一步强化岗位职称对乡村教师专业能力和职业尊严的标示作用。另一方面，优化职称评审指标维度，突出教育教学业绩、对区域教育事业发展和教育公平的贡献，适当增加乡村教师中高级职称名额，专门切块、专轨专用，确保乡村教师在核定的岗位结构比例中有更多的晋升机会，从而调动更多教师投身乡村教育事业的积极性，推进专业化高素质乡村教师队伍建设。如湖南省出台了"资深乡村教师职称制度"，对在乡村学校从教累计满 30年的男教师、满 25 年的女教师，且申报当年年底距法定退休年龄不足 2 年，且还是中级职称、符合评审条件与标准的乡村教师，直接评聘为基层高级教师。但是对于新进的年轻教师而言，这项制度的吸引力确实还不够。建议按在乡村学校的教龄折算出职称评审的业绩分；为边远地区、职称评聘困难的乡村学校设立特设职称岗位，该岗位不随人员流动，评聘教师一旦离开乡村学校，即取消该职称岗位的一切特殊待遇。此项特设职称岗位也可以对在农村地区连续任教 20 年以上的教师进行倾斜。同时，还应多方式、持续性切实加大乡村教师实质性培训和交流学习机会，为其专业能力提高提供制度化保障，持续激发其职业提升的内在动机。

第四，推进以"五险一金"为基础的乡村教师社会保障制度体系的持续完善，特别是在医保方面出台门诊报销优待政策，逐步提高医疗保险基数，降低报销额度门槛，或按相应更高的比例报销，并且扩大适用于乡村教师的重大和特殊疾病医药报销的类型范畴。住房问题上，应进一步加大省市级政府的统筹支持力度，切实健全完善城乡一体化的教师住房公积金制度和购房补贴制度，确保实现"将符合条件的乡村教师纳入当地政府住房保障体系"，优先安排符合条件的乡村教师在县城或乡镇购买经济适用房或承租公租房。

第五，以子女教育基本保障为重点，制定乡村教师子女入学的规范性优待政策。调查结果显示（详见图 2 - 17），很多乡村教师对子女教育表示出了比较大的忧虑和关切。53.7% 的教师希望子女在就近入学的前提下，可以选择进入优质义务教育学校。还有 28.07% 的教师希望子女在报考教师职业招聘考试中有一定的优惠政策。建议在国家层面出台引导、支持乡村教师子女入托、入学和入教的优待政策。

第六，建立健全乡村教师定期体检和疗养制度等。针对乡村教师工作环境更艰苦和工作任务更繁重的现实，待遇保障政策需要基于这种客观事实，从人的本心出发，主动关切教师的多元化需求，采取特殊的贴心的综合举措，于细微处情感留人。建议在国家和省级层面，强化部门协同和制度安排，结合医疗卫生制度和医疗保险制度，鼓励和引导各地因地制宜出台办法，实施乡村教师定期体检和身心疗养制度。一方面，通过体检制度保障乡村教师的身心健康，切实提高其生活待遇，为乡村教师健康从教提供条件保障；另一方面，通过疗养制度的实施，与乡村教师荣誉制度相结合，实施精神奖励与物质奖励同步实施的组合拳策略，有力彰显国家对于乡村教师政治、职业地位和社会地位的特别尊重，有利于吸引和稳定优秀人才在乡村从教和终身从教。

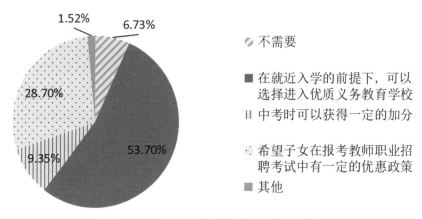

图 2 - 17　乡村教师对子女教育福利的诉求

四、强化差别化分级待遇补偿，保障偏远区域教师福利

差别化分级待遇补偿是实施"差异补偿"的工资待遇机制，保障不同层级学校教师岗位具有相同的吸引力，实现分配公平正义。为解决乡村教师生存环境较差、学校基础设施不足、精神文化设施缺乏等问题，[①] 为了了解乡村教师对城乡教师工资收入差异的诉求，课题组设置了"你认为乡村教师月收入比例高出城市教师多少合适"的问题，在接受调查的 920 名教师中，41.95% 的教师认为乡村应该比城市高出 30%～40%，还有 34.13% 的教师认为应该高出 50% 及以上。从数据中可以反映出乡村教师对城乡待遇差异补偿的迫切需求。

---

① 单莹，何国清，吴停风．湖南省城乡义务教育教师队伍一体化改革现状、问题与出路 [J]．当代教育论坛，2019（1）：26－36.

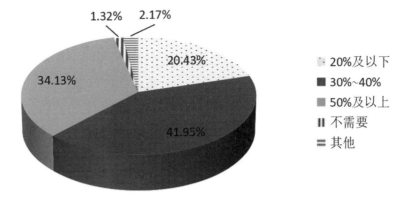

图 2 - 18 乡村教师对城乡教师工资收入差异的诉求（乡村比城市高出）

根据差异补偿原则，乡村教师待遇应根据学校所在区域远离中心区域的距离和乡村学校任教教龄时长进行补偿，基本原则应该是越偏远越艰苦的地方，待遇越高；任教乡村时间越长，待遇越高。按照学校与集镇和中心校的远近距离实行分级乡镇教师补贴，偏远教学点 > 一般教学点（少于100 人）> 村小（大于 100 人）> 乡中心小（中）学 > 镇中心小（中）学。与此同时，实施乡镇累计教龄补贴，如按照每增加一年，补贴提高 10%，以此激励乡村教师坚守乡村教师岗位长期任教，促进乡村教师队伍的稳定。另外，当前乡村学校还存在中层行政管理工作无人愿意主动承担的现状，政府部分可以适当增加乡村学校行政岗位管理人员的补贴，提高他们的工作积极性。这种差异性补偿可以最大限度地保障偏远区域和长期任教乡村教师的利益，使那些选择在偏远区域任教乡村学校的教师享受工资福利的补偿优待。

五、厚植乡村教师乡土情怀的培养，提升留任意愿

乡土情怀是乡村教师坚守乡村学校、奉献乡村教育的内在力量，也是乡村教师群体凝聚力和向心力的体现，可以让他们找到幸福感和归属感。厚植乡村教师乡土情怀的培养，促进乡村教师热爱乡村、扎根乡村、改造乡村自由意志的形成，才能使他们心甘情愿地待在乡村任教，才有利于化解当前的社会角色冲突。一方面，加强职前教师对乡土文化的认同。随着国家对乡村教育的重视，公费师范生政策推行让教师"下得去"有了客观

条件支撑，但许多师范生对乡村社区的生活和工作都难以适应，成了乡村地区的"异乡人"。因此，师范院校要重视职前教师尤其是公费师范生乡土情怀的培养。首先要增设乡土文化与乡村教育课程，增加学生对乡村教育的认知。其次应有意识地将教育实习地点安排在乡村，实现与乡村的近距离接触，帮助师范生逐步熟悉乡村生活轨迹。最后在师范生群体中构建乡村教育研究与实践共同体，以团队合作学习的方式增强师范生对乡村生活尤其是乡村教育的关注，逐步培养其乡土情怀。另一方面，重视乡村教师为乡信念的培植。为乡信念是乡村教师扎根乡村教育、服务乡村社区的内驱力和精神支柱。乡村教师除了具备普通教师所具备的一般意义上的专业理念之外，还要有乐于扎根乡土的热情与情怀、享受乡村生活的精神和体验乡村文化的心境。① 首先，乡村教师新入职时应该由中心校举办隆重的"欢迎"仪式，鼓励新教师走出校园、走进村民，体验乡村生活，感悟当地乡土文化。其次，适时地开展乡村生活体验活动和技能培训，为乡村教师熟悉和参与乡村生活提供支持。同时，乡镇、村委会要为乡村教师参与乡村发展规划、乡土文明建设等重要活动创造机会。最后，乡村社区及相关部门可以为乡村教师定期地系统地介绍本土历史文化、民俗文化等，也可以进行区校合作编制相应的具有本土特色的教材，为乡村教师更好地了解乡土文化助力。因此，不管是在职的乡村教师还是即将入职的公费师范生，只有他们认同了乡村文化，形成了为乡的信念，把他们自身的情感与乡村社会全面深度融合，才能让他们心甘情愿地留在乡村区域，任教乡村学校，发展乡村文化，最终助力乡村振兴。

---

① 吴云鹏. 乡村振兴视野下乡村教师专业发展的困境与突围 [J]. 华南师范大学学报（社会科学版），2021（1）：81－89，195.

第三章
新时期教师教育目标——卓越教师培养

进入新世纪尤其是近 10 年来，我国教师教育经历了一系列改革与发展，取得了长足的进步，教师教育质量得到明显的提高，基础教育师资得到了极大的改善，教师职业受到社会更大程度的关注与重视，更高目标的师资队伍建设已提上日程，并由此推动教师教育发展进入新的阶段。

第一节　卓越教师培养提出的时代背景

卓越教师概念的提出是时代发展的产物，尽管对卓越教师这一概念还缺乏清晰的、恰切的定义，尽管对卓越教师还缺乏一套明确的、公认的评定标准，但并不影响社会大众对卓越教师这一概念名词的接纳与认同。可以说，新时期卓越教师培养既是一种目标，也是一种愿景追求，更是一种价值引导；是提高教育质量的前提保证，更是社会发展进步的时代需要。

一、卓越教师培养已成为各国教师教育的基本追求

（一）美国出台卓越教师专业标准

自 20 世纪 80 年代开始，美国政府就一直致力于提升教师素质，提高基础教育质量，并出台了《国家处于危险之中：教育改革势在必行》《国家为培养 21 世纪的教师做准备》《明日之教师》等一系列文件，人们也开始谨慎思考什么样的教师才是卓越教师，什么样的教师才能够担负起培养下一

代美国公民的历史责任。① 在《国家为培养 21 世纪的教师做准备》的报告中，美国正式提出了要建立一个全国教师专业标准委员会的要求，以此明确卓越教师专业标准，并为符合标准的教师颁发证书。1987 年，美国国家专业教学标准委员会（National Board for Professional Teaching Standards，简称 NBPTS）成立，主要是邀请各领域专家对以下问题展开深入的讨论与研究：什么样的教师是卓越教师？教师应该做什么？教师能够做什么？从而对美国的基础教育产生持续的、深远的影响。在此基础上，NBPTS 先后制定了 30 多个不同学科、不同学段的基础教育卓越教师的专业标准，成为衡量教师是否优秀与卓越的评价准绳。整体来看，美国"卓越教师"培养项目已经形成了相对完善的教师教育培养体系，为世界教师教育改革指明了新方向。②

尽管政界立场不尽相同，教育学者众说纷纭，公众要求多种多样，但是美国社会对教师教育的发展取向有着清醒的认识，并达成一定的共识。人们普遍认为只有卓越的教师教育才能培养出卓越的教师，只有卓越的教师才能培养出卓越的人才，只有卓越的人才才能保证美国在国际竞争中始终处于不败之地。③ 卓越教师是在"合格教师"的基础上经过持续的教师教育成长起来的，因此，卓越教师除具有合格教师的特征外，还具有其独特的内涵，即卓越教师应具有优秀的思维能力、极强的沟通合作能力、丰富的临床实践经验以及快速适应现代社会发展变化的能力。④ 而对卓越教师的认证标准体现出"杰出""优秀""高素质"的特点。如美国国家专业教学标准委员会在 2002 年颁布的《教师应该知道什么，能干什么?》中明确规定，卓越教师应具备如下五个核心素养：一是关注每一个学生的发展与学

---

① 马毅飞. 国际教师教育改革的卓越取向：以英、美、德、澳卓越教师培养计划为例 [J]. 世界教育信息，2014（8）：29 – 33.

② 李宇莎. 以卓越教师培养为导向的美国职前教师培养项目探究：以密歇根州立大学为例 [J]. 高教论坛，2021（12）：137 – 140.

③ 杨捷，吴路珂. 追求卓越：当代美国教师教育的发展取向 [J]. 教师教育学报，2014（5）：15 – 20.

④ 赵振红，于兰. 如何使教师卓越? 美国的经验与启示 [J]. 教育科学，2021（5）：64 – 71.

习，公平地对待每一个学生。二是熟练掌握所教学科的知识、技能和教学方法，能够创造性改变教学环境，以维持学生的兴趣，并有效地利用时间。三是有效地组织学生学习，能够根据具体情况选择教学方法，利用多种方法定期评估学生和班级的进步情况。四是具备自我反思的能力，能够批判性地审视自己，不断完善自己。五是卓越教师应具备与家长沟通与合作并积极利用社区资源进行教学活动的能力。①

尽管基础教育领域涉及的教师因素非常复杂，譬如一些学校可能面临着数十人竞争一个教学岗位，而在另一些贫困学生和少数民族学生集中的学校却经常出现师资力量异常薄弱的情况；一些科目的教师供大于求，而像数学、物理等科目的优秀教师却相对不足。这样明显的师资不均的状况影响美国教师队伍的建设发展。但为了提高中小学教育质量，为了"不让一个孩子掉队"，同时也是为了应对纷繁激烈的国际社会的竞争，卓越取向成为美国教师教育的全面追求和教师教育发展的内在动力，并希望以卓越带动公平。2014 年 7 月，美国教育部启动了一个"让所有人拥有优秀教育者"的新项目，该项目将为那些最需要优质教学的学生配备能力卓越的校长和教师。② 建立公平基础上的卓越无疑是美国教师教育的重要追求。

（二）英国的"卓越教师计划"

进入 21 世纪以后，英国基于国际社会的发展及竞争的需要，关注教师教育质量，提高中小学教师素质，促进基础教育整体水平的提高。英国在2004 年开始实施"卓越教师计划"，旨在提升教师的专业素质，使教师在专业培训的基础上成为卓越教师。培训模式有着明确的培训目标、较高的参与资格、严密的实施环节和科学的评价方式。这是一种在职后培训中发力的"卓越教师计划"模式。

---

① 赵振红，于兰. 如何使教师卓越？美国的经验与启示 [J]. 教育科学，2021（5）：64 - 71.

② 杨捷，吴路珂. 追求卓越：当代美国教师教育的发展取向 [J]. 教师教育学报，2014（5）：15 - 20.

表 3 – 1　英国"卓越教师计划"内容框架①

项目	具体内容
培养目标	1. 使教师在教学的每一个环节都能有卓越的表现；2. 为参与培训的教师提供一个相互学习的平台；3. 接受培训的教师要证明自己具备更大的专业发展空间；4. 教师要以积极的态度正视教学质量；5. 提高受训教师的教学和辅导能力，使他们可以帮助其他教师提高教学能力。
参与资格	1. 至少拥有三年的教学经验；2. 能够证明在过去的两年里持续、高质量地致力于教学和学习；3. 从学生对教学质量的评估与反馈中，能够体现教师高水平的教学，并呈现出不断进步的态势；4. 定期参加提高专业技能的培训，具有有效管理学生和评价教学的能力，有提高自身专业技能的意愿；5. 具备高度的职业热情，良好的人际交往与沟通能力。
基本环节	1. 通过课堂教学分析卓越教学和学习的特征，确认自己的学习和能力目标，拟定学习计划；2. 学习知识、技能，熟悉教学辅导过程；3. 交流分享各自学校的实践经验；4. 每所学校展示一堂优质课；5. 与卓越教师、高技能教师交流，更好地反思教学理念和实践，改进教学。
评价方式	1. 对"卓越教师计划"本身的评价，采用调查问卷和口头类等形式对该计划整体的质量进行评价；2. 对受训教师的评价，通过长期跟踪调查来完成，包括教师自身的评价、学生和家长对教师的评价、学校同事和领导对教师的评价。

从 2004 年以来的多轮教师受训看出，每年接受培训的教师有 1300 多人，其中 70% 以上的教师都能达到卓越教师的任职资格，有 20% 的教师通过考核，已经成为高技能教师。② 英国教师专业标准将教师分为五级，分别是合格教师、核心教师、骨干教师、优秀教师、高级教师。高级教师属于最高等级，是优秀教师队伍中更为"优秀"的一部分。高技能教师不一定是高级教师，因为高技能教师是从技能的角度进行考核认定的，而高级教师是从专业标准的角度进行分级而设的，相当于卓越教师。2011 年，英国

---

① 马毅飞. 国际教师教育改革的卓越取向：以英、美、德、澳卓越教师培养计划为例［J］. 世界教育信息，2014（8）：29–33.

② 王东杰，方彤. 英国卓越教师计划研究：兼谈对我国"国培计划"的启示［J］. 中小学教师培训，2013（8）：62–64.

教育部发布了《培养下一代卓越教师》，指出如下几个方面：要从职前教育开始对卓越的教师进行培育；给予职前教师优越的教育机会；加强高校和中小学的合作关系；增大财政资助力度。由加强教师的职后培训到重视职前教育培养，英国政府对教师教育的职前职后一体化给予了高度的重视，并确立了许多具体的实施手段，培养卓越教师成为新世纪以来国家教师教育重要的目标方向。

（三）德国的"卓越教师教育计划"

2005 年，德国出台并实施了大学"卓越计划"，旨在培养 10 所"精英大学"；2012 年，为提高基础教育质量，德国联邦和各州政府又实施了"卓越教师教育计划"，旨在激励大学教师教育进行革新，提升教师教育的质量，推动教师的州际流动。该计划是德国 2000 年以来基础教育改革的升华，成为继大学"卓越计划"之后，未来十年要积极推行的一项重大教育政策。①

"卓越教师教育计划"将改善教师教育质量、提高教师素质作为行动目标，确定了一系列的改进内容：协调专业内容、学科教学法和教育科学知识，增强学校教育实践；在教师培养中继续发展以实证为基础的教师教育方案；进一步促进教师教育发展的多元化和包容性；把学校实习作为教师教育的固定组成部分；支持高校调整和优化教师教育结构等。为此，联邦和州政府计划在未来的 10 年内投入 5 亿欧元保障该计划的顺利实施，鼓励高校的教师教育的创新行动，提高教师教育质量。为了实施"卓越教师教育计划"，德国进行了职前教师教育课程设置的改革，确立了能力本位的核心价值、可持续的跨文化教师教育理念、模块化课程设置、学术性与师范性并重的指导思想。② 职后教师教育培训也进行了相应的改革，对入职教育、在职进修及继续教育作出统筹安排，旨在为建设卓越教师队伍提供各种条件支持。

"卓越教师教育计划"的出台是基于对基础教育的现状不满而催生的，

---

① 马毅飞. 国际教师教育改革的卓越取向：以英、美、德、澳卓越教师培养计划为例 [J]. 世界教育信息，2014（8）：29 – 33.

② 刘铁军. 德国卓越教师教育计划：目标和路径 [D]. 黄石：湖北师范大学，2017：21 – 29.

也是随着新世纪以来国际社会日益激烈的竞争需要而对教育提出的一种诉求，而要改变基础教育的质量，教师素质是其中最为重要的一个变量，教师职前培养则成为不可忽视的重要主题。"卓越教师教育计划"为德国的教师教育指出了明确的方向，也为未来的基础教育的高质量发展提供了可靠的保障。

（四）澳大利亚的"政府优秀教师计划"

"政府优秀教师计划"是澳大利亚联邦政府于 21 世纪初制定的新的国家教育战略。1999 年，澳大利亚政府出台了"21 世纪教师计划"，旨在提高澳大利亚卓越学校的数量及教师质量，以最大限度地提高学生的学习成就。作为"21 世纪教师计划"的子计划之一，"政府优秀教师计划"更加详细地规定了教师专业发展的目标走向和具体的发展策略，所需经费由联邦政府提供。"政府优秀教师计划"的内容主要涵盖四个方面：一是"国家优秀教师信息交流项目"，通过建立网站等提供一个宣传、研讨、交流的互动平台，促进优秀教师获得更快的专业成长；二是"新教师效能研究项目"，根据新教师的专业发展需要，为新教师提供更有效的专业培训，提高培训的针对性、实效性；三是"土著学生教师有效教学实践项目"，就是为土著学生教师提供专题讨论和专业发展项目，积极探索针对土著学生的有效课堂教学模式；四是"教师专业标准发展项目"，通过发挥澳大利亚教育学院和教师专业组织的作用，激励开展学校教师专业标准的讨论，为教师的专业发展提供方向性指导。

"政府优秀教师计划"主要是针对教师的职后培养、为提高教师队伍的专业素质而发起的教育行动。2010 年，为提升教师质量和学校领导水平，澳大利亚政府提出了"五个关键行动"（吸引最优秀的大学毕业生从事教育工作；政府教育部门和大学进行交流和磋商，共同提升教师训练的质量；调整国家标准和教师注册系统以增强教师职业的灵活性；通过教师职业提升教师的技能和知识；通过给教师更多的奖励来留住优秀教师）。[①] 强调从职前培养与职后培育的贯通以及如何增强教师的职业吸引力，稳定和提升教师队伍，以卓越为取向成为新世纪以来教师教育的基本选择。

---

① 马毅飞．澳大利亚政府优秀教师计划研究［D］．上海：华东师范大学，2010：20．

其他国家如加拿大、日本等也提出了卓越教师培养计划，出台了相应的卓越教师培养的政策制度，制定了有关卓越教师认定标准，通过培养卓越教师以实现优质教学。总体来说，为了提高国际竞争力，为了提高基础教育质量，为了下一代更好地学习成长，21世纪以来卓越教师培养成为各国教师教育的一致选择，成为教师专业成长共同的价值追求。

二、我国卓越教师培养计划的提出与实践

我国历来有重视教师培养的文化传统与政策制度，在20世纪80年代建立了功能清晰、结构有序的"中师—师专—本科师院"的三级教师培养体系，为社会输送了大量优秀的中小学师资人才，保障了基础教育的稳定健康发展。在教育系统领域内也产生了各个层级的优秀教师、先进教师、模范教师、特级教师等称号或荣誉的对象群体，涌现出了一批批高水平的教育工作者，像魏书生、李镇西、顾泠沅、钱梦龙、王崧舟等更是享誉全国的著名教育专家，他们显然与"卓越"有着本质的关联，是教师队伍中"卓越"典范。进入21世纪后，随着师范教育的转型、改革，教师教育经历了短暂的迷失、低落期，教师教育质量问题成为新的关注热点，培养"卓越"教师成为社会强烈的愿望表达。2010年以来，我国教育部分别启动了卓越工程师、卓越医师、卓越律师及卓越教师等"一揽子"卓越计划，[①]主要指向于高等教育大众化背景下拔尖创新人才的成长与培育。2012年，教育部颁布了《关于全面提高高等教育质量的若干意见》，提出实施卓越教师培养计划，探索中小学尤其是农村中小学教师培养模式。同年，教育部组织高师院校进行了卓越教师培养体制改革试点。由此，卓越教师培养逐渐进入我国有关教育政策文件与学术研究的视野之中，同时引起了高校人才培养模式改革的探索与实践。

（一）教育部颁行《关于实施卓越教师培养计划的意见》

2014年，为推动教师教育综合改革，全面提升教师教育培养质量，教育部正式颁布《关于实施卓越教师培养计划的意见》，提出主动适应国家社

---

① 陈国钦，张璐，吴映萍. 基于能力培养的地方高校卓越教师培养探究［J］. 中国教育学刊，2015（S2）：1-2.

会经济发展和教育改革发展的总体要求，深化教师培养模式改革，培养一大批师德高尚、专业基础扎实、教育教学能力和自我发展能力突出的高素质专业化中小学教师；对中小学教师的培养提出了明确的要求：根据中小学教育实际的需求，培养一批理想信念坚定、基础扎实、能力突出，能够适应和引领中学教育教学改革的卓越中学教师以及一批热爱小学教育事业、知识广博、能力全面，能够胜任小学多学科教育教学需要的卓越小学教师；同时提出分类推进卓越教师培养模式的改革，包括卓越中学教师培养、卓越小学教师培养、卓越幼儿园教师培养、卓越中等职业学校教师培养、卓越特殊教育教师培养五个类别。

为了推进卓越教师人才培养改革的实践探索，突出部分师范专业院校的典型示范作用，2014 年教育部在全国确定了 62 所高校承担 80 个卓越教师培养计划改革项目，其中卓越中学教师培养改革项目承担单位有 25 个，分别是：华东师范大学、北京师范大学、东北师范大学、西南大学、华中师范大学、陕西师范大学、首都师范大学、华南师范大学、浙江师范大学、南京师范大学、福建师范大学、江苏师范大学、西北师范大学、湖南师范大学、河北师范大学、山东师范大学、安徽师范大学、云南师范大学、哈尔滨师范大学、上海师范大学、四川师范大学、河南大学、贵州师范大学、江西师范大学、山西师范大学；卓越小学教师培养改革项目承担单位有 20 个，分别是：东北师范大学、首都师范大学、天津师范大学、上海师范大学、湖南第一师范学院、杭州师范大学、大连大学、重庆师范大学、南通大学、临沂大学、哈尔滨学院、吉林师范大学、华南师范大学、内蒙古科技大学、贵州师范大学、楚雄师范学院、陇南师范高等专科学校、青海师范大学、海南师范大学、合肥师范学院。这些院校在教师教育方面具有较悠久的历史和丰富的培养经验，在育人质量方面也取得了较为显著的成果，具有广泛的积极的社会影响，因此将它们作为改革试点院校具有十分重要的作用意义。

卓越教师培养计划项目着眼于推进高校与地方政府和中小学校"三位一体"的协同育人机制、人才培养模式、教师队伍建设等方面综合改革，在经费投入、政策支持等给予有力保障；明确提出"地方政府—高校—中小学校"三位一体的育人机制，强调地方政府在教师培养中的主体责任，以及促进高校与中小学校的双向合作、互动交流。从传统的一些固有的观念中走出来，地方政府由原来教师培养的使用者转变成教师培养的参与者，中小学校由教师培养的接受者转变成教师培养的积极合作者、有力促进者，从而构建一种地方政府—高校—中小学校协同培养的育人机制。人才培养模式也要大胆改革，如何增强师范生的实践性知识，形成实践智慧，如何设计公共通识课程、学科专业课程、教师教育课程的比例，以及开展顶岗实习活动等，都需要进行积极创新。教师队伍建设主要表现为如何在优化专业师资的同时，吸收中小学优秀教师作为兼职人员进入高校教师队伍，承担部分学科教学论、综合实践活动等课程的教学，发挥他们在一线的丰富的教学教改经验作用，引导师范生的专业发展。至此，卓越教师培养已成为教师教育改革的重要指导思想。

（二）教育部颁行《关于实施卓越教师培养计划 2.0 的意见》

2018 年，教育部颁布《关于实施卓越教师培养计划 2.0 的意见》，这是在 2014 年教育部发布的"卓越教师培养计划 1.0"基础上的升级版，有了更为明确的目标与思路、保障机制，是为了贯彻《中共中央 国务院关于全面深化新时代教师队伍建设改革的意见》，落实《教师教育振兴行动计划（2018—2022 年）》的要求而提出的指导意见。其总体思路是深化协同育人，贯通职前职后，建设一流师范院校和一流师范专业，全面引领教师教育改革发展；通过实施卓越教师培养，培养造就一批教育情怀深厚、专业基础扎实、勇于创新教学、善于综合育人和具有终身学习发展能力的高素质专业化创新型中小学教师。其目标是经过五年左右的努力，办好一批高水平、有特色的教师教育院校和师范专业。到 2035 年，师范生的综合素质、专业化水平和创新能力显著提升，为培养造就数以百万计的骨干教师、数以十万计的卓越教师、数以万计的教育家型教师奠定坚实基础。这是国家政策文本中首次出现关于卓越教师的数量化表达，也显示了卓越教师的功能层级，它们是介于骨干教师与教育家型教师之间的优秀教师，比一般骨干教师要更为优秀，而卓越教师中的拔尖部分则有可能成为教育家型教师。经历合格教师—骨干教师—卓越教师—教育家型教师的不同层级的递嬗，正是教师专业发展的攀升阶梯和基本路径。不难看出，对于广大教师来说，欲成长为卓越教师，并不是轻易能够实现的目标，而是要付出持之以恒的专注与努力。

如果说 2014 年开始的卓越教师培养计划还只是少数院校、少数专业的探索改革，或者说仅是部分发达省份反应积极的教师教育的改革实践，但随着 2018 年卓越教师培养计划 2.0 的颁行，培养卓越教师已成为教师教育领域内具有极大影响力和召唤性的理想目标。落实到专业人才培养方案的修订，师范专业基本上突出了以培养具有卓越潜质的学科教师为基本目标，从而在课程设计、实践教学、教师队伍建设等方面进行相应的变革与完善。如某部属师范大学提出"思维导向、前沿导向、英才导向、研究导向"为引领的课程体系，凸显思维训练、前沿知识融入、研究能力培养和智能技术深度运用，探索超越知识点传授、超越学科专业的卓越育人模式；如某部属师范大学教育技术学专业提出培养"具备坚实的教育技术学理论基础、扎实的信息科学基础知识和基于技术融合的创新实践能力，具备信息技术与教育教学融合创新实践能力，掌握教育信息化建设和管理理论，能够胜任中学信息科技课程教学、数字化学习资源设计开发以及科技创新竞赛训练等工作的卓越人才"；江苏某院校小学教育专业培养目标为："培养以立德树人为己任，秉承生活教育理念，传承行知精神，聚力服务地方基础教育，具有卓越教师潜质的小学教育教学能手"；如湖南某师范院校小学教育专业的培养目标为"本专业以服务湖南农村基础教育为宗旨，采用'综合培养、分向发展、学有专长'的人才培养模式，构建校内校外协同一体的人才培养体系，培养学科知识扎实、教育实践能力强、教师素养良好的具有卓越教师潜质的小学骨干教师"，等等。

近年来，"卓越教师"已成为师范院校人才培养的基本信念与行动目标，且各级院校通过综合利用学校已有的教育教学资源，广泛拓展校外合作基地力量，促进卓越教师培养目标的顺利实现。对于师范院校来说，尽管不能培养完成时态的"卓越教师"，而只能培养具有卓越潜质的未来骨干教师或教学能手，但提高师范专业人才培养质量，以追求卓越作为人才培养的根本指导思想，已形成了学校与社会一致的行动信念。基于专业成长的基本规律，职前培养是师范生专业发展的重要阶段，是掌握专业知识、形成专业能力的关键时期，是走向高水平、高层次发展的前提与基础，同时对于形成教育信念、生成教育情怀起着非常重要的影响。教师专业成长是职业生涯的整个过程，而不仅仅指职前教育的传统学习阶段，职前职后一体化培育已成为教师个体发展的基本需要，教师的职后培训在当代社会得到了越来越多的机会与条件保障，在相关的教育政策文本中也给予清晰规定，全社会已形成了教师在职培训的良好氛围。在职后培训的目标设计中，也都突出了卓越理念或者凸显卓越意识的牵引，旨在促进教师更好地专业成长，不断迈向卓越。可以说"卓越取向"取得了日益广泛的社会认同，并由此转化成各类教育主体的共同行动努力。

第二节　卓越教师的内涵及其素质特征

什么是卓越教师，卓越教师具有怎样的内涵特征，卓越教师具有怎样的素质结构，卓越教师具有怎样的专业特质，这是我们需要加以认识的基本问题。为了认识卓越教师的基本概念，先有必要了解教师专业发展的阶段理论。

一、教师专业发展阶段理论

教师职业生涯大体可以分为四个阶段：准备期，适应期，发展期，创造期。准备期是指教师从事教育工作以前的阶段，是接受教育和学习的阶段。这一阶段主要以学习书本知识为主，形成了教师所需要的基本知识经验与能力素质。适应期是指教师走上工作岗位，由没有实践体验到初步适应教育教学工作，逐渐培养起能动的教育教学素质。这一阶段的主要活动是熟悉学校的工作环境和工作常规，熟悉教材和学生、备课、上课，以及带班当班主任等，从而在知识、能力上获得明显的提升。发展期是指教师初步适应教育教学工作以后，继续锻炼和磨砺自己的教育教学能力素质，使之达到熟练程度的时期，从而在素质水平上表现为向着深广化、全面化、自动化方向发展。创造期是指教师开始由固定的常规的自动化的工作进入到开始探索和创新的时期，是形成自己的独到见解和教学风格的时期，发展起了相应的创新性素质，以及注重从经验上升为理论的总结，形成自己的教育思想。每个阶段结束后，他们将成为新任教师、合格教师、骨干教师、专家教师，这可以说是教师专业发展的四阶段论。

柏林纳提出教师专业成长五阶段论，他划分为新手教师、熟练新手教师、胜任型教师、业务精干型教师和专家型教师。① 新手教师一般是指刚进入教学工作岗位的新老师，他们努力获取教师角色所需的教学知识与技能，教龄为 1~2 年；熟练新手教师是指有 2~3 年教学经验的老师，他们已能基本做到书本知识与实践经验的整合，处理问题具有一定的灵活性；胜任型教师是指具有 3~5 年的教学实践和职业培训经验的老师，能按照个人想法处理和解决教学事件，能选择有效的方法达到教学目标；业务精干型教师是指具有 5 年或以上教学经验的教师，对教学情境有灵巧的反应能力，对学生的需求有敏锐的直觉判断，能灵活地调整教学计划与进程；专家型教师则指能流畅地表达专业思考，对教育教学有自己独到的见解，教学技能自动化，教学方法多样化。柏林纳的教师专业发展五阶段论与前面四个阶段的划分较为相似，只是将新任教师分为新手教师和熟练新手教师两个阶段，其他三个阶段的内涵基本一致。

富勒与布朗提出教师关注阶段理论，共分为四个阶段：教学前关注，即职前培养时期；早期生存关注阶段，教师非常关心自己的生存适应性；教学情境关注阶段，即关注如何教好每一堂课的内容，以及班额大小、备课材料是否充分等与教学情境有关的问题；关注学生阶段，即关注学生的个别差异并根据学生的个别差异采取适当的教学，促进学生发展。能否自觉地关注学生是衡量一个教师是否成熟的重要标志之一，也是专家型教师一个特征。教师关注理论受到了专业人士的高度认同。

菲勒斯提出了教师生涯循环论，他将教师的职业生涯分为八个阶段：职前教育阶段，一般是指学校培养阶段；引导阶段，指最初几年，教师努力适应日常教学工作，努力寻求学生、领导的认可；能力建立阶段，教师寻找新的资料、方法、策略，努力建立一套属于自己的教学风格，学习新观念；热心和成长阶段，指热爱工作，寻求进步，有较高的职业满意度；生涯挫折阶段，指的是工作满意程度逐渐下降，怀疑自己与教师工作；稳

---

① D. C. Berliner. The Development of Expertise in Pedagogy [J]. American Association of College for the Teacher Education, February 17, 1988.

定和停滞阶段，指的是只做分内的工作，只求无过，缺乏进取心，敷衍塞责；生涯低落阶段，指的是准备离开教育岗位的低潮时期；生涯退出阶段，指教师离开教育岗位的时期。菲勒斯阐述的是教师职业生涯的基本循环，并没有对专业发展的层次水平进行明确的区分。

　　有的研究者将特级教师的专业发展分为四个阶段①：第一，适应阶段。对于新入职的青年教师来说，尽快熟悉教学、尽快融入学校工作环境是首要任务，这时的青年教师处于专业发展的初期，我们称之为专业发展的适应阶段，大概持续 3~5 年。第二，发展阶段。处于发展阶段的教师，专业发展的劲头十足，教学成效明显，不断获得进修或公开课的机会，教育教学的技能逐渐熟练，在教育理念上开始关注学生的学，开始有意识地根据学生学的方式来思考教学设计，这一阶段大概持续 5~15 年，时间长短取决于教师自身在专业方面的努力程度。第三，成熟阶段。经过十几年甚至二十几年的努力，教师的教育经验已经非常丰富，对教育教学已经形成了独特的理解和认识，课堂教学已经形成了独特的个人风格。进入成熟阶段的教师，已经是经验丰富的资深教师，专业发展基本稳定。从专业发展的上升角度来看，这一阶段又可以称为"高原期"，是教师发展的"分水岭"，跳跃这段时期，专业发展将渐入佳境，否则，将止步不前。第四，超越阶段。超越阶段的主要特征是教师专业发展的自主性、系统性、全面性有了明显增强，在教学理念上总是能根据学生的特点来设计教学，学生的主体地位能够得到凸显，能准确把握"教和学"的关系，做到因材施教。重在教育智慧的提炼，教学规律的探寻，教育的事业心和使命感为教师的专业发展提供了不竭的动力。

　　教师的专业发展是一个持续的过程，是教师在外部条件（包括教育制度、教师教育制度、教师管理和评价制度、教师文化和社会环境等）的支持下，通过不断的专业学习，更新教育观念，改进教育实践，促使自身专业水平和专业表现不断发展和完善，强调教师专业的自主发展。② 教师的专

---

　　① 周春良. 卓越教师的个性特征与成长机制研究［D］. 上海：华东师范大学，2014：155 - 158.

　　② 项贤明. 教育学原理［M］. 北京：高等教育出版社，2019：300.

业发展是一个学习的过程，是一个不断发展进步的过程，也是一个积极探究和自我完善的过程。只有不断地反思与总结，不断地领悟与觉醒，不断地磨砺与锻炼，教师专业发展才有可能走向新的高度，取得新的突破，从自为走向自觉，从经验走向艺术。上述所言的教师专业发展阶段，是一个相对意义的划分，是专业发展大致要经历的几个阶段，并不具有绝对的、必然的、不可跨越的意义。卓越教师大抵相当于专家教师，对应于教师专业发展的创造或超越阶段。卓越教师或专家教师的综合能力进一步提升，则有可能成为教育家型教师。

二、卓越教师的概念解读

（一）卓越教师的基本内涵

卓越，意味着超出一般的、杰出的、超常的。有的研究者认为，卓越意味着专业上不断精进、能力上不断提升、修养上不断纯化，表现为教师整体素质的全面提升和超越。卓越的"核心就是不断地超越自我，避免自我陷于某种既定的模式和状态，从而使自身的潜能不断得到扩展和升华"①。有的认为，"卓越"与"优秀"不同，它不仅指业务能力上的突出，它更指一种精神，一种胸怀，一种动力，② 它意味着永恒的向上追求。也有研究者认为，卓越教师不但是被学生从心底接纳的老师，而且也是令家长放心、同行佩服、领导认可和社会敬重的老师。他赢得肯定的理由除了精湛的教学艺术、独到的教学风格和深厚的文化底蕴外，超凡的人格魅力更是获得家长、同行以及领导赏识的重要元素。③ 有研究者进一步指出，在动态和静态两种不同维度上，卓越教师的"卓越"内涵是存在区别的，卓越"在静态观念下是事物发展阶段的质性描述，是对事物发展已经达到高度的定性评价——优秀中的杰出代表；在动态观念下，卓越不是停留在某种既定状态，而是一种开放的姿态、不断超越的过程，是事物从一般到个别、从普通到特殊的质变，是不断自我肯定和否定，不断自我完善、发展与更新，

---

① 刘湘溶. 高师院校卓越教师培养模式创新的探索与实践［J］. 湛江师范学院学报，2012（1）：8－11.

② 张永铃. 卓越教师及其成长研究［D］. 上海：华东师范大学，2012：62.

③ 王福强. 做一个有思想的教师［M］. 长春：吉林大学出版社，2010：190.

即事物发展的动态过程"①。

卓越教师何谓卓越，如何认识卓越教师？研究者一般都是从卓越教师所具有的职业特征来加以认识的。有的是从教师素养的角度总结卓越教师的特征，如具有高尚的职业道德、娴熟的教学技能、宽广的文化知识、良好的沟通能力。柳海民认为卓越教师理想的规格是"专业精神朴实高尚、专业知识融会贯通、专业能力卓著出色"②。毕景刚等认为卓越教师应该具备"高尚的师德师风、坚定的教育信念、敦厚的文化底蕴、丰富的知识结构、先进的教育思想、娴熟的教学技能、敏锐的实践与反思能力、自主的专业发展及过强的创新能力"③ 等九大特征。黄露、刘建银从 37 位卓越教师的传记内容中提炼出卓越教师的特征为：强烈的职业动力、先进的教育理念、独特的个人魅力、灵活的教学行为、高效的学生管理。④ 对卓越教师的认识可谓是"横看成岭侧成峰，远近高低各不同"。

美国学者弗德曼从学生视角分析了卓越教师的关键特征，具体包括：能够激发学生兴趣；讲课内容清晰易懂；通晓所讲授学科知识；精心备课；热爱所从事学科的教学工作；关爱、尊重学生，并能给予有效的帮助与指导，包容开放，鼓励学生质疑与讨论。⑤ 从学生视角来审视卓越教师的特质构成具有特别重要的意义。肯贝·恩则认为，卓越教师的关键特征涵盖正确做事和正确做人两个方面，在教学上卓越教师遵循七条普遍的原则：（1）创设一个自然的批判的学习环境；（2）引起学生的注意并保持下去；（3）从学生本身而不是学科出发；（4）确定责任；（5）帮助学生进行课外学习；（6）帮助学生从专业角度思考问题；（7）创造多元化的学习体验。⑥ 他们主要是从教育态度和教学方式的角度来谈论卓越教师所具有的特征，对卓

---

① 王志广. 谈卓越教师评价指标体系的构建［J］. 教育理论与实践，2013（32）：28 – 31.

② 柳海民. 质量工程框架下的卓越教师培养与课程设计［J］. 课程·教材·教法，2011（11）：96 – 101.

③ 毕景刚，韩颖. "卓越教师"计划的背景、内涵及实施策略［J］. 教育探索，2013（12）：108 – 110.

④ 黄露，刘建银. 中小学卓越教师专业特征及成长途径探析：基于 37 位中小学卓越教师传记的内容分析［J］. 中国教育学刊，2014（3）：99 – 104.

⑤ 周春良. 卓越教师的个性特征与成长机制研究［D］. 上海：华东师范大学，2014：6.

⑥ ［美］肯·贝恩. 如何成为卓越的大学教师［M］. 明廷雄，彭汉良，译. 北京：北京大学出版社，2007：16 – 20.

越教师的静态评述不是重点。

杨晓等通过基于国内外卓越教师的研究总结出卓越教师的特征：首先，卓越教师应有超凡的人格魅力。胸怀教育理想、信念坚定、使命感强，视教育工作为事业，热爱所教学科，工作动力持久稳定，自我调节和完善能力强。其次，卓越教师具备高成就动机。包容开放，积极参与课程编制和教学评价，善于反思学习和创新，积累教育实践智慧；教育研究富有成效，能合理利用和组织学校、社区和家庭教育资源。再次，卓越教师通晓学科及教学法知识，能够从学生本身出发而不是从学科出发，以关爱、尊重为前提来管理、监控学生；有效指导学生课内外学习，提高学生的学习能力，使其具备终身学习观念。最后，卓越教师备课精心，讲解清晰易懂，并独具风格；具有组织、协调、应对课堂复杂环境的教育机智；具有教学及评价的技能技巧，能有效创建互动探究的高效课堂，激发学生兴趣，有效保持学生的注意力；致力于鼓励质疑和讨论，引导学生思考问题，创造自然的批判的学习环境等。① 这是从综合方面探讨卓越教师的知识能力素质特征最为全面的解释了。

（二）卓越教师的基本特征

前面在论述卓越教师概念时已经从多角度阐释了卓越教师的一些能力素质或人格特质，本节拟从教师的全专业属性②的角度归纳一下卓越教师所具有的综合特征。尽管我们对优秀教师、特级教师、教学名师等有一个基本的概念认知，但相对来说卓越教师仍是一个比较时新的概念，原来的论述主要从专家型教师所具有的特征进行演绎与说明，如专家型教师的专业知识水平高，拥有更多的学科内容知识、学科教学知识，形成了整体的知识体系，对知识的整合更充分；专家型教师工作高效，能更有效地解决问题，能用较少的时间解决更多的问题，能熟练地掌握技能并使其自动化；专家型教师具有创造性的洞察力，能从新的角度或方面去审视问题，更可

---

① 杨晓，崔德坤．"卓越教师"研究的现状与趋势［J］．教学与管理，2016（9）：9－12.

② "全专业属性"是针对"半专业属性"来讲的。根据北师大朱旭东教授所言，所谓教师的"半专业属性"是指教师在课堂教学中只以其拥有的学科专业开展活动的时候所表现出来的属性。教师的"全专业属性"是指一个教师在完成教会学生学习、育人和服务的使命中所表现出来的学、教和学科内容的基本属性，它具有缺一不可的完整性。

能创造性地找到解决问题方法。专家型教师与卓越教师的内涵基本上是一致的，没有本质性区别，但上述几点还不全面，缺少对职业情怀、职业信念方面的评述。下面将卓越教师的专业特征归结为五点，主要参考了黄露、刘建银的部分观点①。

1. 强烈的职业动力

他们都怀有成为一名好教师的职业理想，并全身心投入去实践与体验，且感受到工作所带来的身心愉悦及无穷动力。钱梦龙曾说："我要学历没学历，要资格没资格，要智慧没智慧。我靠的是什么？靠的就是这份对教育事业的执着，这份如痴如醉全身心地投入。"吴正宪在上小学五年级的时候就萌发了当老师的理想，并在信中立下了"为千千万万的孩子们带去快乐"的远大理想。这是一种对教育事业的强烈热爱并愿意为教育事业放弃一切的坚定信念。特级教师杨瑞清被称为"行知路上的'傻校长'"，就是对农村教育的一腔热情，立志改变农村教育的现状，让农村孩子在赏识中学会爱，从而在晓庄师范中师毕业后放弃留在南京市的机会，义无反顾地走向农村学校奉献自己的教育生命；李吉林老师在 40 岁评上特级教师以后，又执着地开始了情境教学的实验探索，不断超越自己，努力做到最好。

强烈的职业动力与强烈的成就动机是分不开的，这种强烈的成就动机则成为卓越教师不断推动自己专业发展的原动力。上海特级教师顾泠沅就是为了改变上海远郊青浦县的数学教育落后面貌，从而进行了十年的数学教改实验，大面积提高了数学教学质量。特级教师张思明就是抱着要"让学生享受数学"的想法而尝试在数学教学中进行研究性学习的探索和实践，达到"数学教学应该是美丽的"的生动境界，这构成了他不竭的职业动力，同时也成为了一种崇高的职业信念。

2. 先进的教育理念

教育理念是指教师在对教育工作本质理解基础上形成的关于教育的观念和理性信念。② 教育理念是教育者对教育工作的基本认知以及蕴含的学生

---

① 黄露，刘建银. 中小学卓越教师专业特征及成长途径探析：基于 37 位中小学卓越教师传记的内容分析 [J]. 中国教育学刊，2014（3）：99 – 104.

② 叶澜. 教师角色与教师发展新探 [M]. 北京：教育科学出版社，2001：21.

观、师生观、教学观的基本体现，是在已有教育理论基础上建构起来的具有主体个性的教育思想，具有时代特征与情境色彩。教育理念是一个综合性概念，具有丰富的内涵，表现为多姿多态，或从属于某一主流的教育哲学，但又有明确的价值指向性。教育理念没有绝对的先进、落后之分，都是在一定具体社会情境或社会条件下发展的产物，但从是否适应社会发展需要、是否为主流社会价值持续认可标准来看则可以大致划分为先进与落后两种。从某种意义上说，本书所指的先进教育理念是指遵循教育教学规律的基本要求，开创出符合时代需要的、有利于学生发展与进步的、具有自身特色与个性的一套教学方法或教学模式等。卓越教师以先进的教育理念为其行动的指导，以自己的一言一行潜移默化地影响学生。如山东茌平县杜郎口中学校长崔其升，在一所普通农村中学，从 1997 年起为解决"学生不爱学、学不懂"的问题，进行以"以人为本，关注生命；开放课堂，群体参与；师生互动，教学相长；气氛和谐，环境宽松；自主参与，个性发展"为主旨的改革，使农村中学"学生动起来，课堂活起来，效果好起来"。先进的教育理念使杜郎口中学迅速成为全国各中小学校竞相学习观摩的典范。

先进的教育理念离不开对学生的爱心，卓越教师最突出的特征就是爱学生。一直坚守农村小学教育的丁有宽曾说"爱心是根，科研是本"，并在长期的教改实验中提出"没有爱就没有教育"的教育理念。魏书生秉持"教育民主，学生'当家'"的教育理念，认为"老师是为学生服务的"，"每一位学生都是求学者，也都是自己的老师"，从而把学习的主动权、学习的时间权交给了学生。[①] 王崧舟的"让语文成为生命的诗意存在"的教学理念使他的语文教育充满了生命活力，获得了极大的社会反响，他们是当之无愧的时代卓越教师。

3. 独特的个人魅力

卓越教师的个人魅力主要表现为强烈的求知欲望及积极的上进心与健康的人格品质。例如，特级教师张思明在自己当班主任和上课之余，从休息时间挤出学习时间，每天凌晨 4 点半起床，早锻炼后就开始背书、做题，

---

① 张彦春，朱寅年 . 16 位教育家的智慧档案［M］. 上海：华东师范大学出版社，2006：4.

没有寒暑假，没有休息日，有的只是图书馆、教室、学校、课堂之间的重复。"多年来，魏书生体会最深的是要培养学生忠实于自己的习惯，要把检查监督的着重点放在学生自检上。当然，除了自检，魏书生还有其他方法帮助学生巩固这种习惯，而这些方法，大多是和学生商量出来的"①。这是教育改革家魏书生显示出的人格魅力。特级教师窦桂梅师范毕业后留校做行政工作，但代课成了她最大的奢望。"5 年的'替补'代课生涯后，窦桂梅倍加珍惜时间，全身心地投入到学习和工作中。读书，更成了她生活的必需……"② 名师之所以成为名师，原因就在于他们永不止步、总不满足，不断追求在工作中创造更佳的业绩，达到更高的境界。此外，卓越教师的独特个性魅力还在于其做事认真，面对困境积极乐观，不是怨天尤人，而是不断调整自我，活出真我。别人评价马芯兰老师："什么名和利，马老师从来不放在眼里，她是一个特别甘于寂寞的人，一心只有她的学生和学校。"因此，朝阳实验小学近 2000 名学生，没有一个不认识他们的马校长。在学生的心目中，马芯兰永远是他们最知心的姐姐、最亲近的妈妈、最慈爱的奶奶。2002 年教师节，20 多名年逾不惑的老学生，不约而同地来到学校看望马老师，纷纷上前抱着她，流着泪叫："妈妈。"这是马芯兰 38 年前教过的一年级（4）班的学生，当年，马芯兰才 19 岁，却是学生心目中最尊敬的老师。

4. 灵活的教学行为

教学工作是一种充满情境性的专业活动，教学过程会不断遇到新的情境、新的问题，这就需要教师不断地设计、采用新的教学方案，创造性地处理教学中遇到的每一个细节问题，不断反思、调整自己的教学行为。③ 卓越教师能对教学内容进行有效的整合处理，并选择合适的教学方法，以学生容易接受的方式加以呈现，提高教学效率。灵活的教学行为意味着较强的教育教学能力，以及拥有解决教育突发事件所需要的教育机智，体现了不断创新的思维品格。卓越教师通常能对既有的教学模式或教学方法进行

---

① 张彦春，朱寅年．16 位教育家的智慧档案［M］．上海：华东师范大学出版社，2006：5.
② 雷玲．故事里有你的梦想：18 位名师的精神档案［M］．上海：华东师范大学出版社，200：197.
③ 陈家斌．论中小学教师研究的特征及策略［J］．中国教育学刊，2004（4）：53－55.

创新性改革，从而抽绎或提炼出一套较为成功、有效的教学模式。某教师在回顾其职业初期时提及"在一个秋风秋雨的季节，我走上了讲台。学校分给我的任务是教授初二年级的思想政治课。思想政治课，在初中属于'副课'之列。学校不重视，学生更不重视。为了让学生愿意学，突破传统的'一支粉笔一张嘴，老师从头讲到尾'的教学模式，我特别注重激发学生兴趣的工作，诸如多上活动课，多讲故事，多谈时事，多看电影录像"①。学生的兴趣由此得到激发，他也逐渐成为学生喜欢的教师。只有四年教龄、初中学历的钱梦龙写出了第一篇教学论文《语文教学必须打破常规》之后，又提出以自读式、教读式、作业式为内容的"基本式教学法"。经过几十年的探讨和实践，钱梦龙最终形成了一套相当完整的"三主四式"语文导读法。农村教师丁有宽创立了独具一格的"读写同步、一年起步、系列训练、整体型训练教学体系"，在小学语文教育界取得了极大的影响。卓越教师在教学上还有一个共同的倾向就是将教学与生活紧密结合起来，增加了教学的实践性与生活价值，从而具有更为宏阔的、灵动的教学视界。李镇西的学生彭艳阳回忆说，"我觉得李老师和别的语文老师有很大的不同：在李老师班上语文课就像上生活课，无论是写作文还是大家讨论，都和我们自己的生活分不开，所以我们非常喜欢上李老师的语文课。以至于后来转学到省会的重点中学后，我对那里的语文老师都有些不适应，觉得他们都是把生活和语文课割裂开了，语文和生活没有什么联系，往往使我们感到没有兴趣，所以我很后悔转学了"。②

5. 高效的学生管理

卓越教师在教育教学中善于与学生进行情感上的交流，建立和谐融洽的师生关系。在孩子们的心里，他们既是给予知识、指引人生的导师，也是充满情趣、值得信任的大朋友。卓越教师能够营造协作、竞争、成功的教学氛围，采取民主、平等、互助的方式进行管理，从而促进管理的高效。"我靠啥带班，就靠在座的 135 位副班主任帮忙，靠在座的 135 位语文教师

---

① 张万祥，万玮. 教师专业成长的途径：30 位优秀教师的案例 [M]. 上海：华东师范大学出版社，2005：126.

② 张彦春，朱寅年. 16 位教育家的智慧档案 [M]. 上海：华东师范大学出版社，2006：51.

助教来帮忙带班"，这是魏书生身兼两个班班主任工作时对学生说的话，他认为"每个学生既是求学者，也都是自己的老师"，这样尊重学生、平等相待的管理方式起到较好的激发学生主体性的作用。特级教师李镇西在班级管理中提出以"法治"代替"人治"，实行以法治班、民主治班，制定班规，而且班主任带头遵守，所以班级氛围非常好。李镇西老师说，班级的日常工作基本上不需要操心，一切都交给"制度"，体现了高效的学生管理。人民教育家陶行知在育才中学当校长时有个颇为流传的"四颗糖"的故事，他在教育学生的过程中没有直接批评学生，而是晓之以理、动之以情让学生受到了深刻的教育与启迪，显示了高超的教育艺术与学生管理艺术。

高效的学生管理是与教师的综合素质以及科学的学生观、师生观等分不开的。缺乏科学的学生观、民主观，把学生当成单向度的管理、控制的对象，当成纪律、制度的规训客体，无法形成一种密切、和谐的师生关系，也无法达成高效的学生管理。卓越教师能激发学生的主观能动意识，营造积极团结的班级氛围，并运用有关组织制度的促进实施，从而起到高效管理的作用。

（三）对卓越教师的概念评析

"卓越教师"这一概念的提出在我国近年来受到了较高的关注，但基本上还是处在学术研讨的层面或是实践层面的精神追求，并未进入正式的评价体系，或者说还不是一个严格意义上的荣誉称号，但评选卓越教师在少数城市或区县已经开始产生①，这是值得欣喜的现象。2021 年 12 月，北京师范大学中国教育创新研究院发布了《卓越教师教学能力标准》，这可以说是我国第一个有关卓越教师的评价标准文件，目前还没有得到大规模实施推行，需要时间加以检验。从另一方面说，原来被普遍认同并已纳入制度评价体系的有特级教师、教学名师、优秀教师等，它们与卓越教师具有家族相似性，有着共同的生长基因或形成机制，是由不同评价主体、不同评价标准进行认定的结果，他们具有互通互换性。一般说来，特级教师荣誉

---

① 2022 年 11 月 1 日，长沙市教育局公布了第四批 600 名长沙市卓越教师入选人员名单，包括三种类型：学科带头人、优秀骨干教师、教学能手。

的硬度最强，教学名师次之，优秀教师最弱。"特级教师是国家为了表彰优秀的中小学教师而特设的一种既具有先进性又有专业性的称号。特级教师应是师德的表率、育人的模范、教学的专家。"① 特级教师无疑是卓越教师，特级教师处于教师队伍的金字塔尖，是中小学教师的最优秀代表。教学名师不一定是特级教师，但特级教师一般来讲是名师。简单地说，"名师是在一定地域范围内有影响、有声望、有名气的著名教师。"② 教学名师和卓越教师的概念内涵较为接近，但教学名师一般来说比卓越教师要来得正式，因为各级政府都有自己认定的教学名师，作为本学科领域的带头人发挥辐射影响作用，如有国家级教学名师、省级教学名师、市级教学名师、县级教学名师等。也有大量未经组织认定但在社会上或者学生心目中具有崇高地位的教学名师，亦可称之为卓越教师。他们长期躬耕于三尺讲台，辛苦劳作，默默奉献，"桃李不言，下自成蹊"，以高超的教学艺术赢得学生的赞叹。而特级教师、教学名师他们是当之无愧的优秀教师，并引领优秀教师的质量与成色。卓越教师无疑也是优秀教师。一般来说，卓越比优秀的程度要高，是优秀教师中的较优部分。总体说来，它们是一组既有交叉重叠又有一定区分的概念谱系，而且没有绝对标准框架下的身份归属，彼此印证与相互参鉴，在不同语境中具有不同的指涉意义。

综上所述，"卓越教师"并没有一个统一的、明确规范的定义，也没有一套公认的具体操作的体系或标准，各地在组织认定"卓越教师"时还处于探索阶段，其权威性、公正性还有待进一步检验与提升。凡此种种，"卓越教师"概念或理念的提出，是基于对未来教师人才培养的一种目标理想，一种价值期待。卓越教师的形塑更多的是一种修炼、一种追求，是一个不断走向卓越的过程。它的重要意义在于唤起、在于激励，在于搭建了一个若隐若现的精神航标，指引中小学教师不断朝着理想的或更高一级的目标前进，成就更美好、更绚烂的教育人生。

从某种角度说，现阶段不必纠结于卓越教师的具体定义、边界条件、入选门槛，重要的是将"追求卓越"作为现今教师教育的根本指南，引导

---

① 周春良．卓越教师的个性特征及成长机制研究［D］．上海：华东师范大学，2013：49.
② 周红．高等学校教学名师内涵辨析［J］．煤炭高等教育，2004（7）：65-67.

教师个体积极的、主动的、反思性的专业发展，推进教师教育领域的自我变革。所以"卓越教师培养"作为一种带有明显激励作用的指导思想，更多的是关注培养过程中的实践行动，而并不在意入选"卓越"的结果。"卓越教师"是好教师、优秀教师的一种转换性说法或者特色表达，但充溢着强烈的个性色彩与时代特征，因为从 20 世纪 80 年代末尤其从 21 世纪初以来，在日益激烈的国际竞争对基础教育更高要求的影响下，卓越教师培养已成为许多国家教师教育的价值坐标，引导教师教育的有效实践。

三、农村卓越教师的概念认知

卓越教师与农村卓越教师，他们是整体与部分的关系。但专门探讨"农村卓越教师"，则是本书的主旨意义。何谓农村卓越教师？农村教师何以卓越？农村卓越教师的基本特征？这是一系列需要深入探讨的理论或实践话题。可以说，农村卓越教师既是一个历史名词，又是一个时代概念，具有浓厚的历史底蕴与鲜明的时代特色。为什么说是一个历史名词，笔者认为农村教师或曰乡村教师与"卓越"一词有着深刻的内在关联，或者说乡村教师有着卓越的历史使命，他们被赋予了诸多卓越的特质。为什么说是一个时代概念，因为"农村卓越教师"是近年来在卓越教师培养大背景下孕育出来的概念符号。随着《乡村教师支持计划（2015—2020 年）》《中共中央　国务院关于全面深化新时代教师队伍建设改革的意见》（2018 年）等政策文件的相继出台，农村教师队伍受到了前所未有的重视与关注，农村卓越教师培养也逐渐成为教师教育领域的重要论题。尽管到目前为止"农村卓越教师"还不是一个成熟概念，也缺乏相应的认证标准，它表征的仅是一个具有特定价值意义的符号或者理想目标的追求，但并不能阻抑教师教育新形势下丰富多样的农村卓越教师培养的生动实践，也不能忽视在农村教师群体中一批优秀的、高超的、具有引领与示范作用的名师的蔚然涌现。所以，有必要对农村卓越教师这个概念进行全面的认识与解读。

（一）农村卓越教师的基本内涵

"农村卓越教师"或"乡村卓越教师"没有根本的内涵差异，正如"农村"与"乡村"大都是在同一意义上加以使用。"乡村卓越教师"带有明显的情感色彩，在"乡村振兴战略"背景下使用频率更多一些。尽管政府的官方文本中较少使用"乡村卓越教师"这一专门提法,大都用统一的"卓越教师"涵盖、全指,但"乡村卓越教师"(有的称"卓越乡村教师")正日渐成为一个具有内在生命和突出功能的概念名词,被大家所理解和接受,因为"我国乡村教育的改革与发展,迫切需要一支数量充足、素质优良、扎根乡村的教师队伍"①,迫切需要一支引领乡村教育改革、推进乡村教育发展的"乡村卓越教师"。"乡村卓越教师"概念的提出体现了人们对未来乡村教师队伍良善的价值期待与美好的心中愿景。

回溯乡村教育历史,民国以降,作为知识分子的乡村教师就一直诠释着"卓越、优能"的身份形象,他们不仅是乡村教育的承担者,更是被赋予了乡村文化传承者、乡村社会改造者的角色。陶行知在《试验乡村师范学校答客问》中提出"好的乡村教师第一有农夫的身手,第二有科学的头脑,第三有改造社会的精神。他足迹所到的地方,一年能使学校气象生动,二年能使社会信仰教育,三年能使科学农业著效,四年能使村自治告成,五年能使活的教育普及,十年能使荒山成林,废人生利"。因此陶行知指出:"乡村学校做改造乡村生活的中心,乡村教师做改造乡村的灵魂。"② 正是因为乡村教师在传播文化、改良社会、承续文明方面的重要作用,他们普遍赢得了各阶层的高度肯定包括乡民的充分认可。如中国传统的乡村教师被称为"先生",作为一种文化符号,"先生"这一称谓具有约定俗成的表征意义与价值内涵,在传统儒家伦理的教化与熏陶下,人们不仅将"先生"看作是自己子女知识的启蒙者和传递者,更是将其视为道之代表、礼之化身、德之典范。③ 有的将乡村教师谓之以"乡贤"雅称,"奉献乡梓,教化乡里",拥有较高的社会声誉。可以说,自从现代学校教育制度产生以来,乡村教师就承载着走向卓越、内涵卓越的天然使命。

乡村卓越教师是卓越教师的子概念,具有卓越教师的全部价值特征。基于卓越教师尚且没有一个标准的、严格的定义,"乡村卓越教师"同样没

---

① 邬志辉. 打出"全方位组合拳"大力支持乡村教师发展 [J]. 中国民族教育, 2015 (5): 4-6.

② 陶行知. 陶行知文集 [M]. 南京:江苏教育出版社, 2008:215.

③ 容中逵. 传统与现代的交锋:百年中国乡村教育的实践表达 [M]. 杭州:浙江大学出版社, 2010:201.

有确切的、静态的定义，它除了拥有卓越教师的基本特征之外，还有属于自身的价值内核或表现形态，即以乡村、乡情、乡音为基石建构起来的身份气质，显现为融入乡村、关爱乡村、发展乡村的行动驱力。"乡村卓越教师"是乡村教师队伍中的优秀代表，是乡村教育的重要引领者与使命维系者，是振兴乡村的中坚力量，但不宜将"乡村卓越教师"拔得太高，规定太严，美化太重，给人一种高不可攀之感，这些都不利于乡村卓越教师队伍的真正成长。"乡村卓越教师"重在培育，重在支持，重在创造各种条件、资源给几百万乡村教师以无限提升的力量，引导与激发他们不断追求卓越的精神动力，从而铸就乡村教师队伍的人才高地，促进乡村教育的高质量发展。当形成高素质、高水平的乡村教师队伍群体时，乡村卓越教师的产生则是自然而然、水到渠成的事情。

所以，如果要给农村卓越教师一个基本定义的话，则是指具有坚定的乡村教育情怀和扎根农村的教育理想，具备高超的农村教育教学能力及引领示范作用的乡村学科带头人与优秀教师。他们具有公共性与专业性双重属性，既在专业领域内承担教书育人、释疑解惑的重任，又参与乡村事务，推进乡村文明，在乡村振兴中具有重要作用力量。

（二）农村卓越教师的素质特征

农村卓越教师属于卓越教师，具有卓越教师的一般素质特征，但又有自身的属性特点，或者说有一些独有的价值特质。李继宏等对全国300名优秀乡村教师的典型案例进行分析，得出优秀乡村教师的特质有：情感特质——乡村情怀，即热爱乡村，具有社会责任感；精神特质——韧性，表现为坚守，淡泊名利；角色特质——新乡贤，表现为公共精神；教学特质——基于乡土的多学科教学。[①] 当然，农村卓越教师不是一个严格规范的概念，不是一个僵化的符号，并非唯一性表征，他呈现的必然也是多元的、立体的生命色彩。下面从现实与可能的角度，对农村卓越教师的素质特征做一些概述分析：

第一，具有扎根农村的教育情怀。"情怀"一词通常被解释为"含有某

---

① 李继宏，李玮，冯睿. 优秀乡村教师特质研究：基于全国300位优秀乡村教师的典型案例分析 [J]. 中国教育学刊，2021（10）：15 – 18.

种感情的心境"，教育情怀被列为情感的范畴，指向的是师德伦理、人文精神、自我关怀三个维度。① 从教师的专业素养来看，乡村教师情怀是一种真实的实践体验和情感认同，是专业知识和教育信念的有机结合，能够作为典型的专业特质指引他们扎根乡村；从教育情怀的本质来看，这是教师对乡村育人本真的坚守，扎根乡村的满腔热忱，发端内心对乡村教育的真诚，执着于乡村教育的职业理想。乡村教师教育情怀的生成更是目前解决乡村教育问题的最佳捷径，是关乎乡村教育升华、乡村社会文化价值传承、乡村学生精神塑造的"源头活水"。②《乡村教师支持计划》提出：定向施策，精准发力，努力让乡村教师"下得去，留得住，干得好"，到 2020 年，造就一支素质优良、甘于奉献、扎根乡村的教师队伍。这是对农村卓越教师的一种定性描述，也是对农村教师教育情怀的一种特征表达。从本质上说，他们具有扎根农村的教育理想，认同农村教师的身份符号，充满在农村天地成就教育事业的理想豪情。尤其在认识到农村教育的落后、农村文化的薄弱之后，他们拥有了一份使命意识与责任担当，增添了一份改变环境、克服困难的勇气，将自身的专业成长与农村的教育进步同频共振，将自己的身心志向寄情于农村这一方山水。他们物质上并不富有，但他们在精神上极为充实，并积极乐观平实地从事农村教育工作。"优秀乡村教师对乡村的热爱主要体现为对乡村故土的依恋、对乡村生活状态和生活方式的向往、对乡野自然的欣赏"，他们"能清楚认识到自身之于乡村教育的价值以及乡村振兴的意义，因而对乡村及其教育事业具有强烈的责任感和使命感"③。

第二，具有"一专多能"的知能结构。农村学校师资最大的问题是结构性短缺，而不是简单的缺编。而结构性短缺问题会长期存在，因为农村学校生均规模总体上呈减小的趋势，年级多、班级少、教学点的大量存在不足以配备学科齐全的教师队伍结构，从而导致农村学校教师有进行多学

---

① 肖凤翔，张明雪. 教育情怀：现代教师的核心素养 [J]. 河北师范大学学报（教育科学版），2018（5）：97－102.

② 张荣澳，刘万海. 滋养与表达：乡村教师教育情怀的在地化生成空间 [J]. 内蒙古师范大学学报（教育科学版），2023（4）：108－115.

③ 李继宏，李玮，冯睿. 优秀乡村教师特质研究：基于全国 300 位优秀乡村教师的典型案例分析 [J]. 中国教育学刊，2021（10）：15－18.

科教学的客观需要。那些综合素质高、适应多学科教学又具有全面指导能力的教师无疑是农村卓越教师一个重要的特征，即具有娴熟的"一专多能"知识能力结构。"一专多能"可作两种释义解：其一，"一专"指的是中小学教师应当具备教育专业知识、技能和素养，"多能"指的是具备综合的知识素养与能力素养，胜任多学科的教学，具备综合教育的能力；其二，"一专"指的是有一个主修学科专业，"多能"指的是具有广博的知识结构，具备多学科教学及多方面教育的能力。两种释义有一个共同点，即在农村教育的现实情境下，他们需要承担多门课程的教学，需要有课内课外实践指导的能力，农村小学教师尤其如此。对农村卓越教师而言，"一专多能"不仅是一种客观需要，更是一种业务精进、努力追求的结果，是他们基本的专业发展目标。"一专多能"是农村卓越教师的一个显著特征，是他们知识的综合性、能力的多样性、素质的全面性的突出表现。农村卓越教师适应多学科教学的需要，在学校中承担多种事务或职责，在教书育人方面具有灵活的方法与艺术。

　　第三，具有专业性与公共性相融通的人格气质。"乡村教师作为乡村中的知识分子，就其性质而言，同时具有专业性与公共性，即他们不仅关心自己教育专业领域的事情，还关心专业领域之外的社会经济、政治与文化等问题。"① 这种公共性主要是指对农村社会事务、政策以及民俗、民风、民情的介入与互动，体现作为知识人的公共责任与道义担当。但现实问题是，"伴随着现代文明和教师专业化的发展，乡村教师似乎在潜移默化中正在拔除古老文明之根，不可思议地退出传统的农村社会的舞台，日渐丧失其在公共生活中的知识分子身份"②。他们甚至成为游离于城市与乡村之外的边缘人，"工作在乡村，吃住在城市"的"两栖"生活方式使他们失去了精神皈依，从而不自觉地放弃了作为知识分子的公共理性。然而，乡村卓越教师在不断深耕自身的专业领域、提高专业化水平之外，还表现出较强的公共性特征，关注或参与乡村生活、乡村秩序的改革与重建，倡导积极、

----

　　① 唐松林. 理想的寂灭与复燃：重新发现乡村教师［J］. 中国教育学刊，2012（7）：28 - 31.

　　② 唐松林. 理想的寂灭与复燃：重新发现乡村教师［J］. 中国教育学刊，2012（7）：28 - 31.

美善的家庭教育或生活方式，引导乡村文化的健康良性发展，为促进乡村振兴贡献自己的智慧力量，从而体现出高度的专业性与公共性相融通的人格气质。

第四，深谙自然主义教育思想。自然主义教育思想的鼻祖是卢梭，卢梭认为教育就是让儿童的天性率性发展，所以教育要遵循儿童的自然天性，培养身心和谐发展的人；同时要求儿童在自身教育和成长中取得主动地位，无须成人的灌输、压制、强迫，教师只需创造学习的环境，防范不良的影响。因此，卢梭自然主义教育思想的核心是"回归自然"，实施"有序"的教育。农村卓越教师根据农村学校的特点——远离城市的喧嚣与拥塞，教育资源相对不足但自然资源丰富——围绕自然山水进行课程资源开发，利用自然环境进行课外实践，通过乡村习俗进行文化陶冶，让学生建立起人与自然、人与他者的亲密关系，引领儿童心性的自由发展、主动发展，开展具有鲜明乡村特色的劳动教育、综合实践活动等课程。此外，这种自然主义教育思想还体现在倡导减轻繁重的考试竞争与学业负担，反对单向的"授受式"教学关系，尊重学生的主体性、能动性，让学生在积极、愉快的心理体验中掌握知识、形成能力、塑造美德，促进身心的和谐全面发展。这是农村卓越教师教育思想的有力体现，也是其重要的价值特征。

第五，具有较强的农村教育研究能力。① 农村卓越教师具有较高的教育教学能力，课堂教学具有生命活力，他们善于启发式教学，并以整体的人格影响学生，从而受到学生的爱戴。农村卓越教师作为反思型的教育工作者，他们具有较强的研究意识，能洞察到教育教学改革的方向，能问诊农村教育实践中存在的问题，能在日常的教育教学中进行总结、提炼与提升，由实践层面上升到理论层面、由工作层面上升到学术层面，提出解决农村教育问题的应对策略、实施方案与政策建议，并建构起基于农村教育实践的理论知识与概念逻辑体系。所以，农村卓越教师不仅是教育教学的能手，更是一个较强的农村教育问题研究的专家。他们充分认识到，只有在注重教育教学研究的基础上，个人的综合素质与专业素养才能进一步提高，其引领与示范作用才能进一步增强。因此，农村教育研究能力是农村教师走

---

① 靳璀璨. 农村专家型教师的特征与培养途径探讨 [J]. 教育与教学研究，2012 (3)：46.

向卓越的助推剂，也是其一个内在的特征。

第六，具有引领乡村教育文化改革的责任意识。新世纪以来，随着社会结构的转型与城镇化的快速推进，乡村教育日益受到城市教育的同一化、均质化的裹挟与冲击。"在城市文化侵入乡村文化的过程中，乡村教师传统的价值体系遭到了破坏，他们的文化自信逐渐丧失"①，对于大多数乡村教师来说，留守乡村仅是一种权宜之计的谋生选择，且容易被平庸化、媚俗化所席卷，失去向上、进取的锐气与勇气。作为乡村卓越教师，能超越世俗的偏见与保守，在笃定的教育信仰与崇高的专业情怀的支撑下，一步步走向优秀与卓越，形成高超的教育教学艺术、敏锐的教育思考力以及广泛的同行影响力。因此，他不仅要种好自己的"责任田"，更重要的是发挥头雁功能、示范效应，引领并带动同道根据乡村教育的现实问题进行有意义有价值的整体性改革，寻求乡村教育发展的新的立足点，实现乡村教育传统的承继，彰显乡村教育的文化特色，促进乡村教育的高质量发展。

（三）目前对于农村卓越教师应持有的基本态度

从本世纪初以来，卓越教师培养已成为许多国家教师教育的行动方向，引导教师教育的改革实践。我国"卓越教师"概念或理念的提出，同样是基于对未来教师人才培养的一种目标理想，一种价值愿景。尽管"卓越教师"还没有一个精微的定义，也没有一套成熟的操作认定的评价体系，但"卓越取向"却取得了日益广泛的社会认同，形成了较大规模的集聚效应，产生了较强的同行影响力。从某种角度说，目前不必纠结于卓越教师的具体定义、边界条件、入选门槛，重要的是将"追求卓越"作为现今教师教育的根本指南，引导教师职前与职后一体化的专业发展，推进教师教育领域的主动变革。所以，"卓越教师培养"作为一种带有明显召唤意义、引领价值的指导思想，更多的是要关注培养过程中的实际行动，而不必在意是否达成的具体数量化结果。

乡村卓越教师的提出是针对乡村教师队伍现状的一种价值期待，即希冀提高乡村教师队伍的整体素质并涌现出越来越多的高水平乡村教育工作者，以改变农村教育师资落后的社会现实。乡村卓越教师既可以理解为群

---

① 申卫革．乡村教师文化自觉的缺失与建构［J］．教育发展研究，2016（22）：50.

体卓越，就是乡村教师队伍的整体水平不断提高，师德风貌不断向好，教育质量日益得到社会的肯定，城乡义务教育均衡发展有了明显的好转。乡村卓越教师也可以理解为个体卓越，即乡村教师队伍中涌现出一大批优秀、顶尖的好教师，他们具有高超的教育教学能力、深厚的乡村教育情怀、主动变革创新的精神。他们深耕在乡村教育第一线，引领与促进乡村教育的高质量发展，形成了乡村教育的质量特色。

在特岗计划、公费师范生计划、国培计划、农硕计划等乡村教师专项计划的政策助推下，乡村教师队伍建设取得了历史性成就。"当前，我们正站在新的历史起点上，我国乡村教师队伍建设的问题已经从数量问题转变为留任问题、认同问题、质量问题、发展问题和生态问题等。"① 乡村卓越教师的提出是期待打破现有乡村教师队伍总体水平不高的现状，给乡村教师队伍注入一种追求卓越的精神气质，不因循守旧，不得过且过，勇于尝试、敢于超越，使自己的教育教学能力不断精进，教书育人水平不断提高，改革创新意识不断增强，从而不断走向卓越。提出乡村卓越教师的概念在于营造一个文化场，激发乡村教师的主动性、积极性，在卓越精神的召唤下不断提升自我、完善自我、成就自我。

---

① 赵明仁，谢爱磊. 国际视野中乡村教师队伍高质量发展的策略与启示 ［J］. 中国教育学刊，2021（10）：8－14.

第四章
农村卓越教师的个性特征及其成长机制

农村卓越教师与乡村卓越教师、卓越乡村教师在本书中都是同一意义上使用，不作特别的区分。农村卓越教师作为一个学术词汇，早已进入专业研究工作者的视野之中。究竟何谓农村卓越教师，农村卓越教师的评判标准，目前尚没有权威的公论，但这并不影响对农村卓越教师的深入研究与探讨，也并不影响一些地方在教育主管部门领导下开始评选"卓越教师"，其中就有一定比例来自农村中小学的教师。这种活动的开展具有重要的价值意义，意味着对"卓越"的追求已经得到了学校、政府、社会的多方共识而进入实践的操作化状态，"卓越"的价值引导作用在逐渐变强。此外，各种有关的"卓越教师（校长）"培训也在不同层次和范围展开，其社会影响在不断扩大，追求卓越成为当代教师教育直面的焦点主题。

不论从追求的过程还是结果来看，我们须了解农村卓越教师具有怎样的个性特征，农村卓越教师成长的机制或规律是什么，这是不可回避的问题。下面对这些问题进行简要论述。

第一节　农村卓越教师的个性特征

个性是指一个人在一定的社会历史条件下，在社会实践中形成的、具有一定意识倾向性和稳定的心理特征的总和。① 个性既有先天的因素，但更

---

① 仪建红，于永. 大学生个性特征对比调查分析［J］. 中北大学学报（社会科学版），2005（5）：72－76.

强调后天社会环境的形成性作用，是个体区别于他者的独特的、稳定的心理倾向。个性特征是一个内涵丰富的概念，本书仅从教育学意义上来探讨农村卓越教师的个性特征。农村卓越教师具有哪些个性特征，拥有怎样特殊的内心世界，他们何以走向卓越，这是需要加以深入认识的问题。

一、案例赏析

案例一：钱老师，男，本科学历，岳阳市乡村学校教师。

在教学工作中，我不断钻研业务，潜心研究教材、教法和学法。精心处理好教学的每个环节，精益求精。课堂是教学的主阵地。我会研究每一节课，对自我的课堂教学作深度反思，与教师们共同研讨。我在长期的语文教学中，一向坚持落实三个方面：培养情趣、发现特色、培植思想。用语文课堂的情趣培植学生语文学习的情趣，借助语文的视角帮助学生发现生活的情趣并能改变生活的品位；善于发现学生的学习特色并强化为学生学习的自信；培植终身学习和人格完善的思想种子。在班里打造了口才训练、写作训练、社会实践活动等系列平台，以及古诗词诵读、经典美文介绍、学生习作交流等，得以在平时的课堂中健康生动地开展。我在课余时间不断地学习，在教育教学上，运用先进的教育教学理念来指导学生。

从教以来，我一直担任班主任工作，在班主任工作中，全心全意地带好每一届学生，通过多年的精心、爱心、潜心的教育，培养了学生优秀的道德品质和良好的学习习惯，当昔日的学生从四面八方用不同的方式向我表达感激之情的时候，我体会到了做一名班主任特有的幸福感。作为班主任老师，我关心学生就像关心自己的孩子一样，既要关心他们的生活，又要关心他们的健康，还要关心他们是否懂得怎样做人。这些看起来很平常，其实这正是一个教师爱心的具体表现。22 年来，我就是这样播撒着爱的种子，收获着爱的硕果。看着学生的不断成长，我感到由衷的高兴。

居里夫人说："我们应该不虚度一生，应该能够说，我已经做了我能做的事。"我负责学校科技辅导员工作，所以，2017 年从事科技创新教育开始，我的字典里没有节假日、没有追剧……所以我的办公室灯光常亮。我像海绵吸水一样不断学习，不断进取，不断严格要求自己。我带领学生开展科技创新教育，每年的岳阳市模型竞赛、湖南省科技创新大赛、科学调查体验活动、科学影像节等活动，我都参加了，并取得了一定的成绩。

我们学校是一所乡村学校。在学校里，我利用科学课组织学生在动手、动脑中学习科学知识；并且带领学生走出校园，深入厂矿企业，进行科学调查体验活动，撰写科学调查报告。成立科技兴趣小组，开展一系列丰富多彩的科技活动：小制作、小发明、小论文、科幻画、科学调查报告、SCRATCH编程教育等。还组织全校学生开展了科技活动周活动，进行科技创新讲座，讲授发明与创新的相关知识，让孩子们感受科学的魅力，学习科学家精神。将岳阳市科技馆科普大篷车活动引进校园，让孩子们感受机器人、VR技术，感受科学的神奇，畅游在科学的海洋中。希望借这些活动，点燃学生心中的科技梦想，培养创造力和创新精神，让科技创新的种子生根发芽……

时间过得太快，但是光阴没有虚度，还是过得那么充实与快乐。因为我始终相信：目标要高远，梦想要远大。既要仰望星空，又须脚踏实地。不断努力，不断取得新的成就。理想和激情，是让一个人永葆青春、保持奋斗热情最重要的源泉。回首过往的征途，我整个人像上了发条的陀螺，转个不停。累，真累，真的很累，但累并充实快乐着，是过去的真实写照。因为付出，所以收获。因为有明确的目标，所以那目标在前方如明灯般指引着自己。有优秀的榜样在前，作为后来者我得加快自己追赶的步伐。成绩的取得，是前进的动力。伦勃朗说："人的一生很短暂，短暂得只能做一件事。"所以我得专注于自己的方向，心无旁骛，不疯魔不成活。我渴望站上更高的平台，时时仰望星空，去追求实现更大的人生价值，所有一切皆是因为一个不甘平庸的灵魂！科技创新教育，是值得我一生坚持和付出的事业，我将为之付出和奉献自己的全部努力，尽自己的微薄之力为科技创新教育事业作出自己的贡献！我也始终坚信，眼前是一条康庄大道，在这条追求卓越的道路上，我将走得更坚定、更执着！

案例二，郭老师，男，本科学历，某乡村中学教师。

出生八个月时右手被炭火烧伤，由于当时农村信息闭塞，知识贫乏，致使右手严重腐烂变形，三岁时他父亲身故母亲改嫁，接二连三的童年不幸为他种下了自强的DNA，他慢慢明白自己身体致残的原因不完全是炭火，更重要原因是知识贫乏和思想愚昧，所以他想走上讲台去传播知识，他认为教师的一份努力，可以成为阻断贫困代际传递的一份动力。

1998 年，他正式走上教师岗位。第一次走进课堂是在一所农村学校，留给他的回忆不是高兴与荣誉，而是挫折。当时他还没有开始做自我介绍，有一个调皮的男生用乡村人的纯朴和真诚，刺痛着他教书的"软肋"——"他只有一只手"。是的，身体残疾已经是事实，任何逃避只能加重别人的质疑，"虽然我身体有残疾，但思想上、工作上绝不能有残疾"，一番激烈的思想斗争之后他在黑板上用粉笔写下了一生的教书誓言："我身体上是一只手，教学上也要成为一把手。"

47 载人生路，他不忘初心，爱岗敬业，坚持做素质教育的探索者和实践者。他一直认为"教书育人是自己的职责，爱岗敬业是自己的本分"，他早晨 6 点去教室，晚上 10：40 回家，每天近 17 小时陪伴学生是他的工作常态，23 年没有打过牌，没有进过歌舞厅，没有参加过私人聚会，在一中 3 年除了教室、寝室、食堂几乎没去过其他地方，因为他认为忠于职守就是一种追求，作为教师，教室就是他的战场。

他曾有机会获得高薪，是去往外地追求高薪还是坚守家乡教育初心？"作为教师，他的成就不是赚多少钱，当什么主任，而是桃李满天下"，一中吴校长朴素的语言点醒了梦中人，吴校长深厚质朴的教育情怀让他明白"教师无论走到哪里都要少一些功利"，因此他把"一切为了学生，为了学生一切，为了一切学生"当作从教的最高准则，这正是一名普通教师在平凡岗位上爱岗敬业的体现，是诚恳踏实工作的行动，是收获教学成绩的前提，他 23 年如一日在平凡的工作岗位上做着平凡的事情，坚定地做学生成长路上的铺路石。

工作不能只靠拼，教书育人亦要注重艺术性的管理，他认为"没有爱就没有教育，没有爱就没有责任感""爱学生是教师教育学生的起点和基础"。在他的心里，对学生的爱，与教学质量并重，爱学生，但这种爱不是溺爱，更不是无目的的宠爱。他认为中学生的可塑性强，对学生一定要严格，"纵容学生的错误，无异于帮助学生犯错"。对犯错误的学生要开展批评，但批评要入情、入理、入心。他把对学生深沉的爱，化作对学生成长的艺术管理教育中。

任教 23 年以来，郭老师通过多种方式家访 1000 余人次，参与精准扶贫工作 10 多次，做各类励志报告 20 多次，其间付出了太多的时间、心力与艰辛。在一位学生的 QQ 空间里，有这样一段话：我们用拥抱来告诉郭老师，你的学生是如此地深爱你。这位同学说，他们这些学生选择拥抱老师，是担心伸出右手会出现让老师尴尬的情景。

他坚守教育报国初心，勇担筑梦育人使命，他是一位长期奋战在贫困山区的一线普通教师，他用自己在平凡中的坚守铸就了璀璨的荣耀，他用自己在朴实中的奉献书写了特殊的教育人生。

二、农村卓越教师的个性特征

(一) 素淡

素淡主要是指在物质追求方面的淡然、平适的心态，不斤斤计较，不汲汲于名利，不以收入、待遇为一切事物的最高价值。素淡不等于清贫，而是不畏清贫，保持一种不受物欲、利益所累的轻松自我状态，一种既不自我标高也不自我贬损的人格心理，从而体现质朴、真我的生命本色。这种"素淡"的个性还表现在对待荣誉、奖励等保持一种平和、超然的心境，不汲汲于虚名，不计较一时的得失，而保持对当下工作的专注。平心而论，优秀乡村教师完全不受外在环境因素的诱惑与影响，这是不现实的。他们在自我专业成长的道路上，有过面对农村不利处境的犹疑与彷徨，也有过内心的矛盾与挣扎，也有低沉与萎靡的时段。但他们在多方权衡后能走出迷雾，重拾信心，而较好地融入当下的教育生活，且不断砥砺自己的专业发展，从而成长为乡村名师，并升腾起改造乡村教育、提高乡村教育质量的强烈愿望。总体说来，他们沉浸在自己的教育世界而不注重追逐名利，不简单地向往城市的繁华，而是满足于远离尘嚣的宁静，满足于单纯的环境。① 因此，他们固守着自己的精神家园，坚持自己的教育梦想，实现自我人生的价值意义。某老师说："我不会为了荣誉而去刻意追求与付出，我的动力源于我对教育的钟情和对学生的爱，它支撑着我一如既往地前行。"

尽管国家对乡村教育的重视程度不断提升，政策制度重点倾斜，但乡

---

① 李继宏，李玮，冯睿. 优秀乡村教师特质研究：基于全国 300 位优秀乡村教师的典型案例分析 [J]. 中国教育学刊，2021 (10)：15 – 18.

村教师的待遇、地位情况仍然不够理想，城乡之间的差别依然不可忽视，这是无须掩饰的事实。乡村优秀教师应自动屏蔽外界的杂音与纷扰，抵御外界的各种诱惑，专注于案头的教育工作，保持心灵的超然与洒脱，建构起自由、宁静、爱意的生活世界，并从日常教育实践中获得内心的快乐与幸福。正如笔者调研的一位乡村优秀教师所说："我始终用一颗纯粹、快乐而专注的心去工作，并促使我的工作更出色，完成度更高，收获也就更多，而工作带来的收获又反过来滋养了我的生活。这是一个良性循环。"生活于偏远地区的优秀乡村教师，从物质方面来衡量，日子过得比较清苦。然而，作为乡村人民教师，他们为乡村孩子带来知识和理想，也能够实现自我的价值，获得精神的富足和心灵的充盈。

（二）坚韧

教师韧性是一种不断发展的品质，其本质为教师在他们所工作的环境中，个人特质和外部环境相互作用的动态过程[1]。一般说来，乡村教师工作条件艰苦，任务重，压力大，地位、待遇不高，长期扎根于乡村教育，特别需要有韧性以及执着的态度与精神。乡村教师由普通走向卓越，是一个长期的需要克服诸多环境不利因素的专业成长及不断超越的过程。在同伴互助、学习资源、校园文化、社会支持等方面显然不如城市学校的情势下，乡村教师要想获得成功，必须要付出更多的个人努力，承受更多的挫折及磨砺，甚至要具备"独处"、"寂寞地成长"的能力，不因外界的纷乱喧嚣而迷离。如某老师说："我对自己生活的安排，就像感冒片'白加黑'一样，白天在学校教书，晚上回家，就需要有自己独处的时间和空间。我需要有这样一段时间，为我的教学寻找更多的灵感。"这些独处、寂寞的能力，表现出乡村教师对理想、信念的坚守以及守拙、坚韧的人格品质。殊不知很多年轻教师怀着对教育的信仰和爱走向乡村，但在现实的不如意冲击之下却很快选择离开，理想与情怀碎落一地。显然，坚韧的品质是他们所不具备的。据对应届公费师范毕业生的调查可知，对"毕业后你是否愿意履约从教"，近60%的公费师范生选择"愿意"；当回答"合约期满后你

---

① 李琼，曾莉.何以坚守：乡村小学教师韧性特征研究［J］.教育学报，2017（1）：72 - 81.

是否愿意继续从教"时，明确表示愿意的公费师范生的比例降至 31%。① 显然，这些公费师范生对长期从事乡村教育是缺乏韧性与坚守心理的。

有研究认为，乡村小学教师韧性的十大基本特征，即对教师职业的强烈情感：热爱与认同、对学生的爱与责任感、对困难赋予积极意义、忍耐、知足、有成就感、专业发展活力、积极解决问题、善于人际沟通、积极情绪调节。② 对于优秀乡村教师来说，坚韧品质的形成来源于他们对乡村教育怀抱的责任，在于他们对所从事职业的一种强烈的认同感，在于他们认识到自己的付出对乡村教育发展的意义价值。尤为重要的是，这种责任与认同感转化成他们忠诚于乡村教育事业并愿意长期甚至终身坚守在乡村的内在动力，促使他们不断走向成功、走向卓越。

（三）自信

目前乡村教师存在的一个突出问题是缺乏专业自信或职业自信，从而消泯了向上进取和超越自我的锐气与勇气，从而职业生活陷入简单、平庸。分析其中原因，第一，在基础教育改革的大背景下农村教育无法跟上应有的行动步伐，相应的条件要素也不具备，于是乡村教师消极应付、冷眼旁观的心理随之产生；第二，城乡教育差距进一步拉大，教育改革的城镇化趋势高歌猛进，"在各项教育资源较为弱势的乡村学校开展'城市取向'的教学任务让乡村教师疲于应对"③，乡村教师的教育话语权日渐丧失，完全成为追随者、模仿者的角色，地位走向边缘化；第三，"在乡村环境中，乡村教师一直都是乡村社会中知识的代表，是乡村经济发展的重要力量，备受乡民的尊重和认可，但现在乡村教师的中心地位开始崩溃"④。在经济化浪潮的冲刷下，乡村教师受尊重程度下降，乡村中重教不尊师的现象比较普遍，乡村教师的社会地位不如以前，职业信心严重受损。

乡村卓越教师能克服上述种种不利处境，不是在随大流中淹没自己，

---

① 蒋蓉，李新，黄月胜，等. 地方师范院校公费师范生乡村小学从教意愿调查 [J]. 教育研究与实验，2019（6）：29-34.

② 李琼，曾莉. 何以坚守：乡村小学教师韧性特征研究 [J]. 教育学报，2017（1）：72-81.

③ 陈莉. 乡村教师队伍建设的困境与对策 [J]. 教学与管理，2020（1）：53-55.

④ 陈迎雪. 乡村教师"双重边缘化"问题探析 [J]. 教育科学论坛，2019（3）：60-64.

不是被不良的环境世俗同化自己，不是在城乡教育对比中迷失自己，而是以充分自信的心态面对一切。正视城乡教育的特点与差异，在对城市教育的"跟"和"跑"中注入自己的一份理性思考，进行合理的人生职业规划，根据乡村教育的实际探讨教学方法与教学组织形式的积极变革，形成自身的教育教学特色，提升学校的社会影响力，这是充分专业自信的结果。正如记者提问特级教师杨瑞清："您认为如何利用您所说的农村教育的优越性来发展农村教育？"他回答道："自信！不仅农村教育要能看到自己的优势而充满自信，农村的教师更应该自信起来。国家有责任改善艰苦的教育环境，在投入上进一步加大。农村教师更应该转变思想，不能把城市的一套东西生硬地搬到农村，不能没有自己的想法。"①

（四）乡情

乡情是涌动在个体心中对乡村人情风物的真挚、深厚、绵延的社会性情感，对于教师个体来说，则是对乡村教育、乡村社会不可割舍的热爱与守望，尤其是改变乡村教育落后面貌、为村里孩子架起智慧之梯的无私情怀。在不断推进的城镇化运动中，乡村教育的困窘及乡村文化的衰败已成为一部分乡村教师"逃离"现状的"重要助推力"，"逃离"不了、退而求其次则成为大部分乡村教师随遇而安、得过且过的现实选择。对于乡村卓越教师来说，他们的成长经历中不乏调入城镇学校或改行等多种改变环境乃至"命运"的"升迁"机会，但他们笃定扎根乡村基层、奉献乡村教育的全部动力在于对乡村的执念，包括乡民的殷殷嘱托。

乡情是流淌在乡村卓越教师心中的一种炽热情感，是一种沉甸甸的责任与使命，一种将自己的人生理想与乡村教育事业紧密联系的大爱与担当。正如特级教师顾泠沅在上个世纪70年代末针对上海青浦农村教育的落后情况，决心用"十年生聚，十年教训"的精神，探索一条大面积提高农村教育质量的改革之路。② 全国十杰教师杨瑞清一辈子都倾注于乡村教育，愿意用爱点燃农家子弟的希望之火。③ 这种乡情不再是肤浅的、表层的意向表

---

① 张彦春，朱寅年.16位教育家的智慧档案［M］.上海：华东师范大学出版社，2006：293.
② 雷玲.故事里有你的梦想：18位名师的精神档案［M］.上海：华东师范大学出版社，2007：45.
③ 张彦春，朱寅年.16位教育家的智慧档案［M］.上海：华东师范大学出版社，2006：287.

达，而是已内化为卓越教师的生命自觉。优秀乡村教师的乡情是一种自然的自发的情感，他们对乡村及其教育事业充满了爱与责任感，并发自内心地将乡村社会和乡村教育视为自身幸福感和成就感的重要来源。优秀乡村教师通过参与乡村社会活动或公共事务，从中获得了对该地区人文、地域的认同感和归属感，其乡土情怀也在日积月累中日渐加深，最终成为他们扎根乡土、坚守乡村教育的情感源泉。①

在此要特别指出的是，作为乡村优秀教师来说，乡情是他们自然内生的浓烈情感，也是支撑他们不断提高教育水平、改进教学质量的动力。但笔者在这里没有丝毫道德绑架的意思，也就是说乡村优秀教师必须一辈子驻守在乡村，托起乡村教育的全部希望，这反而是非理性的。乡村优秀教师也可以走出乡村，走向城市，在人才的正常流动格局下这并非是不可发生的发展路线。当然，他（她）一旦脱落了乡村教师身份，也就不再是本书研讨的对象了。

（五）求变

求变是一种思维，更是一种行动。乡村教育相对城市教育来说，容易偏向保守、维持原状、思想固化，一般乡村教师习惯于在自上而下的规则要求中简单行事，或习惯于沿袭旧方法、旧套路应对不断变化的教育挑战，满足于完成基本的教育教学任务，而对如何提高学校质量、创新学校文化却鲜有思考，改革探索意识缺乏。乡村卓越教师怀揣改变乡村教育之热忱，跳出因循守旧的惯性思维，以特色质量创建为先导，实施教育教学、课程设计、校园文化等方面的可能变革。他们根据乡村学校的实际，合理开发已有的教育资源，生成特色校本课程。他们作为行动研究者，不断践行新的教育理念，探求新的教学方法，反思已有的教育实践，推动学校往积极的方向发展。他们面对乡村教育的窘境，从来不自怨自艾，也不随波逐流，而是尝试演绎属于自己的教育精彩。所以，乡村卓越教师有一颗跳动的、求变的灵魂，总是希图在现实的不利局面中加以改变，探寻乡村教育的出路及发展方向，从而成就自身的卓越。

　　求变是乡村卓越教师的重要特质。案例一：永州市某乡村学校李校长秉持"世上没有最好的教育，只有最合适的教育"理念，认为乡村教育应该扎根乡村，需要在乡土之中孕育而生，而不是简单地从城市移植，于是提出"做适合乡村孩子的教育"，争取"办有乡村味道的学校"，让每个孩子成为最美的风景，打造"四味校园"——文化味校园、书香味校园、园林味校园、乡村味校园。其中劳动教育是学校的特色。2019年起学校在周边流转了20亩农田，建成了"耕读乐园"。每个班每周开一节劳动课，在"耕读乐园"进行劳动实践。其目的在于：一是树立并坚定"劳动光荣""劳动创造幸福"的思想，让学生爱上劳动；二是培养学生劳动技能技巧，养成劳动的习惯；三是通过劳动教育，实现树德、增智、强体、育美。同时"耕读乐园"还养了鸡、鸭、鱼，学生们呵护它们，同这些小家伙一起成长，体验和感知生命教育。通过劳动教育，让孩子成为最美的风景，受到社会的高度好评。案例二：新潮"农民校长"——金昌华①。"新潮""农民"，这两个看似矛盾的词，用在湖南省岳阳市君山区黄金小学校长金昌华身上再合适不过。"新潮"，是他在这个偏僻的农村小学当校长14年，力推国学与书法教育、劳动教育，创造农耕博物馆、植物园，组建学生龙狮队，建村小寄宿制学校，而且聘请清华大学人文学院院长为村小名誉校长，这在全国，至少在湖南，都是开创性的、新潮的。"农民"，作为教育者的金昌华校长来说，是他所做的所有事几乎都是围绕农村，围绕土地，围绕乡土文化，都是为了农民的孩子。一位到黄金小学参观的学习者感叹道："一副副独具匠心的楹联，开启了一扇扇传道授业的思想之门；一部部妙笔生花的书法作品，铸就了一道道博文明理的精神之墙。一条条圣贤路，一棵棵典故树，诠释着教师们传承灿烂文化的拳拳之心。一句句铮铮誓言，一条条腾飞巨龙，展现了学子们怀抱雄心壮志的昂扬风采。"正是在求变思维中两位校长走出不一般的教育人生，刻画了不一样的教育风景。

　　上述五个方面不足以描述农村卓越教师个性特征的全部，因为积极、乐观、谦逊等也是农村卓越教师内涵的个性特质，这里就不再一一赘述了。这些个性特征既是他们走向卓越的助力剂，也是教育生活促使个体领悟并

---

① 李伦娥，徐鹏．金昌华：新潮的"农民校长"［N］．中国教育报，2021－11－03（06）．

逐渐养成的自然结果。

第二节　农村卓越教师的成长机制

农村卓越教师的成长包含很多的因素与条件，但没有一个统一的、不变的发展模式。下面从内在机理、外在因素、实践路径三个方面分别加以阐释说明。最后列举六种农村卓越教师成长的方法。

一、农村卓越教师成长的内在机理

农村卓越教师成长的内在机理可以包括成长的内在影响因素及基本的成长规律。内在影响因素大致有职业认同、职业理想、主观能动性等。教师职业认同是教师对其职业及个体内化的职业角色的积极的认知、体验和行为倾向的综合体，既指个体形成职业认同的过程，也指个体对于目前从事职业的认同态度。① 职业认同大体包括职业价值认同、职业情感认同、职业意志认同等。教师职业认同是一个动态的过程，是指教师对个人从事的职业由内而外表现出的一种熟悉和认可的状态。② 职业理想是指对个人职业未来发展的一种想象、勾勒与计划，是个体专业成长持续上升的动力因素，积极、稳定的职业理想逐渐内化为职业信念。主观能动性是个体主观的努力程度，是个体成长的自主因素力量。

学者方健华指出，名师的专业成长可以划分为五个阶段：入职适应期，成熟胜任期，高原平台期，成功创造期，退职回归期。③ 这五个阶段实际上蕴含了两次发展：一次是由新手教师走向成熟；二次是突破高原期的困惑走向成功创造。钟祖荣提出教师专业发展的四阶段论：准备期、适应期、

---

① 魏淑华，宋广文，张大均. 我国中小学教师职业认同的结构与量表［J］. 教师教育研究，2013（1）：55－60.

② 章飞，陈蓓. 公费师范生教师职业认同的动力机制与强化路径［J］. 黑龙江高教研究，2020（1）：42－46.

③ 方健华. 名师专业成长的规律、影响因素与机制：基于名师成功人生的解读［J］. 教育发展研究，2011（Z2）：70－78.

发展期、创造期。① 还有其他专家也作出了近似的划分，揭示了优秀教师专业成长的一般发展路线，其中都经历了两次重要的发展。由此，我们认为乡村卓越教师专业成长的理论基础是二次发展论。二次发展论是指一个优秀教师的成长至少需要由两次成长构成，第一次成长是适应性成长，可称为发展的初级阶段；第二次成长是反思性成长，可称为发展的高阶阶段。第一次与第二次成长的中间地带则是个体成长的高原期，也可以说是发展的瓶颈期。第一次成长是第二次成长的基础，但并不必然引起第二次成长的发生。简单说，一个教师要走向成功，仅有第一次成长是不够的，起决定性作用的是第二次成长。

进入第一次成长期的标志：（1）熟悉教材；（2）对教学的基本步骤与方法的掌握；（3）对学生的关注；（4）有与同伴合作的强烈愿望；（5）开始追求学生的考试成绩。经过第一次成长周期之后，新职教师逐渐适应了教育教学生活，懂得了教学的基本要求并掌握了一定的教学方法技术，具备了管理班级和课堂教学的实施能力，在专业素质方面有了明显的提升，成为一个合格甚至可能成为学校骨干教师。但经历了第一次发展之后，随之进入一个迷茫、徘徊不前的时期，即进入专业发展的高原期，主要有以下特征：（1）很难感觉到像前一个时期那样快速成长，发现很多事情都是在重复；（2）能保持中等状态的教学效果，即使努力也没有明显的提高；（3）工作内容和范围长期没有变化；（4）发现从同伴那里不能再学到更多的东西；（5）工作热情明显下降；（6）开始关心教学理论，但又觉得理论的适切性不强。

高原期对教师具有自蔽性，身处高原期的教师往往不能觉察到自己的处境，大部分教师也走不出这种状态，从而使日常教育教学走向庸常或简单的重复，职业热情、创新意识遽然下降。但一部分老师突破了高原期的困惑、迷雾，点亮了新的教育生命，也就是进入了第二次发展期。其呈现的特征有：（1）原来不太关注或不感兴趣的事物，开始成为重要的生活内容或工作内容。不仅对教学问题感兴趣，而且对教材、教学评价、教学管

---

① 王莹莹. 小学教学名师的成长规律与培养策略研究：以重庆市小学教师为例［D］. 重庆：重庆师范大学，2014：10.

理等开始感兴趣；（2）关于教育教学和人生事业方面有了与同伴不同的理解；（3）开始对某一种理论有热情，甚至成为某种理论的追随者、仰慕者；（4）非常注意对自己的教育教学过程中产生的一些资料的搜集；（5）在工作或生活中对一些固定的看法与做法不满意；（6）开始在内心怀疑自己过去的一些信念，开始能接受他人对自己的批判甚至否定；（7）跟第一次成长相比，其成长目标抽象化、虚化。如果说第一次成长的目标是以"做一个什么样的老师"为追求，第二次成长更多的是以"不做一个什么样的老师"来体现，从否定中找到新的立足点、生长点。

农村卓越教师的成长遵循"二次发展论"的内在逻辑，只有经历了"二次发展"，乡村教师才有可能走向卓越。与此相联系，乡村卓越教师的成长大体经历了哪些称谓阶段呢？如前所述，钟祖荣提出教师专业发展的四阶段论——准备期、适应期、发展期、创造期，每个阶段结束时教师的称谓分别为新任教师、合格教师、骨干教师、专家教师。[①]"专家教师"与本书论述的"卓越教师"基本相对应。朱嘉耀在《走出一条名师培养的南通之路》中指出："国内外关于教师专业成长的研究普遍认为，由新教师到优秀教师，大概经历四个阶段：适应期（新手教师）——胜任期（合格教师）——熟练期（教学能手）——成才期（优秀教师）。"[②] 其中"教学能手"大致相对于骨干教师，"优秀教师"等同于本书所讲的"卓越教师。"教育部《关于实施卓越教师培养计划 2.0 的意见》中提出："到 2035 年，培养造就数以百万计的骨干教师、数以十万计的卓越教师。"基于上述观点，我们将新任教师、合格教师合并统称为"职初教师"，从而将乡村卓越教师的专业成长分为三个发展阶段：职初教师、骨干教师和卓越教师。这是一个相对粗略的划分，揭示了乡村教师从普通走向卓越的专业发展历程，每个阶段大致具有以下内涵特征：

1. 职初教师

这是岗位入职的初期阶段，也称新手阶段，指师范毕业生分至乡村学

① 王莹莹. 小学教学名师的成长规律与培养策略研究：以重庆市小学教师为例［D］. 重庆：重庆师范大学，2014：10.

② 朱嘉耀. 走出一条名师培养的南通之路［J］. 江苏教育研究，2011（24）：22 – 26.

校对有关教学、管理、育人、环境等逐渐适应的过程，时间为 1 至 3 年，有的还要多持续两三年，这一阶段的特点主要是学习与借鉴，在交流与研讨中积累经验逐渐适应教育教学生活。教师教育是一门实践性强的专业，新入职教师在进入一个新的工作场域中需要实现从"理论话语"向"实践话语"的转化，普遍性知识向情境性知识的转化，即培养起对具体教育实践问题的分析、解决能力及教育智慧的提升。此外，他们从繁华的都市来到相对闭塞的乡村，在适应角色转变的同时还有适应新环境的问题，在认知与情感方面需要达成新的平衡，找到新的出发点。

"由师范生到正式任教是一个突然而急剧的变化，他们从一个有所依赖、较少责任的学习环境被推到了一个肩负多种使命而又近乎孤立无援的岗位上，由此面临的种种问题对多数人来说都需要经受相当严峻的考验。"①有些新手教师在这个阶段上手很快，展现了较强的适应能力，逐渐胜任了教师岗位职责的多种需求，为顺利过渡到下一阶段打下了厚实的基础，并赢得了周围人的尊重与信任。根据"二次发展论"，这个阶段属于第一次发展的前期阶段，但已具备了适应教育教学需要的效果。

2. 骨干教师

这一阶段是指教师个体对教育教学的管理制度、任务要求、目标体系等有了清晰的认识与全面的把握，能进行有效的教育教学设计并顺利实施，能独立解决教育教学中的疑难问题，能组织开展教学评价与教学研讨活动，能建立融洽和谐的家校沟通合作关系；且已形成了自己初步的教学风格，并代表学校参加有关青年教师教学比赛而崭露头角，也有参加外出培训学习或经验交流的机会，开始被学校与社会所关注，从而成长为学校的骨干教师。这一阶段是乡村教师成长最快的时期，也是教育教学能力相对成熟而初试锋芒的时期，显露出某些"卓越"的特质。

骨干教师是乡村教师专业成长的第二个阶段，这一阶段教师的专业自主能力凸显，有了一定的自我反思意识，在借鉴模仿的基础上，注入了自己的思考与创新。按照二次发展论的观点，成长为骨干教师基本上还处在

---

① 袁锐锷. 教师专业化与高素质教师：经验、理论与改革实践 [M]. 广州：广东高等教育出版社，2007：42.

第一次发展阶段，但已有了部分第二次发展的内在因素，然而还不充分、不完全，有待提升到更高的专业境界。骨干教师可以说是优秀教师，因为有了诸多优秀的表现或者优秀的潜质，需要进一步向卓越提升。

3. 卓越教师

进入这一阶段的教师对学校教育的理解能力、课堂教学的驾驭能力、学生学习的认知能力有了深切的把握，具有教育反思的态度与精神，树立了教育专业的理想与信念，专业化发展进入"卓越"层阶。处于这一阶段的乡村教师开始形成自己的教学风格，教学模式有了自己的个性化追求，"生本"意识强烈，学生的学习兴趣得到充分激发，展现了个人的教学魅力。同时，这一阶段教师注重总结、提炼自己的教育教学观点和理论，撰写建立在丰富实践基础上的教研论文公开发表，在校内外产生了一定影响，示范效应已经很明显。尤为重要的是，这一阶段的教师不仅仅关注教学本身，不仅仅关注学生的学业成绩，而且关心教育教学是否给学生带来愉快的感受，是否有利于实现更多学生的成长进步，是否有利于学生的全面发展，是否为每一位学生的终身幸福奠基，这是他们不懈努力的方向，也是他们献身教育、叩问教育的力量源泉。

卓越教师是农村教师专业成长的第三个阶段，也可以说是最高阶段，是他们毕生不懈的追求，因为卓越是没有限度的，可以更加"卓越"——走向教育家型教师。从教师专业成长的"二次发展理论"来说，卓越教师是经历了第二次发展的瓜熟蒂落的结果，而且是第二次发展充分的、自觉的结果。

二、农村卓越教师成长的外在因素

农村教师的成长受很多因素制约，一般可以分为主观和客观两方面。主观方面主要指个体的主观能动性、努力程度、机会的创造与把握、人际交往与协调能力等，这些对于个体来说是内生的、可控的、自主的，属于内源性因素，在此不作详细论述。乡村教师成长走向卓越的过程，外在的客观条件即外源性因素不可或缺，甚至非常重要，主要表现以下几个方面：

（一）校长的领导方式

校长的领导方式也叫领导风格或领导类型，是指领导者用来行使权力和发挥领导力或影响力的方式。不同的领导方式产生不同的团体或组织气氛，并因此对团体或组织的工作效率产生深远的影响①。一般说来，校长的领导方式可以分为专制型、民主型、放任型几种，但现实中专属于某一种类型的很少，而是各有侧重。乡村学校一般规模较小，教师人数不多，教育条件、资源比较有限，环境比较不利，教师的职业态度、职业追求与校长的领导行为有着更为直接的关系，其中民主关怀型的领导方式最为值得提倡。民主关怀型校长强调对老师的理解与尊重，表现出对下属的关心、爱护和激励，尽可能给年轻教师提供更多的发展和展现自我的机会平台，促使他们更快的专业成长，为他们走向卓越给予强大的心理支持。笔者在与乡村优秀教师的交流中，他们均感叹校长民主、宽容、有爱的领导方式是自己前行中重要的助推力量，是他们无惧风雨、朝着教育理想目标奋进的现实依靠。一般来说，乡村学校的校长都比较爱护教师，尤其是青年教师，但一边给青年教师压任务的同时，能否给以有效的指导却是青年教师成长的关键。有些校长们注重锻炼年轻教师，希望他们能快速成长、独当一面，给予的支持力度却明显不够，相反还不利于青年教师的成长，容易使他们产生职业倦怠或职业疲惫，后劲发展不足。所以，真正优秀的校长是一位托举者，既使年轻教师受到各种有助于发展的锻炼，又使他们有足够自主发展的空间与平台，并激励他们不断向上发展。

正如"在 H1 中学的访谈过程中，每一位老师都会提到这个学校的校长——Q 先生。他被认为是一位极具魄力与人格魅力的教育使者。他为他的学生们创造最优秀的教育环境。因为，他为他们选拔、培养了一批最优秀的教师。给教师提供一个成长的舞台，给他们足够的时间去创新、去实践，为他们引进最前沿的知识讲座……这些，是这位校长一直在做的"。英语 S 老师对此由衷感激，他说："我做教研创新的时候，学校的英语教学正处在低谷时期，我接手了。我告诉校长，我们这个'一体两翼'模式一定能成功，但是你得给我时间。这时校长就真的比较大度，他很信任，给了我三年的时间，而不是要我马上出成果。要知道'三年'和'一年'大不一样

---

① 左明燕. 中小学校长领导方式对教师组织承诺影响之研究 [D]. 长春：东北师范大学，2006：9.

啊。'一年'，我肯定是急功近利了，但是时间够了，我们就真正地去创新、去摸索。"① 校长的领导方式及对下属的关怀程度对教师的发展来说会产生积极有利影响。

（二）学校文化氛围

教师作为一个社会角色，其"本质是一切社会关系的总和"，他的成长不仅受个体特征的影响，而且受到教师群体文化的熏陶、感染、同化。所谓群体，是指为了实现特定的目标，两个或者更多的人相互依存、相互影响、相互作用而形成的组合。② 简单说来，就是学校文化氛围的问题。学校文化氛围表现为学校的精神风貌、人际关系，是学校生命力的一种表征。学校文化一般包括物质文化、精神文化、制度文化，本书不作详细阐述，在此主要讲的是教师文化，因为教师是学校文化的重要建构者和活动载体，是行走的学校文化。何谓教师文化？加拿大学者哈格里夫斯认为，教师文化包括内容和形式两部分。内容上包括特定范围的教师集体共享的态度、价值、信念、习惯、假设以及行为方式等。形式包括处于特定文化群体中的教师之间的人际关系模式和联系方式，其划分的标准主要是同事之间的人际关系状况如何③。哈格里夫斯的教师文化论给了我们很大的启发，可以推知：第一，积极进取、健康向上的教师文化环境对生活于斯的教师而言具有极大的促进提升作用，消极散漫、暮气沉沉的教师文化无疑影响了教师个体的发展。第二，合作型教师文化使教师之间能够相互学习、彼此借鉴、共同成长；个人主义教师文化倾向各自独立、缺乏交流、暗地竞争甚至互相排斥，不利于教师个体的发展。从人际关系角度来看，合作型教师文化趋向营造学校良好的人文氛围，同事之间充满关爱、友谊、团结，教师的职业幸福感、归属感因此强烈；个人主义教师文化使整个队伍缺乏黏合的力量，无助于教师个体的专业成长。目前乡村学校教师文化总体来说不尽如人意，得过且过、不思进取、退休心态在某些学校甚为流行，极大地影响学校教师队伍尤其是年轻教师的专业发展。所以，培育积极、健康

---

① 张永铃. 卓越教师及其成长研究 [D]. 上海：华东师范大学，2012：42 - 43.

② 张永铃. 卓越教师及其成长研究 [D]. 上海：华东师范大学，2012：41.

③ 马玉宾，熊梅. 教师文化的变革和教师合作文化的重建 [J]. 东北师大学报（哲学社会科学版），2007（4）：148 - 154.

的学校文化，倡导合作、进取的工作作风，是学校教师走向卓越的文化基础。

（三）乡风

乡风，最基本的含义是乡里风俗，现今的语境多指风气。社会主义新农村建设有乡风文明这一要求，"乡风文明"既包括了乡村整体的道德风尚和良好风气，也包括了村民个体的良好思想状态、精神风貌、文化素养等。① 乡风文明是一个综合的概念，本书所讲的乡风主要侧重于尊师重教的风气方面。尊师重教自古以来就是我国一个优良的文化传统，也是乡村文明进步的重要保证。新形势下由于各地的经济发展、人情世故、文明程度的不同，乡镇农村的尊师重教风气也出现较大的差异。乡村教师尽管主要的工作场域是在学校里面，但是需要与周边社区或各级机构发生方方面面的互动关系，从而充分感受"乡风拂面"的身心体验与潜在影响。在乡风淳朴、尊师重教风气蔚然的乡镇，乡村教师普遍感受到职业的安全感、愉悦感、成就感以及来自乡民的信任爱戴，从而转化为奉献乡村教育而砥砺前行、不断追求进步的行动力量；在世风日下、尊师重教风气低迷的乡村地区，教师难以感受到职业应有的地位与尊严，专业发展以及心理受挫，职业倦怠感相伴而生。由此可见，乡风对乡村教师的专业成长尽管不是决定性因素，但在一定程度上影响了其职业信念的形成及专业发展的动力。

乡风不是一个静止的概念，它是一个动态的、衍变生成的概念，而且不能一概而论。随着市场经济兴起而引起的某些价值观、利益观的偏失，物质主义、拜金主义的盛行，集体意识、利群观念的淡化，乡风受到某种程度的侵害无疑是现实存在的，尊师重教的风气下降也是肉眼可见的。但随着乡村振兴战略的实施以及和美乡村建设的推行，乡村教育的重要性被重新认识，有利于教师情感所系、生命相依的淳朴乡风日益凸显。此外，感受乡风与教师个体的表现也有相互作用的关系，有的教师正是因为高度的责任感、敬业态度、爱生情怀受到了村民的尊重与厚爱，反过来又进一步影响了教师的职业选择，激发了坚守乡村、改变乡村教育的强烈意愿，助力个人向更高水平发展。

---

① 许晴. 弘扬文明乡风建设和谐新农村 [J]. 江南论坛，2008 (1)：26 - 27.

（四）重要人物或关键事件

任何个人的发展都不是线性的、匀速的，必然会伴随有某个关键点或节点的出现，这跟某个重要的人物或关键事件有关，从而极大地影响个体的发展方向与成长进程。对于乡村教师来说，这些重要他人或关键事件可能是学校校长特别的信任与关注，可能是某位教育主管部门领导在推门听课后给予的高度赏识与肯定，或者在某次县市级教学竞赛取得了优异的成绩，或者是某项教育改革实验研究有了公认性的成果，或者是某种看似平常但实则不平常的教育奉献行为而引起的社会关注，都有可能成为他快速成长的"触发器"。如特级教师管建刚一次偶然的机会在当地报纸上发表了一篇豆腐块小论文，从而一发不可收，促成了他习作教学的丰硕研究成果；特级教师吉春亚因为一次市教研室下乡听课的机会被教育局教研室的专家赞赏，从此获得了多次登台比赛展示的机会而成长为一名特级教师。这些关键的人和事是撬动教师职业人生的重要"杠杆"，使他们走上专业成长的"快车道"，成为优秀或卓越教师。但这些重要人物或关键事件并不是由什么"神秘"主宰，实际上每个人都有可能获得或遭遇，只是对每个人来说并不构成同等的意义或价值，也即对某些人来说可能变得不重要或不关键，这跟每个人的准备状态有关。关键人物或事件的影响并非成就卓越教师所必需的因素，但它却对卓越教师的职业成长有着至关重要的影响。

重要人物或关键事件往往构成个体发展中的重要支点，或者教师个体非线性发展中的"奇点"，从而加速推动了教师专业发展，使教师个体走上了新的专业境界。这种重要人物或关键事件并不是无缘无故发生的，更不是"天上掉馅饼"的奇遇，而是对个人辛勤付出、长期努力的一种肯定、一种褒奖，一种积极的正向激励，从而转化为个体向上无限提升的契机与勇气。

三、农村卓越教师成长的内在因素

农村卓越教师成长的内在因素即主观因素，是个体可控的因素力量，与个体主观的付出、努力程度和勇于行动实践等分不开。主要有以下几个方面：

（一）自主学习

教师成为"学习者"应该是一个基本的职业要求，也是现代社会赋予每个教师的专业责任，舍此就不能成为真正意义上的教师。农村卓越教师首先是一个强烈的自主学习的践行者，通过阅读与思考不断提升自我的专业素养与专业水平，不断了解教育改革的新理念、新方法，不断丰富自己的教育视野与拓展知识边界。自主学习不仅表现为向书本知识学，还更多地表现为向他人学，获得专业的指导与帮助。同时，利用可能的机会走出学校，参加各种进修、考察、培训，促进自己的专业成长。农村卓越教师将自主学习变成了一种生活方式，成为了一种行动自觉，从而在充实与完善自我中走向更高的专业阶梯。

（二）责任意识

韩愈道："师者，所以传道受业解惑也。"这是阐释作为教师要承担的基本职责。《中华人民共和国教师法》第八条规定了教师应当履行下列义务，如"关心、爱护全体学生，尊重学生的人格，促进学生在品德、智力、体质等方面全面发展""制止有害于学生的行为或其他侵犯学生合法权益的行为，批评和抵制有害于学生健康成长的现象""不断提高思想政治觉悟和教育教学业务水平"等。教师的义务从某种角度上说就是作为教师的职责或责任。农村卓越教师具有高度的责任意识，以学生的发展作为工作的全部重心，以学生的成长作为育人的根本指南，全面提高教育教学质量是工作的出发点与归宿。责任意识反映到教师身上则表现为工作态度，责任意识越强则工作越积极、主动，对工作的要求越高，对学生的关心、关爱越多。尤其是在农村教育资源相对比较薄弱的情势下，要求农村教师具有更高的责任意识，扮演好学生的知识的传授者、能力的塑造者、心理的引导者、安全的守护者等多重角色。在教学任务和课外辅导都比较繁重的情景下，这对教师的专业能力与职业素质是严峻的考验。在责任心的动力驱使下，秉持对学生负责、让学校放心的态度，教师能认真对待每一件细小工作事项，激发个体的最大潜能，较好地促进自身的专业发展。反之，责任意识淡漠，激发不出教育的热忱，疲于应付，缺乏主动性、创造性，教师的专业成长则难以有根本的提升和转变。

（三）事业心

事业心，简单说来就是对待工作的热情与干劲，对职业成就的一种筹划与期待。陶行知在《整个的校长》一文中明确指出：校长要办好学校，必须做"整个的校长"，而要做"整个的校长"，就得用上"整个的心"。这"整个的心"，当然必须包括强烈的事业心。① 具有强烈事业心的校长总是信心十足，能克服各种困难，带领全体教师共同为办一所优质学校而努力奋斗。缺乏事业心的校长，就会失去工作热情，缺乏干劲，在困难面前畏缩不前。同理，事业心是支撑教师不断走向优秀与卓越的基石，是热爱当下工作的活力源泉。农村教师的"事业心"表现为对教育的"大爱"，不是对农村教育现状的简单不满，而是充满了对改变农村教育面貌的美好愿景，对学校一切工作的全心投入与无私奉献，对自己专业成长与阶段性发展的积极关注，对职业生涯成就的一种总体规划与不懈追求。因此，"事业心"是农村教师主动发展的直接动因。

（四）勇于实践

勇于实践是一种行动品格，是为改变现状而付诸行动的一种勇气、一种尝试与创新。勇于实践往往能突破既有的模式与传统，在教育改革中积累经验，增长新知，获得预设的教育效果。农村教育由于远离城市，教育改革的意识、行动力相对较弱，惯性思维、以不变应万变的现象比较明显，大胆尝试、敢于实践的精神比较缺乏。农村卓越教师针对农村教育落后的现实，探讨走出特色发展之路，形成自己独特的教育理解，并努力在行动中付诸实现。这种勇于实践的行动品格给教师本身带来诸多挑战，在挑战中成就自我、走向卓越。"勇于实践"的向度是多方位的、全面的，不仅是课堂教学方法的改革，或者教育评价方式的改变，而且是寻找教育现实的某种突破口。做出有价值意义的教育活动，可实现师生的共同进步、共同成长。

---

① 刘先文. 做"五心校长"　办"五星学校"［J］. 安徽教育科研，2020（3）：23－24.

案例一：全国最美乡村教师——吴金城①

80后乡村教师吴金城，大学毕业后，放弃去深圳教书等多种机会，最终选择在乡村当个代课老师。在做代课教师的同时，吴金城做起了豆腐。因为家离学校有一个小时的山路，为了赶在9点前到学校，每天早上都是5点钟起床，利用两三个小时的时间把前一天晚上泡好的豆子做成豆腐。吴金城的豆腐在全村都是有名的，一般不到20分钟就能卖光，每天能净赚12元左右。但这么辛苦挣钱，不是贴补家用，而是全部用来给孩子们买学习和体育用品。从黑板到三角尺，从跳绳到羽毛球拍，从修缮学校用的石棉瓦到奖励孩子们学习的字典、糖果，都是靠吴老师每天挣的12块钱，一点一点买回来的。他所在的茶寨小学教学点是典型的"一师一校"模式，吴金城既是老师，又是校长；既是管理员，又是保姆和维修工。大学实习期间，吴金城只教语文，这五年来，吴金城要教三个年级的全部课程，进行复式教学，工作量增加了很多，吴金城像一个陀螺，不停地转。再苦再累，他也坚持起早摸黑磨豆腐，因此被称为"豆腐老师"。他最大的心愿，就是不让一个学生因贫穷而辍学。几年来，吴老师不断做家访，使茶寨小学的学生由28个增加到48个，茶寨村适龄儿童的入学率、巩固率都达到100%。2012年他被评为"全国最美乡村教师"。

案例二：湖南教书育人楷模——麻小娟②

麻小娟，女，常德市鼎城区蔡家岗中学教师，第十四届全国人大代表。从教8年，她坚持为农村住校留守儿童讲睡前故事，积极创新教育形式，让故事从宿舍进入音乐课堂，曾获"中国好人""湖南好人""湖南省优秀教师"等荣誉，2023年获评"湖南省教书育人楷模"。

2015年，麻小娟从湖南第一师范学院音乐学专业毕业，考入鼎城区周家店中学任教。除了教音乐，她还要当班主任，教其他学科。"全班46人，寄宿生26人，其中18人是留守儿童。"每次去查寝，孩子们总是想要她多留一会儿。她发现，"缺爱""不善表达""渴望得到关注"，是农村留守儿

① 2012最美乡村教师吴金城材料［EB/OL］. (2023 - 01 - 20)［2023 - 12 - 11］. https://ishare. iask. sina. com. cn/f/dyBt7qa9PG. html.

② 湖南教书育人楷模——常德市鼎城区蔡家岗中学教师麻小娟的故事［EB/OL］. (2023 - 09 - 10)［2023 - 12 - 11］. https://baijiahao. baidu. com/s? id = 1776625786070222726&wfr = spider&for = pc.

童普遍存在的心理。她想起自己从小到大都爱听故事，学生是不是也喜欢听呢？她决定试一试。她来到女生宿舍，给孩子们讲述自己和外婆的故事。然而，由于紧张，导致表达并不流畅，她心里没底。直到第二天下午，孩子们围着她问："老师，今晚还来讲故事吗？"感受到他们的期待和渴望，麻小娟备受鼓舞。于是，她开启了和学生的"故事之旅"。2016 年，麻小娟调入了鼎城区蔡家岗中学，睡前故事会跟着她继续。她把故事会时间固定下来，每周一、三在男生宿舍，周二、四在女生宿舍，选择的故事蕴藏着深刻的主题，内容有的来自书本，更多的是她和学生的点点滴滴。8 年间，麻小娟坚持为学生讲了 1000 多个故事。"她讲的故事，寓教于乐，已形成一套故事教育体系。"蔡家岗中学负责人说，"她喜欢讲，学生们更喜欢听，并且将故事带进了音乐课堂。"

上述两个案例告诉我们，农村教师的勇于实践体现为某种精神指向——是以学生为中心的教育改革行动，是根据农村教育的具体情况和资源条件开展有价值意义的创新工作，服务于学生的需要，有利于学生的成长，同时也促进了教师的专业发展。

四、农村卓越教师成长的方法举隅

农村卓越教师的成长没有统一的、不变的规律，没有可以照着做的标准程序，成功的路径毕竟不止一条。但没有"标准"并不意味着就没有"方法"，农村卓越教师的成长有其内在的共通性、相似性特征。重要的是，"农村卓越教师"是一个价值符号，本书关注的是如何"走向卓越"，而不是"已然卓越"的检核标准。下面本着"引导走向卓越"的逻辑思路，关注教师个人的主体行动，归纳出农村卓越教师成长的方法路径包括以下几个方面。

（一）专业规划——构建梯次发展目标

专业规划是教师对自己专业发展的各个方面和各个阶段做出的设想与计划。具体包括：教师对职业目标与预期成就的设想，对各专业素养的具体目标的设计，对成长阶段发展曲线的设计，以及为了实现目标而采取的措施等。[①] 专业规划是对个体未来发展的一种构想，要体现梯次发展目标，

---

① 张静. 基础教育名师专业成长历程的个案研究［D］. 重庆：西南大学，2008：25.

即呈现层次性、阶段性、递进性的总体特征，表明个体在专业能力、教学水平、职称荣誉等方面层级上升的发展态势。

"名师之所以成为名师，是因为他们努力要成为名师"，专业规划是唱响教师个体如何积极主动成长的序曲，也是助力教师向上攀登的无形支架。刚入职的乡村教师尽管处在不利环境之中，但可根据乡村教育的特点及可能的外部条件作出科学的、合理的、前瞻性的专业发展规划，包括如何成为学校青年骨干教师、担任学科教研组长、代表学校参加教学竞赛获奖、带毕业班出成效、学习培训计划、学历提升计划及职称职务晋级等，并将它转化为实实在在的教育行动。这是他们描摹教育职业图景的真正开始，也是走向卓越的现实起点。

（二）他山之玉——拓展专业发展平台

首先，学校安排"青蓝工程"师徒结对制度，年轻教师要向有经验的老教师虚心学习，希望得到他们的悉心指点，在教育教学中少走弯路，实现专业能力的较快发展；其次，借助其他外部资源，联系本地的教学名师结成师徒关系，通过观摩学习他们的教学方法与艺术，探讨交流自己教学中的得失、困惑，提升自己的教育教学能力；最后，利用外出学习培训的机会，借鉴学习他校名师的教育理念与教学方式，拓展自己的专业视野，提高教学水平。

名师专业成长中普遍存在"师承效应"现象，是指名师可以带动、孵化、培育出新的名师，所以乡村教师要主动拜请名师，争取得到名师具体、有效的专业指导，这是不可或缺的专业提升路径。但在一个价值多元、思想纷呈的时代社会，还要持以开放的心态，发挥"转益多师"的增值效果，即向不同的名师学习，综合受益。因此，乡村教师要突破地域的限制，利用现代便捷的通信技术与网络手段，搭建与外部联系沟通的桥梁，拓展专业发展平台，提升专业发展水平。

一个叫朱一花老师的陈述：

我常常这样对自己说，我是幸运的，因为我抓住了教育在线这条强劲的缰绳，她拉着我不断前行。而更让我终身受益的是成为全国著名德育特级老师张万祥老师的网络弟子。

2003 年 11 月份，班主任论坛中的《班主任工作创新艺术》闯进了我的视野。张万祥老师每隔两天发出《班主任工作创新艺术 100 招》，让我足足品尝了一个多月的精神大餐。张万祥老师是何许人也？读着张老师的招数，沐浴在他的智慧下，我带着好奇心给张老师发了一个短信，张老师居然在新年之际给我发来视频："给你拜年，祝新春好！祝你的事业像春笋一般节节高升，祝你的心情在春风的吹拂下永远愉快！感谢你对我的鼓舞与支持！"我不禁感慨万分。

网络中，我一如既往地发帖，读帖，讨论着。2004 年 2 月，我终于开辟了自己的主题帖《新学期日记》，记录下我在教育教学中的点点滴滴。此后，成功时，朋友们分享我的快乐；失落时，他们给我燃起希望之火；痛苦时，他们无尽的祝福让我的天空灿烂无比。

当我沉浸在自我成长的喜悦中时，班主任论坛中曝出特大喜讯："全国著名特级优秀班主任，德育特级教师，享受政府特殊津贴专家张万祥老师，为了他深爱的教育事业，为了把论坛优秀的青年教师送上一个更高的教育平台，为了班主任论坛的创新繁荣，为了发挥余热，义务在班主任论坛招募学员，预计首批 3 至 5 人。"原来，原来张老师是全国著名德育特级老师！张老师招募学员的好消息着实让我兴奋了好几天。然而，没过多久，我便泄气了。一是因为拜师的参与者多，而且他们都是教育战线上的佼佼者，而我只是刚刚毕业不到 6 年的农村小学教师，功底之差使我难以自信。二是首批只招募 3 至 5 人，名额之少更让我觉得希望渺茫。

尽管如此，不知天高地厚的我还是紧锣密鼓地参与到考试的大军中。第一轮书面考试过去了，第二轮的文章考核又过去了，第三轮是张老师的考察。我在焦急和期待中等待，我的心七上八下的。张老师和红袖老师那严密的策划，成为论坛中一道亮丽的风景线。当张老师宣布学员的那一刻，我屏住呼吸，内心的万丈狂澜只有自己知道。也许是我的执着感动了张老师，我居然成为了张老师的首批网络弟子！①

（三）校本学习——智慧分享共同成长

校本学习就是校本教师学习，教师学习是在教师工作的真实场域中为

---

① 张万祥，万玮. 教师专业成长的途径：30 位优秀教师的案例［M］. 上海：华东师范大学出版社，2005：63 – 64.

尝试新鲜事物教师间的共事合作，它是一个动态协助、不断探究的过程，其间教师在合作共同体中构建本土知识，教师也将从日常实践中不断学习、合作探究，并不断提升其教师专长。① 校本学习基本上是以学科教研组为单位，教师在相互信任、平等探讨中交流意见、想法、思想，形成集体共识，凝结群体智慧。

校本学习也属于校本研修，是一种以教师课程教学实施过程中所遇到的各种问题为研讨对象，为了解决本校的教学问题，达到提高教学质量的目标。校本学习具有本土化、情境化、实践性、低重心的特征，是教师之间思想的分享、理念的渗透和情感的交融，是教师专业成长的必要途径，是教师合作文化的生动体现，有利于教师从经验型向研究型转变。对于乡村教师来说，在其他资源相对薄弱的情况下，校本学习是个体发展的重要依靠，是内生性的学校支持力量，且可以激励团队共同成长进步。乡村学校还可以外请专家来校进行业务指导或专题培训，促进校本学习的多样化及优质化。

（四）教研并重——双轮联动助推发展

教师不仅是教育者，还是一个研究者，教学与研究构成教师个体发展的重要两翼。一般来说，作为中小学教师，搞好教学是完成了他的本职工作，其也可以成为胜任型或熟练型的教师。若教师专业发展想要上升至更高层次，则必须加强对教育理论的系统思考，加强教育理论与实践的有效结合，加强对教育实际问题的理性探索，否则有可能是一个肤浅的教育工作者。乔治·奈勒说过："那些不应用理论去思考问题的教育工作者必然是肤浅的。一个肤浅的教育工作者，可能是好的工作者，也可能是坏的工作者，但好也好得有限，坏则每况愈下。"②

大量的优秀教师及名师的成长规律表明，教师从优秀走向卓越的重要路径是教师要学会提炼自己的教学主张，③ 从而转化为物化的教研成果。而

---

① 朱旭东，裴淼. 教师学习模式研究：中国的经验 [M]. 北京：北京师范大学出版社，2017：385.

② 陈友松. 当代西方教育哲学 [M]. 北京：教育科学出版社，1982：135.

③ 朱艳艳. 卓而己：乡村学校卓越教师的校本培养策略及思考 [J]. 江苏教育，2020（22）：61-63.

乡村卓越教师的专业成长，在努力提高自身的教育教学水平之外，必须要成为反思性的教育实践者，要有教育研究的意识与眼光，以及行动研究的能力。从某种角度说，乡村教师潜心于教学改革研究，通过在经验理性的基础上"提炼自己的教育教学主张"以论文形式发表，是他们成为卓越教师或名师的重要阶梯。

（五）竞赛参与——砥砺实现自我价值

自我价值实现是人的最高层次的发展需要，对乡村教师来说，自我价值的实现有多种形式，实现的途径也不止一条。其中具有挑战性与吸引力的就是代表学校参加各种专业技能竞赛，尤其是学科教学比赛。如果取得了优异的成绩与等级，则是对专业能力的最大认可，也是对未来专业成长的最大激励。这种比赛的基本规则是逐级向上推送参加更高层级的竞争，如果能一路过关斩将，获得专家的一致好评，其同行影响力随之扩大，自我价值得以充分实现。

江苏的一位特级老师说："我从 1990 年开始，每年都参加省'教海探航'的征文评选，这是一个征文评选活动，但它不仅仅是一个征文评选活动，还是一个培养青年教师的平台。因为它是通过论文来发现人才，进而给你提供平台和指导，给你更大的发展空间，它依托的是江苏教育这个媒体，给你宣传。1991 年，我第一次参加就得了江苏省'教海探航'二等奖，1993、1994、1995 连续得了三个一等奖。1993 年，泰兴邀请我去上作文课，这又是一个全省的平台，这个课上得非常好。磨了三年了，然后引起轰动。当时听课的是 3000 人，他们电视台现场转播，然后我就树立起信心了。这个平台对我专业发展非常重要。"①

乡村教师的专业成长要以教学竞赛作为磨刀石与突破口，获得专业发展的质的提升，并以此为中介逐渐走向优秀与卓越。诸多教学名师的成功经验表明，教学竞赛既是对自身能力素质的综合检测，也是对个体专业成长的有力鞭策，砥砺自我不断攀升。

（六）总结反思——促进个体自主成长

教师反思的过程是教师主动思考教学现象、教学问题和解决问题的过

---

① 周春良．卓越教师的个性特征与成长机制研究：基于 163 位特级教师的调查［D］．上海：华东师范大学，2014：142．

程，也是教师充分发挥教学自主性的过程，是教师自主、自律、自发的行动。① 反思是卓越教师专业成长的重要途径，从有关"卓越教师专业成长途径关键词统计"来看，有 59.5% 的教师在其专业成长过程中不断反思。② "反思"是卓越教师的一种思维习惯，这种习惯促成他们不断地对教学事件和教学经验和判断总结，分析存在的问题与不足，明确完善改进的方向，从而促进教学水平的有力提升。

乡村教师欲走向卓越，必须善于反思、勤于反思，在分析与批判中审视自我，在反思中不断成长与进步。反思是一种可贵的品质，是一个清醒的教育工作者的应有姿态，不沉湎于既有的成绩，不踌躇于眼前的困惑，而是保持思维的缜密、活跃，行动的谨慎、庄严。反思有利于打破常规思维，摆脱经验主义，尝试探索改革，才有可能从教学的平庸走向教学的卓越。正如叶澜先生所说："一个教师写一辈子教案不一定成为名师，如果一个教师写三年的教学反思，有可能成为名师。"这应该成为有志于成为卓越乡村教师的一个基本行动方向。

---

① 宋明钧. 反思：教师专业发展的应有之举 [J]. 课程·教材·教法，2006 (7)：74-78.
② 黄露. 刘建银. 中小学卓越教师专业特征及成长途径研究 [J]. 中国教育学刊，2014 (3)：99-104.

第五章
农村卓越教师培养的基本路径

农村卓越教师培养是一个系统工程，既包括师范生的职前培养，也涵盖专业教师的职后发展；既有教师个体的自我努力，也有外在因素的综合促成。本章着重探讨公费师范生的培养及"高校—地方政府—中小学校"的"三位一体"合作关系的建立两个方面。

第一节　农村卓越教师培养的沉思

一、农村卓越教师培养：一个略显沉重的话题

当前，促进城乡义务教育均衡发展，已成为我国教育发展的基本战略。党的十九大报告指出："推动城乡义务教育一体化发展，高度重视农村义务教育。"农村义务教育的发展，是城乡义务教育一体化发展的重要基石，也是问题解决的主要方面。随着农村中小学现代远程教育工程、农村义务教育薄弱学校改造计划等一系列工程实施，推动了农村义务教育学校办学条件标准化，农村学校软硬件设施条件得到极大改善，办学经费有了基本保障。于是，"一体化"发展的关键是师资，如何提高农村教师队伍的整体素质是首要问题。

"目前，我国农村小学教师普遍存在着在职教师年龄老化、知识老化、学历偏低、流失严重以及师范生'下不去''留不住''干不好'等困难局面。"①

---

① 李克勤，等. 六年制本科农村小学教师定向培养的理论研究与实践范式［M］. 长沙：湖南师范大学出版社，2015：7.

农村教育师资的现状严重制约了我国教育改革现代化的进程，也极大影响了全面发展素质教育的真正实施。长期以来形成的农村教育师资问题有一个基本的两难格局：稳定与提高。一是优秀教师大量流失和减少。由于农村地区教师待遇普遍较低、生活环境艰苦、个人发展机会少，严重影响了农村教师队伍工作稳定性与积极性，造成农村优秀教师大量减少和流失。据一项对云南乡村教师流动及流失意愿的调查可以看出，对"你是否有调动或改行的想法"这一问题，24.1%的老师表示"一直有"，54.1%的教师表示"偶尔有"，21.5%的老师表示"从来没有"（有0.3%缺失）。如果将选择"一直有"和"偶尔有"的数据合并为"有"，则78.2%的老师"有"流动或流失意愿。① 二是农村中小学教师队伍严重老化是一种普遍现象，并且学段越低，学校越偏远，老化的程度越严重。② 近年来随着一系列惠及农村教育的国家政策的颁行与实施，极大地缓解了农村教育师资数量短缺与学历不足的状况，使农村教育呈现了整体向好的局面，但上述两难格局依然存在，形势依然不容乐观。

《乡村教师支持计划（2015—2020年)》指出，到2020年基本实现教育现代化，薄弱环节和短板在乡村，在中西部老少边穷等边远贫困地区……发展乡村教育，教师是关键，必须把乡村教师队伍建设摆在优先发展的战略地位，加快建设一支优秀的农村教师队伍已刻不容缓，势在必行。唯此才是促进农村教育健康可持续发展、促使城乡教育走向均衡的基本保障力量，也是建设和谐美丽中国的重要具体内涵。

教育现代化的基本要义是教育的民主与公平，让每一个孩子接受公平而有质量的教育，是社会发展进步的显性标尺，不均衡的城乡义务教育现状显然不是教育现代化的内在之义。现实让我们难以平静，在日益加速的工业化、城镇化推动之下，农村越来越成为一座文化的孤岛，城乡差距不断扩大，农村教育迎来了新的挑战。不可忽视的是，在某些农村地区由于师资处于青黄不接的状态，而补充机制又不够完善，临时代课教师又大量

---

① 王艳玲，李慧勤. 乡村教师流动及流失意愿的实证分析：基于云南省的调查 [J]. 华东师范大学学报（教育科学版），2017（3）：134－142.

② 范先佐. 义务教育均衡发展与农村教育难点问题的破解 [J]. 华中师范大学学报（人文社会科学版），2013（2）：148.

涌进教师队伍，他们的质量参差不齐，严重影响整个农村教师队伍的素质水平，也严重影响了农村基础教育的质量。由此，多管齐下、建设一支优秀的农村教师队伍，建构保障有序的农村教师补充机制，促进农村教育的高质量发展，彰显教育的公平与进步，是新时代赋予的历史重任。

二、农村卓越教师需要精准培育

教育部《关于实施卓越教师培养计划的意见》对中小学教师的培养提出了明确要求：根据中小学教育实际的需求，培养一批信念坚定、基础扎实、能力突出，能够适应和引领中学教育改革的卓越中学教师以及一批热爱小学教育事业、知识广博、能力全面，能够胜任小学多学科教育教学需要的卓越小学教师。这是对教师教育培养质量的总体要求，概述了优秀中小学教师素质的基本特征。在此，"卓越"与"优秀"没有本质的区别，可以视为同一意义、同一层次上使用的概念，体现了新时代对高素质教师的一种社会期盼与国家愿景。

卓越教师培养是一个综合的系统工程，教师的专业化成长是一个长期的历练过程，需要内外因的综合促成，而且仰赖职前职后的一体化的努力，单靠职前培养难以为功。因为职前培养的师范毕业生还只是一个准教师，理论上可以设定这些师范毕业生都足够优秀，且具有成为卓越教师的潜质，但还不能说他们已然成为卓越教师，他们大体要遵循从"新任教师—合格教师—骨干教师—优秀（卓越）教师"的发展阶段，直至成为研究型或专家型教师。这揭示的是教师专业发展的基本成长规律，并不意味着是每一个人都能成就的现实高度。而且实际上师范毕业生都很优秀是不可能发生的概率事件，这只是一种美好的目标理想。

农村教育缺乏对优秀人才的吸引力，这是无须阐释的事实。在 20 世纪八九十年代，中师教育的繁荣发达，为农村学校输送一大批优秀的中师毕业生。他们扎根于农村这块贫瘠的土壤，奉献着自己的青春热血，撑起了我国义务教育的宏伟大厦，保障了农村基础教育的稳定发展。尽管他们学历不高，知识不深，专业不厚，但他们拥有较出色的教师基本技能与扎实的教育教学能力，涌动着对教育的热情以及具有对农村教育环境的天然适应力，因此他们很快成长为农村教育师资队伍中的生力军和骨干力量，共同孕育了农村教育发展的勃勃生机。21 世纪以来随着中师教育的逐渐消亡、定向、封闭的教师教育格局的打破，农村教育师资的供给机制体制失灵，农村教育师资处于持续短缺、流失之中，严重阻碍了农村教育的健全发展。为了纾解上述不利状况，我国先后实施推行了免费师范生教育制度、师范生顶岗实习支教制度、特岗教师计划、农村学校教育硕士培养计划等，这些措施在一定程度上缓解了农村教育师资短缺或素质不高之痛，促进了农村学校师资队伍的好转，保障了农村教育的健康运行。但现实并未让我们感到轻松，农村教育师资队伍依然还存在不少问题，尤其是离建设一支卓越的农村教师队伍还相距甚远，农村教育的复杂现实逼迫我们要做出更深层次的更全面的思考。

笔者认为，农村卓越教师需要精准培育。只有在精准培育的理念指导下，农村教师队伍的专业成长才有明确的针对性与指向性，才能形成有利于农村教师发展的动力机制，从而使农村教师队伍逐渐走向卓越。所谓精准培育，就是针对农村教育的实际情况，建立一套健全完善、衔接有序、多维支持的乡村教师教育制度，培育一支热爱农村文化、安心农村教育、引领农村文明的高素质的师资队伍，他们具有娴熟的教育教学能力及乡土课程资源开发能力，具有灵活的教学艺术与积极的人文关怀，具有高尚的道德情操与创新的行动品格。这种农村卓越教师的精准培育是基于农村、为了农村、服务农村的，从制度到体系、从职前到职后、从形式到内容都是服务于农村教师专业成长需要的，从而实现农村教师队伍素质的整体提升。

精准培育是一种教育理念，更是一种实践的方法与手段，是针对当下农村教师缺口严重、人心不稳、素质参差不齐、发展后劲缺失等情况提出的一种指导性策略。在当下城乡教育均衡发展已从理念层面进入到实质推进的阶段，其受到各级政府部门的高度重视，那么农村卓越教师的精准培育应成为贯穿其中的一条主线，成为解决农村教育师资问题的着力所在。

精准培育没有统一的模式要求，它允许有多样的实践途径与运行方式，需要多方面的政策支持与制度保障。因为各地的文化基础、师资状况、经济水平、制度环境等不同，农村卓越教师的培育定会呈现不同的实践范式，定会有不同的区域策略。这些都是农村卓越教师精准培育的内在之义。

（一）精准培育，首先要考虑招生培养对象的"精准"

是定向选拔还是非定向招生，是从初中优秀毕业生选拔人才还是从高招录取，这些都是在培养体系中要确定的优先事项。进入 21 世纪以来，师范教育经过了重构与发展，现已形成了基本共识，对于乡村教师培养来说，公费师范生的培养模式有利于乡村教育的持续稳定发展，所以，以定向招生比较可取。但定向招生，还有一个定向的具体层次问题，是原籍县还是乡镇一级乃至教学点，都是可以综合考虑、系统规划的。此外，对于定向公费师范生的招生录取，除了分数划线录取以外，还要设定面试环节，主要考察学生的师范性向、教师潜质等。对于身体状况、语言表达、外形条件等明显不合格者，则拒之于门槛之外，保障生源素质的基本质量。

（二）精准培育，其次要考虑专业人才培养模式的"精准"

专业人才培养模式要能够为农村教育培养高素质师资人才，为农村教育注入新的活力。所以，人才培养要注意向农性、实践性、一专多能等特质的构建。如何培育师范生的乡村教育专业情意，形成乡村教师职业认同，激发乡村从教的专业动力，以及适应乡村教育需要的素质与能力，这在人才培养目标与规格、课程结构体系、实践教学、学校—政府—中小学合作等方面要加以体现。对于 20 世纪 30 年代蓬勃兴起的乡村师范教育，在课程设置上，乡村师范学校不仅有普通师范学校的必修科目，而且开设了乡村改良及农村生产方面的课程。根据 1933 年《师范学校规程》的规定，乡村师范学校的教学科目与普通师范学校大体一致，但依据乡村师范学校的特点，增设了关于乡村及农业的科目，如农业及实习、农村经济及合作、水利概要、乡村教育及实习等。[①] 同时，课程设置遵循"以乡村生活为中心，适合社会的需要，注重实际应用"[②] 的指导原则，教学上非常注重联系乡村生活实际，从而培养有较强适应能力的农村教育师资。尽管在现代社会背景下，农村实践场域发生了翻天覆地的变化，但上述有关的理念精髓还是可以借鉴汲取的。

---

① 申国昌. 中国师范教育发展史［M］. 北京：科学教育出版社，2021：164.

② 方玉芬. 教育启蒙与乡村建设：近代安徽乡村师范学校研究［J］. 合肥师范学院学报，2018（5）：48 - 52.

（三）精准培育，再次要考虑在职研修培训的"精准"

如何促使农村青年教师快速成长、如何开展校本教研以及专业培训，是需要精心设计的主题。目前农村教师的校本研修开展不频繁，有经验指导的教师不多，教研氛围不浓，尤其是部分教师荣誉感、积极性、责任心不强，对整个青年教师队伍的成长有着不良的影响。同时，农村教师教学任务比较繁重，留守儿童较多，家校联系联动不力，也阻碍了教师应有的专业发展。所以，开展制度化、经常化的学科教研，利用有关教育资源组织区域性的教研联动，营造浓郁的教研氛围，让青年教师能够脱颖而出，这是需要努力推进的工作。在各级（国培、省市级）培训中，怎样对农村教育的现实状况、农村教师的素质特点等进行有针对性的专业发展辅导，也是培训设计要突出的基本方略。此外，也可以开展不同层次的系统培训，包括青年先进—骨干教师—卓越教师的梯次提高培训计划，打造出一批优秀的农村教师队伍。

（四）精准培育，还要考虑教育政策支持体系的"精准"

每一项新的国家教育政策的颁行是推进教育改革与发展的"制动阀"，引起相应的微波效应，带来教师自身的价值与观念的些许变化。近年来关于农村教师队伍建设的政策文件频频出台，对于农村教师队伍素质的整体提高和增强吸引力起到了一定的作用，但如何稳定农村教师队伍尤其是稳定优秀教师群体，还需要进一步加大政策的刚性扶持的力度。应该让农村优秀教师有事业发展的空间，有自我价值体现的平台，有荣誉表彰制度的激励，使他们进一步走向卓越、走向更大的成功。一系列教育政策的精准支持，可以促使农村教师不断提升自己的专业素质水平，形成走向优秀与卓越的内驱力，从而产生更多、更高水平的农村卓越教师。

第二节　实行公费定向师范教育

由前述可知，对于农村卓越教师的精准培育而言，实施公费定向师范教育是其中的一项基本策略，这极大地保障了农村教师队伍的持续与发展。公费师范教育又称免费师范教育，二者没有本质的区别。原来一般称"免费师范教育"，2018 年后教育部发文统一称为"公费师范教育"，强调其公共性、公益性的属性特征。为了遵从习惯说法，还是先从"免费师范教育"谈起。

一、我国免费师范教育发展的简要历程

我国免费师范教育经历了从"全面免费"到"阶段停滞"再到"部分复归"的百余年的发展历程。每一次变革都是特定时代背景下的产物。

（一）免费师范教育的创始

我国免费师范教育经历了百余年的发展历史。清末，帝国主义列强对我国实行经济、政治、军事和文化侵略，导致我国沦为半殖民地半封建国家。在这种情况下，我国的有识之士希望通过教育改变中国当时落后的现状。1896 年，梁启超在《变法通议》中撰写了《论师范》一文，文中主张创办师范学堂，同年 10 月 31 日，邮传部尚书盛宣怀创办了上海南洋公学师范院。1897 年 3 月 7 日，南洋公学的师范院开始招收师范学生，"通过考试选拔四十名学生，聘请外洋教师教授课程，课以中西各学，以明体达用，勤学善诲为旨归"①，免收学杂费并发放津贴，盛宣怀管理的招商局和电报局支付办学所需要的全部费用，所需的全部费用每年为 10 万两白银，并且没有相关文件规定师范生就业时需要履行一定的服务期限。南洋公学师范院的建立及招收免费师范生，是中国师范教育的开端，南洋公学师范院也是最早对学生免收学费的师范教育机构。

1898 年，京师大学堂的创建是中国高等师范教育的开端。1902 年，张百熙在《钦定京师大学堂章程》中规定，京师大学堂分为大学专门学科、大学预备科和速成科，速成科又分为仕学馆和师范馆。同年 12 月 17 日，师范馆正式开学，就读的师范生待遇优厚，朝廷为师范生提供食堂伙食，为鼓励学生努力学习，还每月按月考成绩，给予数元或数十元的奖金。对于成绩优良、想继续深造的毕业生，由政府提供经费到西洋留学。按照规定来自各省择优保送的学生必须回各原省任教工作，以尽义务。

1904 年，国家颁布的《癸卯学制》明确规定师范生"无庸纳费"，享受免费师范教育，确立了师范教育的独立地位，并将师范教育系统分为初

---

① 朱有瓛. 中国近代学制史料（第 1 辑下册）［M］. 上海：华东师范大学出版社，1986：513.

级师范学堂和高级师范学堂，允许初级师范学堂招收私费生。该学制规定"在省城初级师范学校里学习完毕的学生，有在本省各州县小学堂从事教育工作的义务。在州县初级师范学校学习完毕的学生，有在本州县小学堂从事教育工作的义务"①。从此，免费师范教育在全国开始施行，中国制度化的师范教育得以确立。在这之后，随着我国师范教育体制的发展变化，免费师范教育也时存时废、时盛时衰。从清末创办师范教育开始，师范教育由国家进行统一管理，对官费师范生应履行义务和违约赔偿都作出了明确的规定，这在一定程度上缓解了师资急缺的现状，有利于教育事业的发展。

（二）免费师范教育的停滞与复归

1922 年，北洋政府颁布《壬戌学制》，将师范院校并入普通大学，并主张通过综合大学或学院附设的教育学院或教育系为学生提供教育专业训练，对合格者授予"教师资格凭证"的"开放式师范教育"模式来培养师范生，② 师范教育的独立地位逐渐丧失，师范生的免费待遇相继取消。1932 年，国民政府颁布《师范学校法》，恢复师范学校独立设置的建制，重新确立师范学校的独立地位，并规定师范学校不征收学费③。且由政府为师范生提供膳宿和制服，学生毕业后由教育部或省教育厅、市教育局指定地点派往服务，服务期结束后颁发证书，以使其自由应聘或升学，不履行义务者，需退还免交的费用。此后近 50 年间，我国师范教育通过设立"人民助学金""专业奖学金"等形式继续实行免费教育。1986 年 3 月 26 日，国家教育委员会颁布了《关于加强和发展师范教育的意见》，强调师范生在校期间免交学费、膳食和住宿费，学生毕业后由省、市、县教育行政机关分配到中小学任教，到边远地区参加工作并有一定的服务年限，同时享受当地的政策优待。同年，国务院公布普通高等院校关于改革人民助学金制的文件，将人民助学金分为两种——奖学金制和贷款制，师范生享受职业奖学金，并将职业奖学金分为三等。1997 年高校扩招之后，大部分师范学校按生均

---

① 宋嗣廉，韩力学．中国师范教育通览上卷［M］．长春：东北师范大学出版社，1998：12.

② 刘捷，谢维和．栅栏内外：中国高等师范教育百年省思［M］．北京：北京师范大学出版社，2002：99－100.

③ 李友芝，李春年，柳传欣，等．中国近现代师范教育史资料［M］．北京：北京师范学院出版社，1983：326.

教育成本向学生收取一定的学费。也就是说，改革开放后到 1997 年，我国师范生教育一直实行免费制度。

2000 年，教育部、国家计委和财政部联合下发《关于 2000 年高等学校招生收费工作若干意见的通知》，明确规定允许高校收取学费，收费对象主要为享受专项奖学金的学生，该文件的发布意味着我国师范生和非师范生开始并轨收费，师范生的免费待遇再次被取消，师范生培养受到较大影响，也标志着我国师范生享受免费待遇的时代结束。

2007 年，国务院总理温家宝在全国人大会议上所作的政府工作报中指出，为促进教育发展和教育公平，国家将以北京师范大学、华东师范大学、东北师范大学、华中师范大学、陕西师范大学、西南大学等六所部属师范大学作为试点院校，重新施行师范生免费教育政策。这一政策的推行主要是为了贯彻落实《中共中央 国务院关于全面深化新时代教师队伍建设改革的意见》，旨在吸引更多的优秀人才加入教育教学队伍中，在一定程度上有利于培养符合时代要求的"四有"好老师。在六所部属师范大学实行的免费师范教育举措，标志着我国免费师范教育的复归。同时，教育部制定了《教育部直属师范大学师范生免费教育实施办法（试行）》（国办发〔2007〕34 号，以下简称《办法》）。该《办法》主要从以下三个方面实施：第一，师范生免费教育，即在读免费。第二条规定："免费教育师范生在校学习期间免除学费，免缴住宿费，并补助生活费。"第二，就业保障。第五条明确指出："有关省级政府要统筹规划，做好接收免费师范毕业生的各项工作，确保每一位到中小学校任教的免费师范毕业生有编有岗。"第三，简化读研。第七条规定："免费师范毕业生经考核符合要求的，可录取为教育硕士专业学位研究生，在职学习专业课程，任教考核合格并通过论文答辩的，颁发硕士研究生毕业证书和教育硕士专业学位证书。"免费政策的制定实施，能够帮助师范生化解经济、就业、深造等多个方面的困难，在一定程度上体现了国家政策的偏向。

2011 年，教育部颁布的免费师范生就业相关政策中对免费师范生的跨省任教的条件、审核程序和管理做了进一步规定。免费师范生可以跨省就业的情况有：一是立志到边远贫困地区中小学学校参加工作的师范生；二是大学期间父母户口迁移到省外者；三是已婚需要迁移到配偶所在地者。

2012 年国务院颁布《关于完善和推进师范生免费教育的意见》（国办发

〔2012〕2 号，以下简称《意见》），"鼓励支持地方结合实际选择部分师范院校实行师范生免费教育"，师范生免费教育随后在全国 28 个省（区、市）师范院校中全面推行，在改善和均衡薄弱地区师资配置、帮助寒门学子走出贫困大山、实现命运改写等方面取得较为显著的效果。

（三）公费师范教育的确立

我国免费师范生教育政策并不是固定不变的，而是随着时代形势与政策环境，以及我国教育改革和发展的情况而发生改变的，其政策内容也在发展变化。免费师范生自 2007 年实施以来至 2018 年 3 月一直被称为"免费师范生"，而 2018 年 3 月印发的《教师教育振兴行动计划（2018—2022年)》和 7 月国务院发布的《教育部直属师范大学师范生公费教育实施办法》（国办发〔2018〕75 号，以下简称《办法》）在有关改进完善教育部直属师范大学师范生免费教育政策中，将"免费师范生"改称为"公费师范生"，"国家公费师范生享受免缴学费、住宿费和补助生活费政策，通过双向选择等方式切实为每位毕业的公费师范生落实任教学校和岗位。支持各地探索免费培养、到岗退费、学费补偿和国家助学贷款代偿等多种公费方式，逐步健全师范生公费教育制度体系"。《办法》将公费师范生履约服务期从 8 年调整为 6 年。2007 年印发的《教育部直属师范大学师范生免费教育实施办法（试行）》和 2012 年印发的《关于完善和推进师范生免费教育的意见》同时废止。公费师范教育制度的建立，意味着我国公费师范教育进入新的发展时期。然而，随着中国特色社会主义进入新时代，我国社会主要矛盾已经转化为人民日益增长的美好生活需要和不平衡不充分的发展之间的矛盾，人民更加迫切地向往公平而有质量的教育，对建设高素质专业化教师队伍有了更高的期待。作为培养高素质教师队伍的一项重要举措，为更好地适应新形势的需要，师范生免费教育在招生录取、人才培养、就业履约、条件保障等环节的政策不断完善。

二、公费师范教育的特点和制度优势

（一）公费师范教育的特点

1. 免费教育

国家实施的公费师范教育，在 2018 年以前一直被称为"免费师范教育"。2018 年 7 月发布的《教育部直属师范大学师范生公费教育实施办法》在有关改进完善教育部直属师范大学师范生免费教育政策中，将"免费师范生"改称为"公费师范生"，并明确指出"国家公费师范生享受免缴学费、住宿费和补助生活费政策，通过双向选择等方式切实为每位毕业的公费师范生落实任教学校和岗位。支持各地探索免费培养、到岗退费、学费补偿和国家助学贷款代偿等多种公费方式，逐步健全师范生公费教育制度体系"。这意味着公费师范教育由国家财政来承担相关培养经费，公费师范生不用缴纳学费而免费就读，且就读期间还能获得一定的生活补助。由此可见，公费师范教育是一种完全意义上的免费教育。

免费性也是义务教育的重要特征。义务教育的免费性是指国家对接受义务教育的学生免除其全部或大部分的费用。由于义务教育是强制性、普及性的国民教育，国家为保证所有少年儿童入学，实行免费教育是应当承担的责任。由于各国经济发展水平不同，世界范围内的义务教育免费程度与年限是不一样的。经济发达的国家实行全部免费教育，而经济相对贫困的国家不仅义务教育年限短，而且只免收部分费用，这同样也体现了义务教育的免费性的特征。我国的义务教育法规定："实施义务教育，不收学费、杂费。"正确认识义务教育免费性这一特征，对于我们今天依法施行义务教育具有重要的现实意义。因为这种具有免费性的义务教育培养教师的师范教育，只有具备免费性才能吸引更多的优秀学子报考师范院校，从事教育工作。公费师范教育的免费性特点，在很大程度上减轻了那些想从事教育但家庭经济能力较为困难的孩子的经济负担，为他们上师范院校免除后顾之忧。这对计划让子女从事教师这一行业的家庭来讲是一项惠民政策，也体现了国家对中西部地区教育的高度重视。可见，公费师范教育政策既减轻了贫困家庭的教育负担，又将政策惠及了更多的公费教育政策施行主体，更大程度上促进了教育的公平。

2. 公益教育

公费师范教育是一种公益教育，具有公益性的特点。公益性指事物表现出来的属性和行为具有有益于公众的属性。公益性是我国师范教育具有的一大特征及基本的价值取向。教师教育的公益性与市场性并存，以公益性为主是现代教师教育的本质特征。① 而公费师范教育是我国师范教育的重

---

① 蒋馨岚. 传统与超越：师范生免费教育制度的价格研究［M］. 青岛：中国海洋大学出版社，2015：83.

要组成部分。公费师范教育毋庸置疑也是一种公益性事业，所以，公费师范教育具有公益性特征。师范教育的公益性是师范教育本身固有的特性，这与基础教育的本质有密切的关系。由于基础教育是一种公益性事业，而为这种公益事业培养教师的师范教育只有具备公益性才能满足国家最大公益事业的需求。因此，公费师范教育具有显著的公益性特征。也就是说，基础教育的公益性决定了师范教育的公益性，而师范教育的公益性决定了公费师范教育的公益性。师范教育的公益性与基础教育的公共性、普及性基本上是一致的。显然，我们国家的公费师范教育具有公益性特征。同时，我国公费师范教育主要是为了改善我国农村学校师资力量薄弱，促进教育公平发展和教育均衡发展而实施的一项有效举措，是一种学生毕业后回生源所在地的农村学校任教的定向培养、免费的师范教育，这就意味着公费师范教育不需要学生分担教育成本，所需资金均由国家投入，且公费师范教育具有社会性、共享性等特点，这都可以表明我国公费师范教育是一种典型的公益性事业。公费师范教育的施行，不仅强化了政府的师范教育发展责任担当，也加大了政府对师范教育的投入力度。因此，师范教育便有了比较稳定、充足的经费来源，师范院校办学条件得到不断改善，师范院校的生源质量得以不断提升，更多的优秀学子报考师范院校、加入教育行业，从而使得师范院校的人才培养数量和质量得以双头并进，从而更好地服务于国家社会经济。与此同时，师范院校办学条件的改善、培养人才质量的提高又会很大程度提升师范院校在高等教育中的地位，从而使得师范教育优先发展、免收学费的制度得以更好落实。政府对师范院校的生源进行调节，并以国家计划投资的方式配置师范教育资源，也在很大程度上体现了公费师范教育的公益性。因此，公费师范教育制度在吸引优秀生源方面基本达到了制度设计的预期效果，促进了我国师范教育的改革与发展。

3. 定向就业

免费师范教育是一种定向就业的教育，它包括两个方面的含义。一方面，免费师范生毕业后定向分配到生源地教育行业就业。即学生毕业之后回生源所在地任教，一般是在当地农村或乡镇及以下学校任教。另一方面，免费师范毕业生重点定向到农村或偏远地区就业。2007 年印发的《教育部直属师范大学师范生免费教育实施办法（试行）》要求定向到城镇学校工作的免费师范毕业生，应先到农村义务教育学校任教 2 年，支援农村教育事业。2018 年 7 月，国务院发布的《教育部直属师范大学师范生公费教育实施办法》规定，国家公费师范生享受免缴学费、住宿费和补助生活费政策，通过双向选择等方式切实为每位毕业的公费师范生落实任教学校和岗位；支持农村地区教师队伍建设，要求到城镇学校工作的公费师范生，应到农村义务教育学校任教服务至少 1 年。免费师范教育在很大程度上弥补了农村地区、偏远地区师资的短缺，有效地改善了农村、偏远地区的不合理的师资结构，促进了农村或偏远地区基础教育的发展，从而改善了农村或偏远地区的文化精神面貌。

随着国家免费师范教育的恢复，大部分省市逐渐开展依托地方师范院校实施免费师范生教育，其中就业定向基本为农村中小学校。尽管在就业形式的安排方面有着细节的不同，但为农村教育输送优秀的师资是免费师范教育的基本初衷。各省市在实施免费师范教育方面比国家层面有着更为清晰的思路，也有更强的针对性与适切性，使毕业生在农村就业的比率方面更有保障。

4. 定期服务

国家为师范生提供免费教育，师范生毕业后到中小学从事教育教学并达到规定的服务年限，否则，就会受到相应惩罚。2007 年印发的《教育部直属师范大学师范生免费教育实施办法（试行）》也明确规定，免费师范生毕业后须从事中小学教育 10 年以上，未按协议从事中小学教育工作的，要按规定退还已享受的免费教育费用并缴纳违约金，鼓励免费师范毕业生长期从教、终身从教。与此同时，地方省市计划的免费师范生毕业的定向服务期限存在一定的差异，有的省份规定必须在农村学校工作不少于 8 年，有的是 5 年，最长的有 10 年，培养层次有本专科之别，服务期限也有不同。如山东省规定，免费师范生毕业后到农村学校从事教育教学工作不少于 6 年；① 河南省从 2016 年开始为乡村教学点免费定向培养小学全科教师，规

---

① 山东省师范生免费教育实施办法［EB/OL］.（2016 – 06 – 17）［2024 – 01 – 11］. http//www. shandong. gov. cn/art/2016/6/17/art – 2259 – 24365. html.

定服务年限不少于 6 年。① 湖南是全国恢复免费师范生教育政策较早的省份，2006 年就开始了五年制大专的免费师范生培养，毕业后要求回生源地农村小学工作不少于 5 年；2008 年开始本科层次农村定向免费师范生培养，遵循"县来县去""乡来乡去"的基本原则，规定在农村学校工作不少于 8 年。2018 年《教育部直属师范大学师范生公费教育实施办法》将公费师范生履约服务期调整为 6 年，6 年恰好能够完成小学或中学完整的教学周期。2018 年以后，全国各省市公费师范生培养的服务期限均为 6 年。

总而言之，不管是免费师范教育时期还是公费师范教育时期，学生毕业之后须按照协议的约定在中小学从事教育教学工作一定年限，在规定的年限内不得违约，否则将作违规处理，需要承担相应主体责任。

（二）公费师范生的制度优势

1. 弥补农村师资的短缺，提升农村教师队伍的质量

公费师范教育是弥补农村地区师资不足的一项有效策略。随着我国教育体制的改革，市场经济在教育领域发挥越来越明显的作用，我国教育不均衡问题也随之而来，城市教育资源与农村教育资源的差距越来越大，其中，师资是尤为突出的问题。农村边远地区条件艰苦，农村教师队伍存在优秀教师流失、教师老龄化、音乐体育英语等学科教师缺乏等问题，农村义务教育的师资长期供不应求。② 同时，师范院校的毕业生纷纷涌向城市学校任教，去农村任教的往往是毕业生最后的无奈选择。甚至在农村任教的老师由于工资待遇低，且短时间内现状无法改变，他们弃教改行。有研究显示，"教师工资水平是影响教师流失意愿的首要因素。教师月工资水平对于教师换校意愿和教师退教意愿有显著的影响"③。在经济利益驱动，以及其他各种主客观因素的影响下，不少师范院校的毕业生选择去大城市而不愿去农村从教，部分农村优秀教师流向城市学校或者改行。然而农村中小

① 河南省农村小学全科教师培养工作实施方案 [EB/OL]. (2015 – 10 – 27) [2024 – 01 – 11]. http//www. haedu. gov. cn/2015/10/27/1445939351921. html.

② 杨东平. 中国教育发展报告（2017）[M]. 北京：社会科学文献出版社，2017：6.

③ 杜屏，谢瑶. 农村中小学教师工资与流失意愿关系探究 [J]. 华东师范大学学报（教育科学版），2019（1）：113.

学教师队伍的整体素质是关乎农村教育生死存亡的关键因素。短期内培养和造就的一大批农村优秀教师，弥补了农村师资队伍数量上的缺口，解决摆在眼前的紧迫问题。为了实现教育资源的可持续发展，在十届全国人大五次会议上，国务院总理温家宝提出对教育部直属的六所高校实施师范生公费教育政策。紧接着，以湖南第一师范学院为首的全国各地师范院校陆续实施公费师范教育政策，着力加强公费师范生人才培养质量，为当地输送了大量的优秀农村教师。

比教育部 2007 年在全国六所部属师范大学推行免费师范教育更早，湖南省政府与湖南省教育厅于 2006 年确定湖南第一师范学院在全国率先启动"初中起点五年制小学教师免费定向培养计划"；为补充农村小学教师的较大缺口，2008 年又启动了"高中起点四年制本科小学教师免费定向培养计划"。经过几年实践探索，针对初中起点五年制专科生生源质量不佳、理论基础不扎实、学科水平不高，以及高中起点四年制本科生综合艺体素质可塑性差、教师职业技能欠佳等问题，湖南第一师范学院于 2010 年在全国又率先实施了"初中起点六年制本科层次农村小学教师定向培养计划"，这一计划的推行在全国属于创举，具有自身模式设计的优势与吸引力。调查结果显示，2011—2015 届 4175 名免费师范毕业生平均履约率达 96.77%，其中乡镇以下学校从教率达 95.99%，一定程度缓解了全省乡村教师紧缺的局面。毕业生综合素质高，正迅速成长为乡村教育骨干。2011—2014 届到岗履约的 3577 名毕业生中，已有 3255 人次获县级以上教育教学奖励，335 人成为学校中层以上干部。[①] 迄今为止，已有 30 个省（区、市）实施地方师范生免费教育，每年培养补充 4.5 万余名毕业生到农村中小学任教。国家对公费师范教育的制度设计是公费师范生毕业后一般回生源所在省份中小学任教，并承诺从事中小学教育工作 6 年以上。到城镇学校工作的公费师范生，应到农村义务教育学校任教服务至少 1 年。国家鼓励公费师范生长期从教、终身从教。因此，总体来说，公费师范生的加入，不仅稳定了农村教

---

① 胡春光. 湖南第一师范学院：继承中师传统创新师培模式［N］. 中国教师报，2017 - 03 - 22（2）.

师队伍，也有效地提升了农村教育的师资水平和乡村义务教育的质量。

2. 促进教育公平的实现

教育公平是社会公平的重要内容，也是社会发展的必然要求。教育公平不仅包括教育机会、教育权利的公平，也包括教育过程、教育结果的公平。然而，由于我国长期以来的城乡二元结构导致城市与农村在经济发展等方面存在较大的差距，使得我国城市的教育发展远远超过农村教育。城乡二元教育结构使得我国城市学生与农村学生在拥有教育机会、享有教育权利、享受教育资源等方面存在不平等的现象，这也必然造成城乡学生在教育过程和教育结果方面的不公平。非常明显的是，城乡二元结构导致农村师资队伍存在"下不去、留不下、干不好"，师资队伍素质低下等问题，从而使得农村地区的孩子享受不到优质的教育资源，或者说优质教育资源比较匮乏。同时，我国也存在校际之间、区域之间的教育不均衡发展现象。

2007年3月5日，国务院总理温家宝在十届全国人大五次会议《政府工作报告》中宣布，为了促进教育发展和教育公平，将在教育部直属师范大学实行免费师范教育政策。免费师范教育制度的实施，为农村地区输送了大量的优秀师资，在很大程度上补充了农村地区师资不足、质量不高的问题，使得农村的孩子能够享受家门口的优质教育资源，从而促进教育公平的可能实现。党的十九大报告中指出："中国特色社会主义进入了新时代……我国社会的主要矛盾已经转化为人民日益增长的美好生活需要和不平衡不充分的发展之间的矛盾。""努力让每个孩子都能享有公平而有质量的教育"，是当前教育要实现的主要目标。这表明"现在中国教育的主要矛盾已经从过去的有没有学上，转变为，能否上好学的问题……提高教育质量已经成为新时代背景下与教育公平同样重要的问题"①。这也意味着新时期的教育公平是基于教育质量的公平，是以提升教育质量为前提来实现教育公平的。因此，免费师范教育的实施对农村教师队伍建设起着极为重要的作用。

---

① 朱永新. 追寻公平而有质量的教育 [J]. 中国农村教育，2018 (5)：8 – 10.

第三节　加强高校—政府—中小学校的合作

师范院校作为公费师范生的培养主体，必须加强与当地政府、中小学校的协同合作，发挥各自的职能与作用，共同服务于农村教育对优秀师资人才的需要。

一、"U—G—S"模式

（一）"U—G—S"模式内涵与作用

目前大部分高校都采用"U—G—S"模式进行中小学教师职前培养。"U—G—S"模式也是一种可取的卓越小学教师职前培养模式。"U"指大学（University），"G"指的是地方政府或地方教育行政机构（Government），"S"指的是中小学（School），所以称为 U—G—S 模式。"U—G—S"模式于 2007 年率先由东北师范大学创造性提出并实施，是以"师范大学为主导，地方政府协调，中小学参与合作"的教师教育模式，三方遵循"目标一致、责任分担、利益共享、合作发展"的原则，重构文化融合与共生的开放环境，共同开展教师职前培养、入职学习、在职培训等相关活动，进而促进未来教师和教师教育者的共同发展。[①] 2014 年《教育部关于实施卓越教师培养计划的意见》明确指出"针对教师培养的薄弱环节和深层次问题，深化教师培养模式改革，建立高校与地方政府、中小学'三位一体'协同培养新机制"。与传统的教师教育模式不同的是，"U—G—S"模式是通过大学、地方政府和中小学共同参与和完成教师培养的教师教育模式。传统教师教育模式中，大学作为单一主体完成教师培养过程，政府和中小学没有参与其中，从而失去了对教师培养过程的必要关切。然而，"U—G—S"模式中，存在大学、政府和中小学三个不同的责任主体，由于三者的利益诉求不同，在教师培养的过程中，我们需要厘清三个主体的共同愿景和

①　刘益春，高夯，董玉琦，等."U—G—S"教师教育新模式的探索［J］.中国大学教学，2015（6）：17－21.

共同目标，且基于协同、合作、共赢的理念，才能有效完成人才培养的任务，培养出满足国家需要的教师教育人才。

服务社会是现代大学的一项重要功能，也是目前"产学研一体化"形势下大学亟须凸显的一项功能。大学通过参与"U—G—S"与中小学合作，是其更好地为基层中小学校发展变革服务，是其践行为社会服务功能的重要途径，也是扩大其学校声誉、提升学科知名度和社会影响力的有效手段。同时，大学通过参与"U—G—S"，还可以获得地方政府的财政支持和政策保障，有助于人才培养合作的进一步开展，从而促进教师教育的深入发展。若没有中小学的有效参与，师范院校培养的教师往往理论性有余、实践性不足，而难以满足和符合中小学教育市场的需要。同时中小学的协同参与，也给其自身以及基础教育带来诸多的优越性。首先，在"U—G—S"合作模式下，能通过邀请高校专家和基础教育名师、名校长座谈、培训等多种方式为中小学教师和校长提供学习平台，帮助中小学教师深入探究问题产生的根源，并找到及时解决问题的办法，提升解决教育实践问题的能力，进一步提升中小学教师的素养、校长领导力水平，提升教师队伍行动力量。其次，"U—G—S"模式中，大学、政府和中小学合作开展的校本研修、教学研讨等基于合作的活动，能帮助中小学着眼于教育教学质量的提高，观照学生生命成长，培养学生的创造性思维和批判性思维，从而改善我国传统教育长期以来的重理论传授轻动手实践的教育观念。同时，实施"U—G—S"合作互动，中小学能从中获得更多校外教育资源，大学与地方政府也能弥补中小学在师资力量、资源设备、资金等方面的不足，有利于学校突破发展瓶颈，实现某些方面的实质性变革。而地方政府要想招揽符合当地需要的教师，光靠政策和制度是难以实现的，必须参与培养的过程，把好人才培养的质量关，才能为本地基础教育吸纳合适且优秀的人才，从而打造良好的地方教育品牌，有效提升区域教育质量和教育水平。

（二）"U—G—S"模式的实践探索

近年来，广东肇庆学院通过"U—G—S"模式培养中小学卓越教师，取得了突出的成绩，带来良好的社会效益。该校在实施"U—G—S"的过程中，与8个创新试验区建立了68个实习基地，以及遍布珠三角大量的普通实习基地，涉及全校近万人师范生。其中创新试验区的68个实习基地，基本满足了全校师范生的实习需求。在此基础上，为进一步推动、发挥"政府—高校—中小学"三位一体、协同育人的作用，深入贯彻落实广东"新师范"建设、教育部《教师教育振兴行动计划（2018—2022年)》和《广东省教育厅关于遴选广东省创建国家教师教育创新实验区的通知》精神，该校继续探索新思路、新方法，积极创建国家级教师教育创新实验区。①

该校以各种平台为载体，重视与地方政府、中小学的深度合作，开展协同育人、形成聚合效应，"U—G—S"模式得以快速发展。其主要体现在：一是以联合培养教育硕士为载体，推进乡村中小学教师学历教育。2013年以来，学校先后与陕西师范大学、广州大学、华中科技大学等高校建立合作关系，共同承担教育硕士的培养工作，为乡村中小学教师提供"引进来、送到位"的学历提升服务。二是以肇庆教育发展研究院为载体，深化区域教育发展合作机制。2015年初，学校又与肇庆市教育局合作，共同建立肇庆教育发展研究院，促进协同育人质量的提升。三是以教师发展中心为载体，职前职后一体化，提升"U—G—S"模式协同发展内涵。2014年，为提升学校教师业务素养，促进教师专业发展，努力建设一支与学校教育教学事业发展相适应的高素质教师队伍，学校决定成立教师发展中心。四是以学校未来卓越教师培养项目"砚园班"为载体，推进"U—G—S"模式分类、分层发展。为贯彻教育部相关文件精神，深入开展教师教育改革，满足地方对优秀教师的期盼需求，学校依托教师教育学院于2014年创办了首届未来卓越教师培养的"砚园班"，以职业导向为主体，注重教师素质的全面发展，培养兼顾研究能力和师范生技能出色的卓越教师。该校参照2011年教育部颁布的《教师教育课程标准》《教师资格考试标准》《中小学教师专业标准》，对教师教育人才培养方案进行了修订，构建了以实践为导向的教师教育课程体系，形成了14个学分的教师教育理论课程、6个学分的教师技能课程和9个学分的教育实训实践课程。在肇庆学院未来卓越教师"砚园班"的培养实践中，培养对象是通过条件筛选、自主报名、学院把

---

① 朱华琴. 基于"U—G—S"模式的教师教育协同育人实践探索——以肇庆学院为例［J］.大学教育，2019（11）：201.

关、学校审核和"自我介绍""才艺展示""现场答辩"等专家面试过程，最后脱颖而出的是来自不同学科背景、男女比例适当、综合素质较高的师范生。"砚园班"为每个学生配备"双导师"——一个德才兼备的校内专业导师和一个经验丰富的校外教学老师。"砚园班"的学习安排采用小学期制，利用寒暑假各设立一个小学期，同时利用周末一天学习。通过课程模块制、游学制、研修制等促进学生专业素质的提高与发展。其"游学制"则是选择具有代表性的中小学名校作为游学基地，在游学过程中感受办学特色，听取办学理念，分享特色课堂教学，共享名师成长经验，接受专家指导。① 这样一种未来卓越教师培养模式较好地体现了"U—G—S"的内在意蕴。

二、"U—G—I—S"模式

（一）"U—G—I—S"模式概述

"U—G—I—S"模式由全国培养农村小学教师规模最大的师范院校——湖南第一师范学院率先实施。2006 年，该校在全国率先恢复公费师范教育。其中该校小学教育专业主要招收公费定向师范生，培养具有卓越教师潜质的小学骨干教师。该专业的培养目标定位为：立足湖南农村基础教育，传承实事求是精神，培养理想信念坚定，师德风范高尚，乡土情怀浓厚，专业知识综合，教学能力全面，艺术素养良好，能服务并引领湖南农村基础教育改革与发展，具有卓越教师潜质的小学骨干教师。根据《国家中长期教育改革和发展规划纲要（2010—2020 年)》总体部署，在新的时代背景下，全面推进协同育人、协同创新，是师范专业提高人才培养质量、建设高水平特色专业的重要途径。该专业充分认识到地方教育行政部门和小学在师范生培养中的重要作用，坚持"提高质量、资源共享、优势互补、合作共赢"的原则，建立起高校、地方教育行政部门、教育研究机构和小学"四位一体"（"U—G—I—S"）协同育人机制，共同培养优质小学师资。并且，按照教师教育职前职后一体化的要求，坚持为基础教育和小学在职教师专业发展服务，基本形成了小学教师培养培训、研究和服务一体化的合作共同体。

---

① 肖起清. 未来卓越教师"三维八制"培养模式的实践研究［J］. 肇庆学院学报，2022 (4)：57 - 60.

（二）"U—G—I—S"模式实践探索

湖南第一师范学院于 2014 年入选首批"教育部卓越小学教师培养计划"项目，成为卓越教师培养的"国家队"。该校小学教育专业基于"U—G—I—S"模式，始终以教师专业情意养成为抓手，以课程体系创新为核心，以综合素质培养为主线，以人才评价机制改革为保障，打造"四能四会"（能说会道、能唱会跳、能写会画、能教会研）的优秀小学教师。具体表现在：

首先，该专业建立了"优势互补，合作共赢"的"高校—地方政府—教育研究机构—小学（U—G—I—S）""四位一体"协同育人机制。从招生到入校培养到就业全过程，均强化高校与地方政府、小学三方的深度合作、有效互动。同时，在发挥政府、小学等在人才培养中的作用外，学校还尝试与教育研究机构建立深度协作关系，如湖南省教育科学研究院、市（区、县）教师进修学校等。一方面，把这些有学科专长的基础教育专家纳入到课程教学、教育实习、教育实践等教师职前教育环节中来，探索"合作培养"优秀农村小学教师的运行机制；另一方面，以高校的教学、研究力量为平台载体，联系这些有造诣的基础教育领域教学专家、教师，成立区域教师中心服务基地，履行小学教师教育理论研究、教师职后培训、指导基础教育实践等职能。逐渐形成了"优势互补、合作共赢"的"高校—地方政府—教育研究机构—小学"四位一体协同培养优秀农村小学教师的长效机制。

其次，该专业形成了小学教师培养培训、研究和服务一体化的合作共同体。主要表现为：第一，实现小学教师职前培养与职后培训一体化。湖南第一师范学院是国家级小学骨干教师培训基地、湖南省"小学教师职前培养与职后培训创新机制改革"试点单位。近年来，小学教育专业结合"国培""省培"计划的实施，加大构建职前培养与职后培训一体化的小学教师终身教育体系的力度，出台了《职前职后教育一体化建设实施办法》，取得了明显成效。第二，组建小学教师教育联盟。2015 年，为充分发挥高等师范院校优质教育文化资源的作用，促进教育公平和基础教育快速、均衡和可持续发展，积极探索"U—G—I—S"联合培养人才的新模式和新机制，学校与长沙市教育局共同组建了"小学教师教育联盟"，突出了合作、共享、交互的关系特色。第三，基于协同机制实践育人取得明显的效果。

学校自推行"U—G—I—S"模式以来，已有1万多名师范生到各联盟校实习实践，平均每人授课20节，有98%以上的师范生担任过班主任工作，90%以上的师范生在联盟校开展过教育调查研究。

再次，该专业与小学教育实践基地建立了有效的合作关系。除了保证师范生教育实践以外，还能够在小学教育研究、校本课程开发、在职小学教师培训等方面进行合作。主要表现在：一方面，建立了明确的小学教育实践基地建设和管理的规章制度；另一方面，形成了与小学教育实践基地相互借力，以专业指导实践、以实践反哺专业的良性格局。目前，共有108所小学作为小学教育专业的实践基地，在数量上完全能够满足小学教育专业学生对见习、实习、研习的行动要求。

还有，建立了健全完整的实践教学体系。小学教育专业重视实践教学工作，建立了健全完善的实践教学体系，能够做到教育见习、教育实习、教育研习互相贯通，集师德体验、教学实践、班级管理和教育研究于一体，并能够与课堂教学、理论学习等其他教育环节有机衔接。构建起全方位、全过程的实践教学体系，探索出"TPRP"螺旋渐进式实践教学模式，并建立完善了实践教学保障体系，以确保实践教学工作有效高效。

最后，该专业为加强师范生教育实践指导教师队伍建设，小学教育专业依托高校、地方教育行政部门和小学"三位一体"协同培养机制，根据小学教育专业实践教学的需要，聘请小学优秀教师与本校专业教师共同指导师范生小学教育实践，建立并实行了"双导师"制度。"实行双导师制，是当前培养小学卓越教师的有效策略之一。在培养卓越小学教师的过程中，要充分发挥'双导师'的作用，采取有力措施，形成教育合力。加强大学理论导师和小学实践导师之间的相互配合与协作，共同制定学生的实践活动计划和方案，为学生提供实践基地和平台，对学生的实践进行更有效的指导、考核与监督，使得导师之间优势互补，共同完成卓越小学教师的培养任务，培养一批具有先进教育理念、博学的专业知识、扎实的专业能力的高素质的卓越小学教师。"[①] 当然，"双导师制"的正式实行目前还处在

---

① 谭桂巧，唐玉曼，韦艳桃，等. 小学卓越教师培养的现状分析与路径探讨［J］. 教育现代化，2019（10）：124－126.

起步阶段，基本上还是一种松散的组织结构关系，其制度化、形式化水平有待进一步规约和提升。

第四节 职前培养与职后培训的一体化

对于卓越教师培养来说，职前培养与职后培训的一体化早已为学界所认同，也是教师教育高质量发展的基本路径。这种一体化表明前者是后者的基础，后者是前者的拓展、深化，二者形成一种持续的、相互贯通的关系。

一、职前培养

下面以小学教师培养为例，谈谈职前培养的有关要求。国内很多师范院校开展卓越小学教师的培养工作，且构建了卓越教师培养的课程结构体系和实践教学体系。

（一）课程结构体系设置

相关研究认为，卓越小学教师培养的课程设置，应处理好五对关系：1）注重"学术性"的学科专业课程与注重"师范性"的教育课程的并重；2）实现"分向培养"的专业必修课程与"综合发展"的选修课程的融合；3）注重教育理论课程与教育实践能力课程的统一；4）侧重知识能力的显性课程和关注专业情意的隐性课程的并重；5）关注职前发展的课程设置与重视职后发展的课程建设相结合。① 同时，卓越教师培养的课程结构体系中，要加强注重学术性的专业课程与注重师范性的教育课程的有效结合。单纯的教育课程侧重职业教育，仅能培养出"教书匠"，唯有把专业课程与教育课程相结合才能实现"师范性"与"学术性"的统一，实现专业化职业教育。如果课程结构中将专业化教育与职业教育割裂，单纯停留在板书、班级管理、行为规范、职业技能技巧等方面的训练，这将导致难以培养出

---

① 蒋蓉，李金国. "卓越小学教师"培养目标、模式与课程设置 ［J］. 课程·教材·教法，2017（4）：115 – 118.

卓越教师。①

农村卓越教师培养的课程体系构建，有些院校实施的是 4 Curriculums 课程体系，即通识课程、教育课程、学科课程和技能课程。② 有研究者将卓越小学教师的培养目标定位为：旨在培养热爱小学教育事业，具有良好道德素养和宽广文化素质，基础知识扎实宽厚、学有专长、教育技能全面并具有从事小学多门学科教学和小学教育教学研究能力的优秀小学教师。③ 其将卓越小学教师素养结构划分为专业情意、专业知识、专业能力、文化素质四个方面。具有代表性的小学卓越教师培养模式有三种：全科型模式、分科型模式、分向综合模式。不同模式用以适应不同的培养目标，全科型模式旨在培养适应小学各学科教学需要的"全科型教师"，分科型模式按照小学分科教学现状培养"分科型教师"，而分向综合模式采取"分向发展、综合培养"方式培养专长于一门学科教学，同时具备其他多门学科课程的任教能力以及教育教学管理、教育研究等能力的教师。④ 因此，卓越小学教师更适宜于采用分向综合模式进行培养。"分向发展"即将小学教育专业分设大文、大理两个方向，使该专业的毕业生分别能胜任语文、品德或数学、科学方向课程的教学；"综合培养"，即通过四年的学习，学生能满足小学素质教育的需要，具备从事小学教育教学所需的基本知识、专业素质和各项教育教学技能，实现音体美综合素质养成和三笔字、简笔画、普通话等小学教师基本技能的培养，从而使得毕业生从教后除任教一门专业课程外，还具备其他多门学科教学的能力。

此外，也有研究认为，卓越教师核心素养是"师德情怀""学识素养""实践智慧"的"三元共生"。江苏第二师范学院据此分类建设了通识教育、学科基础、教师教育、技能训练与实践等课程模块。该校加强通识课程建

---

① 王林发，伦明莉. 地方师范院校全科型卓越教师培养的困惑与探索［J］. 中国教育学刊，2019（6）：79.

② 罗碧琼，蒋良富，王日光，等. 地方高校公费师范生培养模式创新：乡土意蕴与系统方法［J］. 大学教育科学，2019（6）：39.

③ 蒋蓉，李金国. "卓越小学教师"培养目标、模式与课程设置［J］. 课程·教材·教法，2017（4）：114.

④ 蒋蓉，李金国. "卓越小学教师"培养目标、模式与课程设置［J］. 课程·教材·教法，2017（4）：115.

设，完善通识课程体系，致力于培养学生师德情怀、科学精神、公民意识、世界视野、审美情趣和生存智慧，为学生的全面发展和专业发展奠定良好的基础。此外，通识教育和专业教育融于一体，突出学校卓越教师培养通识课程的特色。另外，还有一些高校基于分科培养模式实施小学卓越教师培养，在课程设置上实行文理分科或直接细化学科专业对口到小学各个学科，以适应小学多学科的教学现状和学科专业化教学要求。其中，首都师范大学的小学教育专业分科较为完备，分别开设了语文方向、数学方向、英语方向、科学方向、信息方向和德育方向，以及音乐学、美术学、书法学方向；吉林师范大学设置了语文（文科）方向、数学（理科）方向和英语方向；海南师范大学在开设了文科方向与理科方向的同时，又单独设置了英语方向；等等。

（二）实践教学

培养农村卓越小学教师，除了对城市小学环境及教育教学状况有全面的了解外，更要熟悉农村小学教育教学的环境和现实情况，适当加大教育实践的时间比重。在不同区域的见习实习不但增加教育实践的多维经历，更能促进卓越小学教师提升适应不同环境的教育教学能力，凸显卓越小学教师培养的实践特征。

为切实提升未来卓越小学教师的教育教学实践能力，湖南第一师范学院设置的实践内容包括教育见习、市内教育实习、农村全期顶岗实习、第二课堂等教育实践形式，贯穿整个大学四年的学习期间。教育见习和教育实习各分两次进行，并交错开展，目的在于以"观摩学习"与"亲身实践"交替开展的方式帮助学生反思理论与精进能力。教育见习各为期1周，两次见习的侧重点不同，第一次在大二第二学期，帮助师范生初步了解小学学校的各项管理、工作运行、小学生特点、教师教学及作业辅导等基本情况。第二次见习安排在大三第二学期，侧重教学观摩和深入把握小学教师的课堂教学及课堂组织管理。教育实习第一次安排在大三第一学期，通过为期6周的市内小学实习，将教育教学理论运用于实践，促进理论与实践的融合，加强师范生教育教学的实践能力；第二次实习则安排在大四第一学期，组织到农村小学全期顶岗实习，目的在熟悉农村小学教育教学环境、农村小学生的身心特点及掌握农村小学教育教学的特点与方法，以适应农村小学教育教学的需要。

另外，像承担卓越小学教师培养工作的江苏第二师范学院，与优质实践基地相结合建立"乡村教育工作站"，强化共建与共治管理，保证学生有效地开展分段式见习、实习和研习活动。第一阶段充分利用学校周边及各区市的优质实践基地开展"高标准"条件下的 1 周见习和 6 周实习。第二阶段下基层（学生就业单位）学校开展"接地气"条件下的 1 周见习和 8 周实习。定期组织实践教学改革与发展论坛、乡村教师培养工作研讨会以及乡村学校调研等，围绕"推动实习基地建设，提高实践教学质量"的主题开展研讨交流活动。通过如此多维度、多层次的教育实践，提升学生的教育能力与实践智慧。

二、职后培训

卓越教师培养是一个长期的过程，需要职前职后的一体化共同努力，实现从"潜在"转变为"现实"。可以说，教师专业发展是职前与职后综合化培养的结果，不可能靠一次性的师范教育来完成。职后培训发挥着十分重要的作用。一般说来，职后培训主要有校本研修、进修培训等。校本研修是一种建立在学校文化基础上的自主生长策略，是学校内生行为，也可以说是学校的一种管理文化，其存在形态与特色各异。进修培训是促进教师专业发展的重要方式，近年来得到了长足的重视与发展。

（一）校本研修

"校本研修"一词衍生于 20 世纪 60 年代诞生的"校本培训"。校本研修在英美是伴随着"教师即研究者"运动兴起的。当时人们越来越多地认识到，没有学校参与特别是教师参与的教育研究是无法使教育成果很好地在教育实践中加以运用的。20 世纪 80 年代以后，英美等国都大规模开始实施教师的校本培训计划（美国成立了教师专业发展学校），很快推广到东南亚以及非洲等国家，教师的校本培训在国际教育会议上也得到强调和认可。

2002 年，我国教育部《关于进一步加强和改进基础教育教学研究工作的意见》指出："推进以校为本的教研制度建设，促进教师的专业化成长。" 2004 年，教育部《关于加快推进全国教师教育网络联盟计划，组织实施新一轮中小学教师全员培训的意见》进一步规定："建立校本研修制度，推进各级各类学校的学习型组织建设。加强校本研修是实施教师网联计划的基础，是现阶段开展教师全员培训的重要辅助途径。要积极创造条件建立和完善校本研修制度。"

1. 校本研修的基本内涵

不同的概念表述：

校本研修是以教师所在学校为主体开展教育教学研究活动和教师专业发展研修制度的简称。

校本研修是指立足于本校实际，深入校本教研和校本培训，引领教师不断发展、不断提升，通过构建学习型组织、营造研究氛围来促进教师专业发展的活动。

校本研修就是以实现学校的发展目标和满足教师的发展需求为目的，由学校发起组织的教师在职研修活动。

校本研修是指教师在教育教学实践中将遇到的一些具有个性化和真实性问题作为研究对象的一种教学研究活动。

校本研修就是教师为了改进自己的教学，在自己的教室里发现了某个问题，并在自己的教学过程中以追踪或汲取他人的经验解决问题。

校本研修是以促进教师发展为目的的一种研修形式，旨在通过专业的引领，同伴的互助以及教师的自修反思，一切从学校的实际出发，让教师在形式多样的教育教学研究和研修中得到发展。

上述概念解释各有侧重，大同小异，其基本内涵是一致的，即立足于本校场域组合条件资源进行各种教育研修活动，目的在于促进教师的专业发展。

2. 校本研修的基本特点

第一，研究范畴的校本性。"以校为本、在学校中、为了学校"。校本研修要求学校是教学研修的基地，要以学校课程教学中的具体问题为主题，依靠本校教师的研究，以解决本校的教学问题，达到提高教学质量的目的。

第二，研究主体的广泛性。教师必须养成行动研究的意识，自觉研究"自己的课"。同时，应该参与到其他教师的课堂教学研究中，相互帮助，相互借鉴。

第三，研究方法的多样性。如行动研究法、课堂观察法、课例研究法等。教师应根据课堂教学具体问题和实际需要，选择适合自己的研修方法。

第四，研究价值取向的适用性。校本研修的价值取向主要是促进教师课堂教学实践行为的改进，探索在学校课堂情境中解决教学中存在的具体问题的方式方法，方法应具有一定的适用性。

3. 校本研修的主要形式

从不同的角度可以对校本研修的形式做出不同的划分，如从教师个人的角度来看，校本研修的主要形式有专家引领、同伴互助、个人反思；从学校校本研修的组织形式来看，主要有经验交流、课堂改进、教学论坛、典型案例等，还包括专家报告与点评、理论学习等。专家引领是重要的校本研修的形式，在专家的指导、示范、帮助之下青年教师可以获得更快的专业成长。专家可以是校外的，也可以校内的，教师通过信息网络技术与校外专家建立起必要的联系，并进行线上或线下的教育教学研讨，是行之有效的方式之一；同伴互助是校本研修最常用、最便捷的方式，他们面对同一教育场域中的真问题、同案例，通过同伴之间的切磋、交流、互动探讨，包括师徒结对制的实施，构成教师专业成长的最直接的推动力；个人反思是作为经验中的个体，不断反思自己的教育教学行为，不断查找教育教学中的不足，不断质疑问题本身，从而求得自己的进步与发展。校本研修在中小学都已得到了一定形式的开展，但其实效性还有待提高。

案例：山西永济市银杏小学"校本研修：学校持续发展的策略和引擎"①

目的：以创建书香校园、优化课堂教学、开展课题实践为抓手，营造"学"风、构建"研"风、构筑"诗"风，全面提升教师的素质。

第一，创建书香校园，构造"学"风。1. 提出教师学习"十个一"目标。每日记一句名言，每周背一首古诗，每天练一页钢笔字，每天读一份报纸，每月读一本杂志，每月读一本教育名著，每学期记一本经验性、指导性、实用性的学习笔记，每学期剪贴一本有价值的文章，每学期开展一次读书感想交流会，每学期进行一次评选表彰"学习型教师"活动。2. 创

---

① 李更新. 校本研修：学校持续发展的策略与引擎［J］. 教育理论与实践，2014（2）：20 - 22.

造学习条件。创造学习条件，解决教师在学习中遇到的具体问题，如每个办公室订阅报刊、为教师购买每学期所规定的教育名著、学校为教师翻印有价值的学习资料等。3. 落实学习效果。自查、互查、考查。学校采取各项措施落实学习效果，就是要使每一个教师成为书香的飘逸者、文化的先行者、智慧的传播者、博学的引领者。

第二，优化课堂教学，构筑"研"风。1. 同伴聊天式。教师在与同伴的相互对话中形成理念，在相互交流中形成策略，在相互碰撞中生成智慧。2. 学科教研式。每周五以教研组为单位，开展学科教研活动。教研活动至少解决两个问题：一是学科教研探讨交流，二是小问题求助。3. 课堂研讨式。每学期都要举行一次大型课堂教学研讨活动，让教师在人人讲、人人听、人人评的互动氛围中享受研究的乐趣，感受成长的快乐。4. 例会传播式。每周的例会上，除了增加教学内容的研讨外，还要给教师传递一条课程改革新理念、一条课程改革信息，例会成了理念、信息的交流会。5. "5 + 2"式。即"5"是工作 5 天；"2"是利用两个下午的时间搞研究，一是周三下午的学科教研，二是星期二下午的"教师沙龙"。

第三，开展课题实践，构筑"诗"风。1. 学诗，提升教师文化功力。教师要支撑起"诗化校园"这个舞台，就必须在校本研修中学诗、研诗，成为有底蕴有品位的人。2. 写诗，提升教师工作活力。3. 用诗，提升课堂教学活力。具体是让教师根据课文内容需要将"诗、联、儿歌"引入课堂，营造诗声琅琅、诗情浓浓的诗意课堂氛围，引导学生热爱诗歌，激发学生学习兴趣，让真善美在学生心灵扎根。

（二）进修培训

进修培训是促进教师专业发展的重要方式。教育部于 1999 年颁布的《中小学教师继续教育规定》强调，"参加继续教育是中小学教师的权利和义务"，并提出为教师适应岗位要求而设置的培训时间每五年累计不少于 240 学时。2012 年颁布的《国务院关于加强教师队伍建设的意见》将每五年为一周期的教师全员培训提高到 360 学时。中小学教师参加由政府主导的培训已经制度化和常态化。[①]

---

① 教育学原理编写组. 教育学原理［M］. 北京：高等教育出版社，2019：302.

随着 2010 年以来"国培"的兴起，国家投入了数百亿专项经费，中小学教师培训得到了极大的推动，教师专业发展取得了明显的成效。农村中小学教师获得的各种专业培训机会很多，时间长短不一，既有教育理念方面的专题培训，也有实践操作方面的技能培训，还有学科方面的业务培训，更有管理方面的专项培训，而且形成省—市—县不同层次的教师教育培训体系，满足了广大农村教师提高业务、增长见识、扩展眼界、更新理念的目标要求，也较好地推动了他们在教育教学中的变革实践。

但不可忽视的是，进修培训的针对性、精准性不强，实效性、拓展性不足，尤其根据农村教师的专业发展需要进行系统性设计方面还存在较大问题，这些方面有待改变。此外，农村教师参与培训的积极性不是很高，专业发展的动机不是很强，有的只是"被培训"。只有让农村中小学教师主动参与进来，形成前进路上的发展动力，在学习与思考中增进智慧，激发创新，进修培训的作用才能够得到真正体现。正如学者指出，教师培训不仅要关照到教师的知识系统的提升，更要促进教师多种经验的不断改造。学习的具体活动，涉及的内容、专题，都应浸润到教师做教育的全过程之中，与其日常的课程、学科、教学、教材、学生、方法、评价、管理等方面密切联系，"全息"般投射到教师教育实践智慧和行动中的专业水平。当培训在设计、组织、内容、方法、活动、过程等方面体现出实践共同体所关注的基本要素时，这种基于教师、体现参与、指向发展的教师培训具有了现实可能性。[①] 由此，教师的专业发展得以真正的提升，走向卓越便有了坚实的基础。

---

① 王海燕．教师培训促进教师专业发展之可能［J］．教师发展研究，2017（1）：20－23．

第六章
农村卓越教师精准培育的区域策略

　　培养卓越教师是我国新时期教师教育的目标方向与历史使命，而农村卓越教师培养是其中内含的基本之义，是卓越教师培养体系不可或缺的重要构成。在乡村振兴战略和城乡教育均衡发展理念的时代呼唤下，农村卓越教师培养具有更加突出的意义价值。城乡均衡发展的核心要素是教师，目前国家对教师队伍建设提出很多重要的政策建议，尤其是对提高农村教师队伍素质提供了明显的政策支持，这对于农村高水平教师队伍建设包括促使一批农村卓越教师的涌现无疑是大有裨益的。本章内容包括介绍与评析近年来有关的农村教师队伍建设政策，基于卓越教师培养包括职前训练与职后培育两个阶段，探讨地方师范院校在农村卓越教师培养方面的问题与改进路线，以及教师职后培训存在的问题及区域策略。

第一节　教育均衡理念下农村教师队伍建设的政策解析

　　近年来随着"教育强国"战略的不断推进，加强教师队伍建设的相关政策文件纷纷出台，给教师专业发展与整体素质提高带来了极大的推动力量。这些政策或文件的制定有一条隐含的主线就是如何促进农村教师的专业发展，如何促进城乡教育均衡的最大程度的实现，以满足现阶段社会发展的基本需要。从 2018 年以来，国家密集出台的乡村教师发展的文件主要有 2018 年 1 月中共中央、国务院《关于全面深化新时代教师队伍建设改革的意见》，2018 年 2 月教育部等五部门《教师教育振兴行动计划（2018—

2022 年)》，2018 年 9 月教育部《关于实施卓越教师培养计划 2.0 的意见》，2018 年 9 月中共中央、国务院《乡村振兴战略规划（2018—2022 年)》，2019 年 2 月中共中央、国务院《中国教育现代化 2035》，2020 年 7 月教育部等六部门《关于加强新时代乡村教师队伍建设的意见》，2021 年 2 月中共中央办公厅《关于加快推进乡村人才振兴的意见》，2021 年 5 月教育部等三部门《"十四五"时期教育强国推进工程实施方案》，2021 年 5 月教育部等四部门《关于实现巩固拓展教育脱贫攻坚成果同乡村振兴有效衔接的意见》等 9 个。下面从教育均衡的角度选择其中三个政策进行解读。

一、《关于全面深化新时代教师队伍建设改革的意见》的解析

2018 年 1 月 20 日中共中央、国务院发布《关于全面深化新时代教师队伍建设改革的意见》（以下简称《意见》），共有 6 个部分 27 条，其指导思想是"全面贯彻党的教育方针，坚持社会主义办学方向，落实立德树人根本任务，遵循教育规律和教师成长发展规律，加强师德师风建设，培养高素质教师队伍，倡导全社会尊师重教，形成优秀人才争相从教、教师人人尽展其才、好教师不断涌现的良好局面"。这是对教师队伍建设的总的设想与期望。

《意见》指出，在教育事业发展中"师范教育体系所削弱，对师范院校支持不够。……教师特别是中小学教师职业吸引力不足，地位待遇有待提高"。健全师范教育体系，提高教师教育质量，目前已得到了很大的重视与转变。中小学教师职业吸引力不足，农村中小学教师尤其，这是摆在教师队伍建设工作的现实难题，也是世界各国教师教育工作的重中之重。《意见》提出了分类施策的原则，提出"根据我国国情，借鉴国际经验，根据各级各类教师的不同特点和发展实际，考虑区域、城乡、校际差异，采取有针对性的政策措施，定向发力，重视专业发展"。区域、城乡、校际的差异现实存在，城乡差异无疑是其中的核心，必须采取有针对性、激励性措施，缩小城乡教育的差距，提高农村教师的职业吸引力，这是最为关键的问题。为了提高师范院校生源质量，提议"对符合相关政策规定的，采取到岗退费或公费培养、定向培养等方式，吸引优秀青年踊跃报考师范院校和师范专业"，并将直属师范大学公费师范生的履约任教服务期调整为 6

年。上述政策性建议，都有利于农村教师队伍建设的培养与发展，为缩小城乡教育差距积蓄支持力量。同时，为了提高农村教师队伍专业素质，《意见》提出了下列具体建议：1. 实施校长国培计划，重点开展乡村中小学骨干校长培训和名校长研修。2. 落实城乡统一的中小学教职工编制标准。编制向乡村小规模学校倾斜，按照班师比与生师比相结合的方式核定。3. 实行义务教育教师"县管校聘"。推动城镇优秀教师、校长向乡村学校、薄弱学校流动。实行学区（乡镇）内走教制度，地方政府可根据实际给予相应补贴。3. 逐步扩大农村教师特岗计划实施规模，适时提高特岗教师工资性补助标准。4. 鼓励地方政府和相关院校因地制宜采取定向招生、定向培养、定期服务等方式，为乡村学校及教学点培养"一专多能"教师，优先满足老少边穷地区教师补充需要。5. 完善符合中小学特点的岗位管理制度，将中小学教师到乡村学校、薄弱学校任教 1 年以上的经历作为申报高级职称和特级教师的必要条件。6. 大力提升乡村教师待遇。认真落实艰苦边远地区津贴等政策，鼓励有条件的地方提高补助标准，努力惠及更多乡村教师。加强乡村周转房建设。在培训、职称评聘、表彰奖励等方面向乡村青年教师倾斜，优化乡村青年教师发展环境。7. 做好乡村学校从教 30 年教师荣誉证书颁发工作，营造尊师重教的良好社会风尚。

《意见》是关于深化新时代教师队伍建设改革的行动蓝图，其中对农村教师队伍建设给出了诸多有针对性的策略建议，提出了一些有倾斜性的教育政策，这对改善农村教师队伍、提高农村教育质量无疑有着极大的帮助作用，也必将有力促进城乡教育均衡发展。但如何使《意见》中所涉及的农村教育的相关内容真正落实并转化为实际可见的效果，还需要其他配套政策的督促与完善。

二、《中国教育现代化 2035》的解析

2019 年 2 月中共中央、国务院《中国教育现代化 2035》（简称《2035》）的颁行，有着重要的战略价值与时代意义。在其"战略背景"部分明确指出：教师队伍特别是乡村教师队伍建设全面加强，教育质量进一步提升。加快补齐教育短板，教育公平取得重大进展，中西部和农村教育明显加强，80% 以上的县（市、区）实现了域内义务教育基本均衡，城乡

和区域教育发展差距进一步缩小。但是，我国教育发展仍不平衡不充分……主要表现在：……区域、城乡之间教育发展尚存在明显差距，这是必须认清的基本现实。

《2035》中"总体思路"的"基本原则"部分指出：坚持统筹推进。统筹城乡、区域和各级各类教育发展，抓重点、强弱项，补齐教育发展短板……充分调动各方面力量，协同推进教育现代化。乡村教育仍然存在诸多的困难，需要加以弥补、完善，这是教育现代化的题中之义，因为教育现代化不能割裂乡村教育的现代化发展水平，从某一角度说，只有乡村教育的现代化才能表明我国教育的真正现代化。为了实现我国教育的现代化，《2035》明确指出实现优质均衡的义务教育。实现九年义务教育城乡一体化均衡发展，保障适龄儿童接受良好的义务教育。我国目前已实现了义务教育的基本均衡，但离"优质均衡"的目标尚且还有较大的差距，重点、难点仍是在农村，农村教师队伍建设是其中的核心主题。在"战略任务"这一块提出"推动各级教育高水平高质量普及"的目标，各级教育的高水平高质量普及是实现教育现代化的重要基础。要根据各地实际，强化分类指导，重点关注中西部地区和农村地区，聚焦偏远地区、贫困地区和民族地区等最困难的地方，不断完善发展机制，精准施策，补齐短板，全面扩大人民群众受教育的机会。"精准施策"需要根据农村或偏远地区的实际状况，制定有效的实施策略，改善农村教育的物质环境条件，提高农村教师的职业吸引力，促进农村教育高质量发展。《2035》提出"实现基本公共教育服务均等化"，要建立健全基本公共教育资源均衡配置机制，逐步缩小区域、城乡、校际差距，推进城乡义务教育一体化发展，对困难群体精准帮扶，努力让全体人民享有更公平的教育。

义务教育的均衡发展，是为了体现社会的公平与正义，这是现代化社会的根本追求。为了实现基本公共教育服务均等化，文件中提出了一些具体措施：1. 推进城乡义务教育均衡发展。健全城乡一体化的学校布局建设、师资配置、经费保障、督导评估等机制。2. 推行教师"县管校聘"，完善城乡校长交流轮岗制度。3. 建立健全城乡对口帮扶机制，鼓励各地通过多种有效方式，持续扩大优质教育资源的覆盖面。办好乡村学校，推动学校融入乡村振兴发展。4. 健全家庭困难学生资助体系。推进教育精准扶贫，重点帮助贫困家庭子女接受教育，让贫困家庭的孩子都能接受公平、有质量的教育。5. 创新编制管理，加大教职工统筹配置和跨区域调整力度，向乡村小规模学校和人员紧缺学校倾斜，切实解决教师结构性、阶段性、区域性短缺问题。6. 完善教师绩效工资制度和分配办法，更好发挥绩效激励的导向作用。重点提高农村教师、特教教师、民族地区双语教师的医疗卫生、住房等保障水平，落实工资福利倾斜政策，使乡村教师实际工资收入水平不低于同等县镇教师工资收入水平。7. 关心乡村教师生活，全面落实集中连片特困地区生活补助政策，依据学校艰苦边远程度实行差别化补助，鼓励有条件的地方提高补助标准，努力惠及更多乡村教师。8. 发挥中央财政性资金的导向作用，国家财政性教育经费支出向农村、偏远、贫困、民族地区倾斜，向困难群众倾斜，促进各级各类教育和区域教育协调发展。

中国教育现代化是新时代教育发展目标愿景，也是中国教育发展的必然路径。中国教育现代化既是一个结果目标，也是一个过程导向，乡村教育实现现代化是其中的应然之义。或者说，只有乡村教育实现现代化才能说中国教育现代化得以真正全面实现。目前城乡教育的差别还较大，乡村教育的发展还面临诸多的困难，乡村教师的流动性、流失率还比较高，乡村教师职业的吸引力还不强，这对于促进城乡教育优质均衡发展提出很大的挑战。《2035》对于缩小城乡教育的差距、促进一体化发展以及推进教育公平提出了很多的策略性建议，对乡村教师的专业发展、待遇保障、文化生活等提出了具体的可行性措施，必将极大地促进乡村教育的健康良性发展，实现我国教育现代化的总体目标。

三、《关于加强新时代乡村教师队伍建设的意见》解析

2020 年 7 月教育部等六部门发布《关于加强新时代乡村教师队伍建设的意见》（以下简称《意见》），共分为 9 部分 23 条，加强新时代乡村教师队伍建设，努力造就一支热爱乡村、数量充足、素质优良、充满活力的乡村教师队伍，这是出台《意见》的目标指向与价值旨归。

《意见》指出：乡村教师队伍还存在结构性缺员较为突出、素质能力有待提升、发展通道相对偏窄、职业吸引力不强等问题，必须把乡村教师队伍建设摆在优先发展的战略地位。乡村教师队伍建设还存在诸多的问题，

严重影响到乡村教育的高质量发展，制约了城乡教育的一体化进程。这一状况需要加以改变，制定的目标是力争经过3—5年努力，乡村教师数量基本满足需求，质量水平明显提升，队伍结构明显优化，地位大幅提高，待遇得到有效保障，职业吸引力持续增强，贫困地区乡村教师队伍建设明显加强。教师是乡村教育的核心要素，只有提升教师队伍的综合素质与稳定性，城乡教育均衡发展有了坚实的基础，乡村教育现代化的实现才具有坚强的保障。

为了促进乡村教师的专业发展与加强乡村教师队伍建设，《意见》从7个方面提出了推进策略。1. 加强师德师风建设，厚植乡村教育情怀。2. 创新乡村教育编制配备，挖潜调整乡村教育编制。提出科学合理核定教职工编制，向乡村小规模学校适当倾斜，按照班师比和师生比相结合的方式核定。同时，鼓励通过跨校兼课、教师走教等方式实现区域内教师资源共享。3. 引导优秀人才向乡村学校流动。包括健全县域交流轮岗制度，将到农村学校或薄弱学校任教1年以上作为申报高级职称的必要条件，3年以上作为选任中小学校长的优先条件；对口支援、学校联盟等形式引导城镇优秀校长和骨干教师向乡村学校流动；多种形式配备乡村教师。结合乡村教育的需要，探索建构招聘和支教等多渠道并举的方式鼓励人才到乡村任教。4. 创新教师教育模式，培育符合新时代要求的高质量教师。包括加强公费定向培养，采取定向招生、定向培养、定向就业等方式，精准培养本土化乡村教师；抓好乡村教师培训，积极建构省、市、县教师发展机构及分工合作的乡村教师专业发展体系。5. 拓展乡村教师职业发展空间。包括职称评聘向乡村倾斜，实行城镇教师和乡村教师分开评审。对长期在乡村学校任教的老师，职称评聘可按规定"定向评价、定向使用"，培育乡村教育带头人。实施名师名校长培养工程，在遴选时向乡村学校倾斜。6. 提高乡村教师地位待遇。包括提高生活待遇，完善乡村教师待遇保障机制，确保平均工资收入水平不低于或高于当地公务员平均工资收入水平。完善绩效工资政策，支持各地因地制宜调整绩效工资结构，全面落实集中连片特困地区乡村教师生活补助政策，依据学校艰苦边远程度实行差别化的补助标准。完善荣誉制度，国家继续对在乡村学校从教30年以上的教师颁发荣誉证书，结合实际给予奖励，并在各类人才项目、荣誉表彰、评奖评优中向乡村教师倾斜。7. 优化乡村青年教师成长的制度和人文环境。在培训、职称评聘、表彰奖励等方面向乡村青年教师倾斜，实行多种形式的乡村青年教师成长项目，加快乡村青年教师成长步伐；同时，在保障教育教学的情况下，组织青年教师参加乡村各种文化活动，主动融入当地百姓生活。

《意见》对乡村教师队伍建设提出了全面的、多层次、立体的策略建议，从职前培养到入职教育、专业发展、职业成就等给以具体的、针对性的政策支持，着眼于提高乡村教师队伍的群体素质、稳定乡村教师队伍力量、提高乡村教师的身份地位、提升乡村教师的职业吸引力。尤其针对乡村青年教师的发展也提出了很多有价值的、有益的建议，这无疑会极大地促进乡村青年教师的快速成长，也极大地拓展他们的发展空间、挖掘他们的发展潜力以及加强他们的未来保障。《意见》提出了诸多新的观点，如优化乡村教师成长的制度和人文环境，人文环境的改善非常需要，这是提高乡村教师生活品质或生活体验的重要维度。如确定了地方党委和政府是乡村教师队伍建设的主要主体，并强调了问责制度。这将各级党委和政府尤其是乡镇党委、政府重视对基础教育的领导作用提到了重要的位置，也较好地将乡村教育与乡村振兴密切联系一起，凸显了乡村教师队伍建设的时代价值，这是乡村教师之幸，也是国家之幸。

第二节　地方师范院校公费师范生培养现状之反思

10 余年来，地方范院校的公费师范生培养制度成为解决乡村教育师资的一个重要途径，乡村教师的本土化培养①已成为普遍共识，并在绝大部分省份逐渐得以推广。据悉，目前我国有 30 个省份实行地方师范生公费教育，② 每年约 4.5 万名公费师范生到乡村任教，成为乡村教育令人瞩目的新生力量。在以"卓越取向"的教师教育改革背景下，地方师范院校公费师

---

① 张松祥. 本土化：我国乡村教师培养的必由之路 [J]. 中国教育学刊, 2016（12）：62 - 68.

② 苏尚锋, 黄玲芳. 引导性回流：地方公费师范生政策演进的功能逻辑 [J]. 教育研究, 2021（12）：131 - 141.

范生培养取得了一定的成绩，向着"卓越乡村教师"目标积累了一定的行动经验，为广大乡村教育提供强有力的人才支持。

一、公费师范生培养的实践困惑

尽管公费师范生制度为乡村教育解决了大量的师资缺口，有效地推进了乡村教育质量的提高。但地方师范院校在公费师范生培养过程中也存在一些实践困惑与问题，主要有以下几个方面：

（一）学习动力有所不足

地方师范院校培养公费师范生是按照"定向招生，定向就业，定期服务"的模式，考生与培养高校及当地政府签订三方协议，较好地解决了乡村教育师资短缺、下不去的问题，促进了乡村教育健康有序发展。但公费师范生在培养过程中的学习动力问题是一个值得关注的现象。研究者在对"免费教育政策最大不足的看法"的调查中，有31%的认为是降低了师范生学习的积极性，这一比例高于其他选项。[①] 这表明政策本身隐含可能的缺陷，甚至是无法避免的。某研究者通过对某省唯一承担省级师范生公费教育试点任务学校的1445名公费师范生的学习动力情况进行问卷调查，结果表明，省级公费师范生学习动力总体为79.4分，学习动力处于中等偏上水平。[②] "经分析对比，相较于非公费师范生，公费师范生各科目成绩整体偏低"[③]，学习动力存在明显不足。从学生就读公费师范生的学习原因来看，选择就业有保障及减免政策的学生占比50.05%，选择受父母或家庭其他成员影响的学生占比为35.96%，只有2.62%的学生是因为爱好教师这个职业。[④] 可以看出，学生就读公费师范生的选择缘由，具有明显的"他主性"、"外控性"或功利性，内心真正喜欢、自主选择的不多，自然影响了其学习

① 刘建银，黄露. 地方师范大学师范生对免费教育政策的态度及其影响因素：基于某地方师范大学的调查分析 [J]. 教师教育研究，2011（2）：37 – 43.

② 赵英，李頔. 中部地区省级公费师范生学习动力实证研究：基于 S 校调查数据的分析 [J]. 教育理论与实践，2020（34）：43 – 47.

③ 陈媛媛. 地方院校公费师范生学习动力影响因素探析：以福建师范大学为例 [J]. 新疆职业教育研究，2020（3）：40 – 43.

④ 钱芳，郭雨涵. 公费师范生培养实施情况调研及政策建议 [J]. 中国教师，2019（6）：11 – 16.

动力与学习热情。

公费师范生在校学习动力不足的现象，究其原因：第一，公费师范生毕业后有预定的工作保障，无须担心找不到工作，他们的学业成绩基本上不会与毕业后的就业以及职业的选择挂钩，学业成绩对公费师范生的学习动力没有产生有效的反作用力，比较缺乏竞争意识，容易造成少数学生的懈怠心理。第二，公费师范生毕业定向于乡村教育，而且要完成相应的服务年限，这对部分学生构成一种无形的任务和压力，从而波及他们在校学习的主动性、积极性。第三，部分公费师范生学习目标不很明确。因为其可能是在其他因素的主导下进行公费师范教育的学习，不是他们自己本身的意愿，所以大学期间带有一定的盲目性和迷茫性，学习动力显得不够。第四，公费师范生毕业后不能立即考取硕士研究生，只能是参加工作几年后考取在职研究生，他们认为向上发展的通道在某种程度上被"挤压"，从而对自己的前途产生了一定的消极认识，学习动力随之有所下降。

（二）专业"宽度"难以平衡

简单说，专业"宽度"就是专业口径，即专业人才培养的适应面、开放度的问题。"拓宽专业口径，灵活专业方向"① 是多年以来我国高校教育教学改革的重要指导思想。公费师范生的培养目标是乡村学校教师，根据我国目前乡村教育的现状，学生规模有所下降，平行班额变少，多学科教学或胜任多岗位工作是对未来乡村教师的显在要求。这种要求反映到公费师范生的培养方面就是目标定位为"一专多能"的乡村学校教师，即具有多学科教学能力与胜任多岗位素质。由于乡村教育的特殊性，其专业口径应当适度"拓宽"，以适应乡村学校多学科教学的实际需要。但这种"宽度"的具体口径、课程结构如何平衡却是不容易把握的问题，主要表现在小学教师培养方面。如有的高校"卓越小学教师培养"方案遵循"全科型"理念要求，在语文、数学两大学科的专业主干课程之外加上小学各学科课程教学论，形成课程的"大杂烩"，以达到"全科型"人才培养的目标。但这样的专业课程理解未免失之于"宽"，实际上并不符合"全科型"培养的

---

① 谭颖芳，张悦. 大类招生与培养：历程、方案与走向［J］. 教育发展研究，2021（13 - 14）：81 - 91.

核心要义。因为"小学全科型卓越教师的本质内涵不是胜任全部科目的教学，而是能否遵循儿童认知发展规律，有效整合各学科知识，并且具备设计和实施这类整合性课程教学的能力，能否更好地促进儿童品性的养成"①。然而，更多情况下师范院校卓越乡村教师培养中有"失之于窄"的倾向，较为突出的"专业本位主义"，学科专业类课程占有较大比例，人文通识课程、教师教育类课程相对不足，从而使人才培养的适应面受限。高师院校在卓越乡村教师培养的方案设计时如何保持必要的"宽度"，又不失学科专业的独特性，这涉及两个方面的平衡问题。其一，学术性与师范性的平衡。"教师职业具有'双专业'特性，既包括学科专业性，又包括教育专业性；既要牢固掌握任教学科知识和技能，又要精通教育知识和方法。"② 从课程角度而言，"学术性"主要指学科专业课程赋予的价值特性，"师范性"主要指教师教育类课程赋予的价值特性。在"学科本位"主导下，往往突出学科专业课程的重要性，压缩或减缩教师教育课程，从而造成二者之间如何平衡的矛盾。其二，通识教育与专业教育的平衡。通识教育的目的在于提高学生宽广的文化知识素质，"有助于学生形成完善的人格，并促进他们对人类文明与知识的全面理解"③。而专业教育主要指基于专业立场的系统的专业课程知识学习与训练，提升专业思维与专业能力。通识教育与专业教育并不必然产生矛盾，将通识教育融入专业教育是一个重要趋势，但在现实的课程计划中还是存在一个比例的均衡以及通识教育、专业教育课程如何具体设计的问题。经过几年的运行实践，这种状况有所改变。总之，高师院校在卓越乡村教师培养的方案设计时如何保持必要的"宽度"，又不失学科专业的独特性，并且要体现一定的乡土人文性，这涉及多个方面的平衡问题。

（三）乡村精神培育乏力

公费师范生的培养要有乡村教育知识、乡村教育理念、乡村教育文化

---

① 黄友初，马陆一首. 小学全科型卓越教师的内涵、特征与培养路径 [J]. 教育科学，2020 (2)：47－52.

② 金业文. "卓越教师"培养：目标、课程与模式 [J]. 国家教育行政学院学报，2014 (6)：35－29.

③ 郑旭辉. 通识教育与专业教育的融合 [J]. 高校教育管理，2012 (3)：12－16.

的综合渗透，树立他们的乡村教育情怀及乡村教育能力素质，这是成长为卓越乡村教师的前提基础。"乡村教师不但工作在乡村社会场域，而且对乡村具有深沉的爱，甘愿以自己的知识技能热情服务于乡村振兴战略，积极地为乡村振兴贡献自己的智慧和力量，这才算真正意义上服务乡里的主观意愿。"① 但职前培养中乡村教育思想如何渗透，从学科课程角度来看，主要有两种方式：一是设立专门的乡村教育课程，如"乡村教育与乡村文化""农村教育政策改革专题"等，或设置乡村教育组合模块课程，达到对乡村教育、乡村文化的整体理解的目的；二是在专业课程教学尤其是教育学课程中渗透乡村教育思想。现实是这些课程在增进师范生的乡村教师职业认同方面效果并不理想。据调查可知，省属高校公费师范生职业情感认同、价值认同、职业意愿都比较积极，而选择并坚持乡村教师的职业态度较为消极。② 因为从当下的"乡村教育与乡村文化"整体环境来看，乡村教育条件不好、乡村教师地位不高仍是不争的社会事实，在一切以城市教育为价值取向的现代化运动中，乡村教育的形象、坐标也渐趋模糊而暗淡。此外，公费师范生虽然大部分来自乡村，但对他们来说，"乡村"差不多也是异己的存在，他们在现代化的物质满足及通信手段的包裹之下，越来越"城市化"，越来越"内卷化"，缺少与自然环境的开放畅适的互动交流，缺乏深度的砥砺品质的劳动体验，缺乏乡村礼仪文化的深层濡染，使得"乡村少年不再是文化意义上的乡村少年"③，从而也难以自然生长出对乡村的眷恋与故土情结。他们在认知上普遍存在"现实倒置"的现象，他们生来就在互联网社会中，与智能信息技术无缝对接，这一社会存在特征对他们的主体建构产生了极其深刻的影响。④ 所以"乡村精神"对他们来说也是割裂而疏离的。

研究发现，公费师范生的乡村教育情怀总分随着年级升高呈现逐渐降

---

① 肖正德. 论乡村振兴战略中乡村教师的新乡贤角色 [J]. 教育研究，2020 (11)：135 - 144.

② 朱洪雨，车丽娜. 省属高校公费师范生教师职业认同的现状分析及培养对策 [J]. 当代教育与文化，2021 (1)：51 - 56.

③ 刘铁芳. 乡村的终结与乡村教育的文化缺失 [J]. 书屋，2006 (10)：45 - 49.

④ 沈湘平. 新感性启蒙·再道德化·生存理性再生产：基于现实问题和未来走向的主体教育思考 [J]. 教育学报，2023 (9)：80 - 88.

低的现象。① 据对应届公费师范毕业生的调查可知，对"毕业后你是否愿意履约从教"，近60%的公费师范生选择"愿意"；当回答"合约期满后你是否愿意继续从教"时，明确表示愿意的公费师范生的比例降至31%。②

20世纪二三十年代，为了培养适合乡村学校的教师，政府特别重视发展乡村师范，提出乡村师范的目标为"造就优良乡村小学教师，改进乡村社会"。正如陶行知所说："好的乡村教师，第一要有农夫的身手，第二有科学的头脑，第三有改造社会的精神。"③ 所以，乡村师范是专门培养乡村学校的教师，不是培养城市学校的教师。有特立的性质，其课程、训育、设施，一切等皆和其他师范学校不大同。它固然注重基本的训练、公民的训练，同时也注重农事的训练、教育的训练。④ 时过境迁，斗转星移，我们现在不可能回到"乡村师范"时代，现在的乡村和那时的乡村也迥然有异，但汲取其中的精神养料或许并未过时。

（四）顶岗实习"重教轻学"

2007年，教育部下发《关于大力推进师范生实习支教置换教师培训工作的意见》，推动了师范生顶岗实习工作的有序开展。"顶岗实习"支教既强化了师范生实践教学、提升实际教育教学能力，又在一定程度上解决在职教师继续教育培训时的"工学矛盾"，促进专业化发展。针对乡村教育师资短缺，而乡村教师专业素质又亟待提高的现实情况下，师范生"顶岗实习"支教基本上是朝向乡村学校。公费师范生教育目标本来就是为农村定向培养师资，他们的顶岗实习则一般是安排在当地县域内的农村中小学校，时间大致为完整的一个学期。

顶岗实习作为高等院校加强师范生教育实践的重要环节，受到了社会各界的普遍认可，也增大了师范生教育实践的课时比重。但顶岗实习过程中隐含的一些问题与不足同样需要引起我们注意，即存在实习的专业指导

---

① 梁伟江，张细谦，杜清娜，等. 体育专业公费师范生乡村教育情怀研究：以广东省为例 [J]. 当代体育科技，2022（35）：66–72.

② 蒋蓉，李新，黄月胜，等. 地方师范院校公费师范生乡村小学从教意愿调查 [J]. 教育研究与实验，2019（6）：29–34.

③ 陶行知. 实验乡村师范学校答客问 [M] //中国教育改造. 上海：东方出版社，1996：88.

④ 刘克辉. 南京国民政府时期的乡村师范学校 [J]. 天中学刊，2008（3）：112–117.

不力或缺位的现象，影响了师范生的教育实习效果，阻碍了师范生的专业成长。表现在：第一，"重顶岗，轻实习"的倾向。师范生的"顶岗实习"的落脚点和本质是实习，是对教育教学能力的展现与练习，是在指导教师的示范、帮助之下的专业化实践，也是对有关专业理论知识学习的一次检验。在目前的"顶岗实习"工作具体运行中，师范生的"准教师"角色被弱化，"顶岗"的意义被突出。很多情形下他们被作为一个"正式编制"在使用，甚至所承担的教学与管理任务比学校在职教师的工作量还要繁重。由此带来的效应是，他们感受到的是教师职业远不是想象的轻松与快乐，相反的是充分体验到了教师劳动的疲惫与艰辛，这种"第一印象"对他们的职业态度、职业规划无疑有着不利的影响。第二，组内研讨氛围不浓。教育实习除了指导教师对实习生的指导、帮助之外，同时要求实习生小组进行互相研讨、互相观摩、互相评价，这样才有利于同学之间的共同发展、共同进步。但目前在"顶岗实习"安排模式下，实习同学一般比较分散，集中在同一学校的不多，他们在匆匆完成学校规定的工作任务之外，很难有实质性的同学之间的集体备课及相互研讨，没有形成制度性的、经常性的研讨氛围。第三，疏于指导。师范生的教育实习应实行"双导师"制，即实习学校与师范院校都要安排具体负责的指导教师，对他们在实习过程中碰到的各种疑惑、问题给以及时的解答、释疑。但现实中这种指导却存在诸多不足，表现为顶岗实习的乡村学校指导教师能力相对有限，或者说没有安排好经验丰富的指导老师，学生往往处于自我摸索、自主发展状态；高师院校一般只安排了联络指导老师，因为对于较为分散的各个顶岗实习点来说，不可能都安排驻队指导教师。而联络指导是通过电话、邮件、微信等现代技术手段进行远程指导，缺乏即时性的沟通交流，其实际效果非常有限，"双导师"的作用价值没有得到真正体现。

二、公费师范生培养的进路选择

地方师范院校的公费师范生培养以"卓越乡村教师"作为目标取向，这是一种顺应社会发展需要的自觉追求。由于对"卓越"理解的不同以及学校教育资源、文化传统的差异，高师院校的"卓越乡村教师"培养具有多样化、个性化的教育特征，这无疑是正常而有必要的。为了更好地推进地方师范院校的"卓越乡村教师"培养效果，针对上述困惑与问题，特提出以下方面的进路选择。

（一）推行"二次选拔"，将乐教适教的学生纳入卓越乡村教师培养体系

2022年，《新时代基础教育强师计划》强调要"以高素质教师人才培养为引领"，"努力造就新时代高素质专业化创新型中小学教师队伍"。公费师范生的从教动机是卓越乡村教师培养的重要影响因素，会影响到他们的职业认同和专业学习。研究表明，公费师范生在教师职业认同和教师效能感方面大都显著低于非公费师范生，因为公费师范生的从教选择往往是被迫履约，而非公费师范生是理想驱动。因而建议对师范生进行二次选拔，探索建立师范生从教动机与从教意愿的监测机制，积极打通师范生公费教育转入或转出渠道。

早在2012年，教育部关于免费师范生培养政策指出，"非师范专业优秀学生可按规定转为免费师范生；而录取后经考察不适合从教的少数免费师范生，入学一年内可按规定程序调整到非师范专业"。公费师范生的二次选拔，是一个系统工程，涉及选拔标准、选拔节点以及课程设置和管理模式，乃至教育行政部门关于公费师范生的人员编制、经费等一系列制度设计，需要政府与大学的紧密合作。从大学层面而言，公费师范生的二次选拔，涉及进入和退出两个方面。一个是进入选拔，可在入学一年内，基于从教动机和意愿、乡村认同与情怀、教育理想与信念等方面进行考核，让乐教、适教的非公费师范生及非师范生转入公费师范生队伍，使政策提供的机会与资源惠及真正的目标群体；另外一个就是退出筛选，对于不愿意、不适合乡村教育的公费师范生，结合其高考成绩和大学绩点转入相关专业。

（二）秉持宽口径、厚基础、胜任多学科教学的卓越乡村教师培养基本理念

长期以来我国教师培养课程体系呈现重"学术性"轻"师范性"、重理论轻实践的特点。[①] 现有课程方案中通识教育课程比例不足，通识教育课程与学科专业课程的融合度较低，教师教育课程较弱，这种状况需要加以改

---

① 陈永明. 教师教育学科群导论［M］. 北京：北京大学出版社，2013：200.

变。卓越乡村教师应是具有宽广的文化科学知识、扎实的教育实践能力、胜任多学科教学的高素质专业化人才，所以高师院校人才培养方案设计应遵循宽口径、厚基础、强适应的原则，课程结构体现学科综合、文理交融性，强化通识教育，突出教师教育，深化实践教学。对于小学教师来说，"小学教师所承担的角色是多面而复杂的，需要有多方面的综合知识；若仅有某一学科方面的知识是不够的，是不能胜任小学教师工作的"[①]。小学教育专业是多学科支撑的一个专业，其主干学科有教育学、心理学、文学、理学等。小学教育专业可以分为大文、大理方向，但要以综合性作为小学教育专业课程体系建构的价值准则，体现多学科、文理交叉的课程体系特点。对于农村中学教师的培养而言，除了有一主修专业以外，可以设置模块选修课程（每一模块提供 4 ~ 6 门专业核心课程）作为兼教学科方向，凸显课程结构的综合化，拓展专业口径。

（三）建构课程的乡土性作为卓越乡村教师培养的基础内核

陶行知说："好的乡村教师，第一要有农夫的身手，第二有科学的头脑，第三有改造社会的精神。"[②] 时过境迁，我们现在不可能回到"乡村师范"时代，但其乡村精神、乡村元素还是可以借鉴和学习的。表现在课程体系中则是设置专门的"乡土教育课程"，如"乡土文化与乡村教育""农村教育政策改革专题"等作为必修课程，还可以开设"乡土系列"的选修课程，如"乡村教师专业发展""乡村文化与社会""乡村治理与现代化""乡村生态与可持续发展"等，要求公费师范生选修完成规定学分；此外，教师教育课程要展现"乡村个性"，包括教育学、心理学、学科教学论、班级管理、教育研究方法等课程设计要嵌入"乡村色彩"、呈现"乡村背景"，并在文献阅读、案例教学、主题研讨等方面得到充分体现。如教育学课程可以增加乡村学校校本课程开发、乡村综合实践活动设计、乡村留守儿童教育、乡村教育振兴等内容。教育研究方法课程要结合乡村教育改革、乡村教育问题等树立学生课题研究的"乡村意识""乡村视角"。同时，对于

---

① 教育部教师工作司.小学教师专业标准解读［M］.北京：北京师范大学出版社，2013：65.

② 陶行知.实验乡村师范学校答客问［M］//中国教育改造.上海：东方出版社，1996：88.

承担此类课程教学的教师而言，要开展专门的乡村教育专题培训，让他们熟悉乡村、了解乡村的政策与教育变革。只有这样，他们的"乡村话语""乡村情结"才能转变为学生的认知、情感与信念，才能奠定所谓卓越乡村教师的价值基础。此外，课程的"乡土性"还要体现在课程实践作业要有乡村调研等环节，考察乡村教育的发展现实，增进对乡村教育的了解，建构乡村教育情怀。

（四）实施在地化教育服务，增进公费师范生的乡村理解与文化认同

所谓在地化教育服务，就是公费师范生大学期间到乡村中小学校进行教育观摩、教育调研、实习支教等系列教育行动，具体有参与乡村学校听评课、课后辅导、作业评阅、校本课程开发，参与学校艺术节、科技节、运动会等活动，以及利用寒暑假开展"三下乡"教育实践活动。公费师范生通过在地化教育服务，了解乡村学校的课堂文化、校园文化，掌握乡村学校的教育教学方法，熟悉乡村孩子的身心特点，体察乡村教师的职业状态；进一步可以组织参与乡村学校所在社区的文化活动、公共事务活动，体验乡村社会习俗与乡村文化传统。通过这种沉浸式的学习与生活，培植公费师范生必要的乡村教育愿景，增进他们的乡村理解与文化认同，培养他们的乡村教育责任，培育基于乡村振兴的公共精神。"实地经验可以提高对乡村社会和乡村教育的认识，深入了解乡村环境的文化多样性。"[1] 这需要师范院校在城市的周边郊区联系一批乡村中小学校作为公费师范生的实践基地，进行长期的合作与交流，能够方便公费师范生定期到乡村学校进行在地教育服务，获得应有的专业发展与情意提升。

（五）加强大学—政府—中小学校的协同合作，助力公费师范生的成长需要

卓越乡村教师培养，必须加强培养高校、地方政府、乡村中小学校三者之间协同育人、共享责任的关系，"卓越教师的造就是多主体、多因素合力的结果"[2]。高师院校要主动邀请政府部门和中小学校参与到"卓越乡村

---

[1] 游旭群. 重塑教师教育培养体系 着力打造优秀乡村教师 [J]. 教育研究，2021（6）：23 - 28.

[2] 刘益春. 协同创新 培养卓越教师 [J]. 中国高等教育，2012（23）：15 - 16.

教师"的培养过程中来，成就教师教育的新境界。第一，高师院校可以定期组织由市县教育局领导参与的地方公费师范生培养协调与研讨会议，将公费师范生在校的表现、不足、困惑与参会者进行沟通交流，并形成有助于解决问题的实施意见，进一步明确各自的主体责任，为项目的高效运行提供条件保障。第二，高师院校要根据公费师范生的教育见（实）习及专业发展需要，建立与拓展一批乡村中小学基地校，形成深度合作、双向互促的良性关系。高校教师指导基地学校教师进行教改研究，或共同开展课题实验，同时聘请基地学校的高水平教师作为实践导师参与公费师范生的成长指导。第三，加强公费师范生顶岗实习的管理。高师院校可以要求并争取当地教育局的支持，对公费师范生的顶岗实习做出相对集中的安排，"因地制宜地选择一些条件适中、集中连片的中小学作为实习基地"，而不是过于分散、过于偏远。要强化"实习"的意义，弱化"顶岗"的义务，实习生的教学任务宜相当于在岗教师一半的工作量，而不是大于或等同。选配学校骨干教师和高师院校教师组成联合实习指导小组，明确职责与任务分工，加强过程性的指导与管理。高师院校教师要通过现代信息手段进行远程指导与平时检查，高师院校要成立督查组进行不定期的督察并视指导教师的综合表现进行信息反馈，对存在的问题要及时提醒。此外，市县教育主管部门要重视安排当地教研员参与公费师范生教育实习的指导，开展针对实习生的观课、评课活动以及阶段性的总结汇报，确保教育实习的整体质量。

（六）建立多维激励机制，促进公费师范生主动发展

公费师范生作为有着特定政策待遇与目标定向的一类群体，既有政策优势带来的身份保障作用，也有政策制约引起的平庸懈怠心理，如何激发他们学习的自主性、主动性、挑战性是高师院校培养过程中要注意的方面。第一，设立公费师范生专项奖学金制度。公费师范生除了享受学校已有的各类评奖之外，另设专门的公费师范生奖学金，奖励品学兼优或在某一方面学有专长的公费师范生。通过设立各种荣誉类项目进行表彰，激励公费师范生内在的荣誉感，形成持续有力的荣誉驱动。第二，教学优待制度。对公费师范生实行小班授课，优化班级人数，提高教学过程中学生的参与度、被关注度以及增加可能的师生互动。同时给优秀公费师范生提供到高水平大学交换培养、游学的机会，这种机会要有一定的竞争性、选拔性，从而激起学生强烈的主动发展的愿望。第三，建立优秀公费师范生硕士培养计划。应在"制度约束人"的基础上，探索"条件吸引人"的激励举措①，出台省级公费师范生教育实施办法，对于本科学习中表现优异（可以是专业综合排名前30%）的公费师范生在任教满三年后可以免试攻读非全日制教育硕士专业学位，在起到激励作用的基础上畅通公费师范生职后发展的渠道。第四，毕业分配优先制度。为了去除公费师范生的"旱涝保收"的惰性心理，定向安排岗位时可以考察学生在校的综合表现，赋予较优者享有优先选择的权利，从而形成一种倒逼机制，促进公费师范生主动走向卓越。

第三节　农村卓越教师培养的职场审视

农村卓越教师培养分为职前和职后两个阶段，上一节分析了公费师范生的职前培养的有关情况，探讨了培养具有卓越潜质的公费师范毕业生的实施策略。但农村卓越教师的培养是一个长期的过程，是一个持续的过程，需要在职后教育中形成一定的制度环境体系，为农村教师成长发展提供适宜的气候条件，从而为农村卓越教师的不断涌现打下基础。从这一点来说，农村教师的职后发展是否有了坚实的保障体系、是否有利于走向卓越显得更为重要，这也是本节探究的重点。

一、农村卓越教师培养的时代呼唤

"自1986年普及义务教育以来，乡村教师队伍建设先后经历了两个阶段，并正进入第三阶段。第一阶段为2000年之前，内容为在普九背景下努力为乡村学校配备足够数量的教师；第二阶段为2000年至2020年，内容为在城乡教育均衡发展理念下推动乡村教师队伍数量满足与质量提升并进；

---

① 王爽，刘善槐，房婷婷. 面向2035的乡村教师队伍需求结构预测与建设规划 [J]. 中国教育学刊，2021（10）：1-7.

第三阶段将自'十四五'开始，主要内容为在教育现代化背景下推动乡村教师队伍高质量发展。"① 如何推动乡村教育高质量发展，如何建设一支高素质、高水平的乡村教师队伍，是当代教师教育需要重要关注的课题。

乡村教育建设的成就有目共睹。10 余年来乡村教育的办学条件有了较大程度的改善，乡村教育师资缺编状况有了很大强度的缓解，尤其是乡村教师队伍中年轻教师的比例有了显著的提升。2019 年，全国乡村小学和初中阶段教师分别为 182.3 万人和 55.79 万人，其中 35 岁以下教师占比分别为 38.21% 和 36.44%，50 岁以上教师占比分别为 20.79% 和 15.7%。② 原来颇为诟病的"爷爷奶奶教小学""叔叔阿姨教中学"的现象已得到一定转变。同时，近年来农村学校高一级学历与职称的教师比例持续提升，而且提升的幅度均高于城市学校。如 2017 年，农村小学专科及以上学历教师比例为 93.8%，城乡差距比上年缩小 1.6 个百分点。农村初中本科及以上学历教师比例为 81.1%，城乡差距比上年缩小 1.3 个百分点。农村小学中级及以上职称教师的比例为 49.6%，城乡差距从上年的 2.5 个百分点缩小到 1.8 个百分点。农村初中中级及以上职称教师比例为 59.7%，城乡差距从上年的 5.2 个百分点缩小到 4.2 个百分点。③

乡村教育的现状依然令人窘迫。尽管城乡教育在数量统计方面的差距进一步缩小，数据背后却难以掩饰乡村教育在发展实际方面的困境——师资队伍的不稳定及优秀人才的匮乏使乡村教育的发展步履维艰。师资队伍的不稳定表现在乡村教师流失比较严重，"近八成乡村教师有流动及流失意愿"④，乡村教师改行意愿强烈。"在一项对某省五千余名教师的调研发现，农村教师改行意愿比较高。有 28.9% 的教师非常希望改行，有 34.2% 的教

① 赵明仁，谢爱磊．国际视野中乡村教师队伍高质量发展的策略与启示［J］．中国教育学刊，2021（10）：8－14．

② 王爽，刘善槐，房婷婷．面向 2035 的乡村教师队伍需求结构预测与建设规划［J］．中国教育学刊，2021（10）：1－7．

③ 雷励华，张子石，金义富，等．教育信息化 2.0 时代城乡教育均衡发展路径反思与重构［J］．中国电化教育，2019（10）：47－53．

④ 王艳玲，李慧勤．乡村教师流动及流失意愿的实证分析：基于云南省的调查［J］．华东师范大学学报（教育科学学版），2017（3）：134－142．

师比较愿意改行"①。同时，乡村教师的工作状态也令人感到隐忧，"他们在教学上缺乏反思的欲望和研究的动机，大体上表现为'缺少创新'和'墨守成规'的工作状态"②。乡村教师职业认同感普遍较低。可以说，乡村教育缺乏吸引力，乡村教师专业发展阻滞，优秀教师大量流失，是横亘在乡村教育面前的一道难题。

《乡村教师支持计划（2015—2020 年)》指出："到 2020 年，努力造就一支素质优良、甘于奉献、扎根乡村的教师队伍，为基本实现教育现代化提供坚强有力的师资保障。"2020 年，教育部等六部门印发的《关于加强新时代乡村教师队伍建设的意见》指出："乡村教师是发展更加公平更有质量乡村教育的基础支撑，是推进乡村振兴、建设社会主义现代化强国、实现中华民族伟大复兴的重要力量。面对新形势新任务新要求，乡村教师队伍还存在结构性缺员较为突出、素质能力有待提升、发展通道相对偏窄、职业吸引力不强等问题，必须把乡村教师队伍建设摆在优先发展的战略地位。"2021 年 2 月，中共中央办公厅、国务院印发《关于加快推进乡村人才振兴的意见》中提出："加强乡村教师队伍建设，加大乡村骨干教师的培养力度，精准培养本土化优秀教师，健全乡村教师的发展体系。"一系列政策、文件的颁行强化了对乡村教师队伍建设的重视程度，培植优秀乡村教师尤其是在国家推进卓越教师培养的指导思想下，造就一批具有乡土情怀、师德高尚、教育教学能力突出的乡村卓越教师，这是现阶段教师教育不可忽视的重要使命。

乡村卓越教师概念的提出，这是随着社会经济发展进步对乡村教师队伍的一种价值期待，也是城乡教育一体化、教育均衡发展的一种时代呼唤。其主要目的在于激起乡村教师追求卓越的一种生命姿态、卓而越己的一种精神品性、臻至卓越的行动取向，从而推动乡村教师队伍素质的整体提升。

---

① 赵明仁. 如何解决农村教师"留不住"的问题［J］. 湖南师范大学教育科学学报，2019 (6)：55 - 60.

② 吴云鹏. 乡村振兴视野下乡村教师专业发展的困境与突围［J］. 华南师范大学学报（社会科学版），2021（1）：81 - 90.

二、农村卓越教师培养的现状分析

在追求卓越的教师教育价值取向指引下，如何推进职后教育、如何培育卓越教师已成为各级教育机构和教育主管部门的重要工作内容。各省市也颁行了一系列有利于卓越教师成长的制度、方案，一定程度上推动了教师专业素质水平的有效提升。如上海推行普教系统名校长名师培养工程，从全市范围内选择一定数量符合条件的中小学校长与教师，不分城市与乡村，进行系统的提升与拓展培训，通过基地学习、岗位实践、学位研读、成果交流等方式促进专业成长，并配有专家跟踪指导，3～5年为一个周期，目前已开展第四期。山东开展"齐鲁名师名校长建设工程"，培训内容、方式、手段与上海大致相似，周期为2～3年。湖南省近年来开展了"优秀乡村青年教师、校长高端培训""中小学教师、校长卓越领航研修"项目，周期3年。客观来说，这些"工程"的施行取得了可见的实际效果，带来了一定的声势效应，但受惠面比较有限，而且层次性、系统性不强，对乡村教师的适应性不够。所以从现有的情况来看，乡村卓越教师培养还存在以下问题：

（一）乡村卓越教师概念淡化

在业已进行的各级卓越教师培养实践中，乡村卓越教师尚没有受到足够的重视，对"乡村卓越教师"概念认识模糊、淡化，缺乏对乡村卓越教师的形象认同。什么是乡村卓越教师，如何培养乡村卓越教师，如何稳定乡村教师队伍，这些问题没有得到很好的梳理、重视，甚至在部分人的心目中对"乡村卓越教师"持有怀疑的态度，似乎乡村教师无法够上"卓越"，不自觉地将乡村教师和低素质画等号。在"卓越工程""名师工程"等项目驱动下，尽管也有少数乡村教师参与其中，享受政策带来的提升专业发展的红利，但他们往往成为一种边缘性的存在，关注度明显不够，影响力比较有限。专门的"乡村卓越教师"培育项目少之又少。这种概念淡化显示出对乡村教育、乡村教师的不自信，对乡村教育现状怀抱一种隐忧，认为乡村教师与城镇教师相比处于弱势，与"卓越"相差较大的距离，从而趋向自我矮化。

（二）一切以城市化教育为模板

"乡村教育的大部分知识体系都是在现代化背景下建立的，城市取向的印记深刻。"① 在各种卓越教师培养方案设计中，都是以城市教育为模板，以城市学校的办学理念、文化特色、教学手段为标准参照，显示了突出的"离农化"倾向。"乡村学校的情况与城市不同，现有许多教师培训与乡村学校的实际情况不符。许多乡村教师在参与培训后无法将培训所学应用于实际的教育教学工作中，从而使培训效果大打折扣，浪费了大量的人力、物力。乡村教师培训工作应该结合乡村教师实际，针对乡村教师和乡村学校发展的真正需要，增强教师培训的针对性和实效性，提高广大乡村教师借助乡村教育资源实施新课程的能力。"② 同时，在城镇化教育为基本目标以及对城市教育的追随与模仿中，乡村教师始终处于被动者地位，泛起一种"被置入"的陌生感，一种语境不适的疏离感，一种想学但又应用不上的无奈感。在城乡教育有着现实的鸿沟面前，一切以城市教育为模板的趋势潮流下，这将阻抑或影响乡村教师向上发展的信心与勇气，乡村卓越教师队伍建设必将沉重而迟缓。

（三）基层培训普遍较弱

现在各地区普遍建立了省—市—县三级教师教育培训体系，有的叫"教师发展中心"，有的是教育主管部门下设"教师科"，负责教师职后发展与教育。三级"教师发展中心"应该有一个整体的功能划分、一个合理的责任区域，以实现功能互补、相互配合、协同发展的作用。但客观说来，目前三个层级的具体职责、任务承担、目标分解等方面不是很清楚，整体功能远没有达到最优化水平。尤其比较突出的现象是，县级教师发展中心的培训力量比较薄弱，教育培训资源比较紧张，难以根据本县域的教师实际状况作出有针对性的、凸显地方特色的培训方案，效果自然难尽人意。基层培训力量的薄弱主要是对当地教育培训资源的挖掘、提炼、整合不够，这方面的教育投入较为欠缺，对外来输入性资源的依赖性太强，所以自我

---

① 王玉国. 乡村教育的现实困境与未来之路 [J]. 教育发展研究, 2009 (17)：49 – 51.

② 孙刚成，曲歌. 乡村教师及学校面临的问题及发展取向 [J]. 中小学教师培训, 2016 (3)：67 – 71.

造血能力不足，培训与发展功能低下。这对乡村卓越教师的本土化培养显然是不利的。基层培训力量较弱的现实表明要进一步加强组织领导及经费投入，整合相应的教育优质资源，挖掘名师名人效应，以多种形式开展教研指导与业务培训。

（四）乡村卓越教师"选苗"带有随意性

为了落实《乡村教师支持计划（2015—2020 年）》，提高乡村教师的能力素质，"造就一支素质优良、甘于奉献、扎根乡村的教师队伍"，也为了一批具有引领作用的教学名师成长，一些省市开展了"乡村卓越教师"培训项目，或者"乡村优秀教师高端项目"等，旨在通过培育一批卓越的乡村教师队伍，起到影响与辐射作用，形成以点带面的示范意义，从而达到提升乡村教师队伍整体素质的功效。出发点无疑是值得肯定的，但项目实施过程中存在如何"选苗"的问题——哪些人有资格进入受训对象。目前通行的做法还是下指标，领导拍板决定，其中带有极大的随意性、应景性，缺乏相应的选拔、推荐机制。这种"随意性"带来的是部分教师将参加此类培训仅仅视为一种"荣光"，一种"经历"，一种"待遇"，缺乏应有的责任感与使命感，缺少以卓越为自觉追求的目标境界，从而影响该类项目的持续健康发展，也影响到乡村卓越教师队伍的真正形成。当然，这种培训项目的方案设计是否具有可持续性、针对性，是否真正有利于乡村卓越教师的形成，这是另一个层面的话题。

（五）校本研修的乏力

校本研修是教师专业成长的一种重要方式，具有不可替代的价值意义。以校为本的研修，是将教学研究的重心下移到学校，以课程实施过程中教师所面对的各种具体问题为对象，以教师为研究的主体，理论和专业人员共同参与，具有强烈的针对性、鲜明的情境性、生动的实践性特征。校本研修旨在通过专业的引领，同伴的互助以及教师的自我反思，一切从学校的实际出发，让教师在形式多样的教育教学研究和讨论中得到发展，这是教师专业提升的必经之路，从某种角度说最有利于教师的专业成长。现在各种专业培训、学习考察的机会日益增多，网络学习课程也日渐丰富多样，但乡村学校校本研修却没有得到很好的开展，同行之间的学习共同体没有很好形成，教师专业发展失去了最有效的基层促动力。"乡村学校的教研活动常常流于形式，部分教师把教研当作负担。让教师主动从经验型教师向研究型教师转变，我们必须从学校层面提供实践与理论融通的机会。"① 作为学校管理者，还要有资源意识，利用各种资源为乡村教师搭建多维发展平台，克服校本研修单一、乏力的现状，多样化、创新性地开展校本研修活动，提高校本研修的实际效能。

（六）榜样宣传的偏狭

乡村教师的专业成长容易走向内卷化、走向职业倦怠，对广大教师来说"卓越"似乎难以企及、高不可攀，乡村教师似乎与"卓越"很远，这种心理投射极大影响了乡村教师积极主动寻求发展。这跟主流媒体的榜样舆论宣传有着一定关系。目前有关乡村优秀教师的报道或职业荣誉基本上弥漫了一层悲情的色彩，大都是关于他们如何艰苦守望、任劳任怨、撑起一片教育天空，诠释的是道德上的标兵和人格上的圣人，而有关乡村教师锐意改革、创新教法、矢志教研的成果报道实在太少，似乎乡村教师在这些方面难以取得像样的成果，似乎他们在教育教学能力方面难以卓越，最多在职业道德方面体现卓越的价值。即使有少数基于全国范围的优秀乡村教师教育改革事迹的报道却太有"距离感"，缺乏因地制宜性。这类榜样宣传对象从身边寻找更具有可亲、可信性，要善于就地取材、挖掘典型，在县市级层面发现与报道教育教学改革取得突出成绩的乡村优秀教师，组织学习与经验交流，效果更为理想。现在这种可供学习的而非完全道德层面的乡村教育榜样人物的宣传力度非常不够。

（七）乡村卓越教师施展、辐射的平台不足

乡村卓越教师作为一个价值性概念，并没有一个标准的、终结的内涵框定，在此所指的是农村教师队伍中的佼佼者、优秀者或骨干力量。乡村卓越教师作为群体中的高水平代表，他们的作用意义在于引领农村基础教育的改革发展，示范影响其他教师的成长进步。目前，各类人才工程项目在基础教育领域也得到了普遍开展，设立了多层次的"名师工程、名师工作坊"等，对于促进中小学名师引领带动作用具有十分重要的意义。但有

---

① 朱艳艳. 卓而越己：乡村学校卓越教师的校本培养策略及思考 [J]. 江苏教育，2020 (22)：61-63.

关专门针对农村教师的项目平台还不多，农村教师在竞争这类一般性项目中处于不利地位，一些优秀的农村教师往上走的空间显得比较狭窄。由于乡村优秀教师专业发展平台不够、空间受限，制度性支持政策尚缺乏，人心思走的现象不可避免。农村优秀教师的流失应引起我们足够的重视，应为他们创造在农村教育的天地里施展才能抱负的更大空间。所以，可多设置针对农村优秀教师的"名师工作室""名师交流研讨会"和区域学习平台等，各级教育主管部门从经费与制度上保证他们教研成果在一定区域范围内的交流、传播、互动，以达到马斯洛提出的"自我价值实现"的需要。目前这种施展、辐射的平台相对不足，无法形成广泛的影响力，社会效应非常有限，个人的自我效能感、自我价值感不彰，从而导致稍有成绩的农村优秀教师选择调离或改行。这无疑使得乡村卓越教师的培育始终处于不利状态，乡村教育师资薄弱的窘境依旧持续。

第四节　农村卓越教师培养的区域策略

农村卓越教师培养是一个全面的、多因素的系统工程，是新时期教师教育的价值目标，也是乡村振兴背景下对学校教师发展的社会期望。乡村卓越教师培养并非一套可以计算、量化的操作体系，也不是一个输入－产出的可视化生产流程，而重点在于创造激励、孕育、促发的作用方式。基于乡村卓越教师的个性特质的不同、依靠的文化环境的差异，所以需要精准培育。即构建一套有利于乡村卓越教师成长的制度、环境、培训体系，促进其积极、主动、自为发展。同时，由于各省市的文化传统、教育特色、经济条件不一样，其运用的措施、手段也不完全一致，所以具有一定的区域特征。比如在宣讲教育家型教师培养中，江苏提出培养"人民教育家"，浙江提出"浙派教育家"，山东提出"齐鲁名师"，都是基于其深厚的教育文化传统而映衬"区域性"。当然，本书的"农村卓越教师"还只是一种理念追求，是在农村教师队伍中的一种提升的努力，培育一批拔尖与具有超越意识的高素质教师队伍，引领农村教育高质量发展，当然不能简单跟"教育家"之类的相提并论。下面先介绍有关省市关于名师或卓越教师培养的做法经验。

一、部分省市关于名师或卓越教师培养的实践举措

(一)"上海市普教系统名校长名师培养工程"实施方案①

"上海市普教系统名校长名师培养工程"(简称"双名工程")从 2005 年开始实施,目前已进行了四期,每期 3~5 年,每期的侧重点与主题不完全一样,总体呈现全面育人、目标递进的关系特点。如第三期培养目标为"培养具有优良师德修养、先进教育理念、厚实专业素养,在教育教学、学校管理中勇于改革创新,破解难题,有较深刻的学术思想、独到的教育教学策略和风格、明显办学特色的校长和老师。培养具有开阔国际视野和较强国际交往能力,教育实证研究和教育创新能力的教师和校长,为在上海乃至国内脱颖而出的优秀教师和校长搭建平台,为参与国际教育交流的优秀校长和教师创造良好环境"。培训总名额:校长 80 人,教师 500 人。申报成功者经确定后则为"双名工程"基地负责人,基地采取导师团制度,每个基地配 5 名专家。导师团成员一般应具有上海市特级校长资格、特级教师称号或具有正高级专业技术职务。

培养措施主要为四个方面:第一,基地学习。聘请国内外知名教育专家、学者,开展集中专题培训;国内其他学校观摩学习,开阔眼界,拓宽思路;导师提供研修书面、布置研修作业,引导学员自主学习、自主提高。第二,岗位实践。学员立足本职岗位,深入参与本校的教育教学科研改革工作,个人制订具体实施计划。学校创设有利于学员快速成长的环境,制订岗位培养计划,注重学员岗位成才。在基地主持人的指导下,学员实践、学习、交流总结。积极鼓励并创造条件,为学员参与国家或者本市教育改革重大项目搭建平台。第三,专业学位研读。积极鼓励学员进行教育硕士专业学位的研读,继续开展教育硕士专业学位的连读。第四,成果交流推介。定期举办"双名工程"论坛,同时鼓励学员积极参加本市、跨省市乃至国际的相关学术活动,交流创新成果和经验。举办学员个人教育专著的

---

① 周春良.卓越教师的个性特征与成长机制研究:基于 163 位特级教师的调查 [D].上海:华东师范大学,2014.

推介活动，并举行优秀学员和导师教育思想与教育实践研讨活动。

第四期上海市"双名工程"从 2018 年开始实施。其指导思想是培育教育家型的校长和教师领军人才，发展高水平的教育教学团队，筑就上海基础教育教师队伍发展高原、高峰，办好人民满意的教育。基本原则是：第一，坚持人才高峰建设和梯队培育储备相结合。第二，坚持综合素养培育与教育现代化助推相结合。第三，坚持任务引领和团队发展相结合。第四，坚持教师专业能力提高和社会责任担当相结合。设置三种培养计划：一是"高峰计划"。培养师德高尚、品格优良，具有厚实的专业素养、先进教育理念的教育家型校长和教师。他们具有扎实的教书育人能力，在教育教学、学校管理中勇于改革创新、解决重大问题；在教育教学和教育管理的创新中发挥先锋带头作用，能够总结自身教育教学经验并形成教育教学思想体系，在全国教育教学改革实践领域发挥示范、引领作用。二是"攻关计划"。培养师德高尚、品格优良，具有较强的育德能力，具备扎实学科理论知识和先进管理理念的校长和教师，在教育教学实践中聚集解决具体问题，形成成熟先进的教育教学经验和理念，积极突破、勇于创新，在上海市教育教学改革中发挥示范、引领作用，并有志有潜力发展成为全国教育教学改革引领者。三是"种子计划"。培养师德高尚、品格优良，具有扎实的学科素养、善于学科教学的教师，能够自觉地反思自身的教育教学实践，具备一定的研究能力，教学实践初见成效，在区域教育教学改革中发挥示范、引领作用，并有志有潜力成为市级学科带头人。

建设内容包括：1. 破解难题。培养对象要明确提出着力解决的本领域本学科教学理论研究或实践探索中的问题，以项目和任务方式具体实施，并能在规定的时间内取得一定的发展成果。2. 学科建设。潜心教育教学实践探索和理论研究，在学科研究、课程建设、教学设计、课堂实践、作业辅导、教学评价等领域通过团队合作，研发具有影响力的成果，建设学科教学高地。3. 团队建设。组建团队，形成实践，着重示范、引领、构建团队发展目标，培育团队成员，聚焦团队成果。4. 学术论坛。参加国际、跨省市和本市的相关学术活动，交流创新成果和经验，定期举办个人教育教学与教学实践研讨会，运用团队资源参与多形式的学术活动。5. 公益活动。赴本市乡村学校或对口支援地区讲学，开设社会公益讲座，为社会公众提供专业权威的教育服务，促进教育公平，引领社会风尚。6. 建设实践校。建设一批"双名工程"实践校，助力百所公办初中强校工程实验校，配备市级名校长和名师后备人选，确保每一所"强校工程"实验校常驻 1 名名校长和 2 名名师后备人选，加快推进研修成果的实践应用，加快学校信息化、国际化等综合水平的提升，促进校长和教师专业发展水平的提升。

该工程的开展与实施，为上海市的优秀校长与卓越教师快速成长提供了强大的政策支持。该工程以基地校为纽带，为优秀校长与教师之间相互探讨、相互请教提供了交流的平台，促进他们的专业能力与水平走向更高的境界，为其成为教育家型校长或教师打下坚实的基础。所以，该工程起点较高，精英意识较强，目标要求较严，对于优质教育资源不很密集的省市不便推广使用。上海市城镇化程度很高，农村学校的比例较低，"双名工程"没有城乡之别，都是在统一化格局框架下实施进行的，农村卓越教师的独立形象没有得到彰显。

（二）山东省齐鲁名师名校长培养①

山东省积极推进"名师名校长工程"培养实践，每 3 ~ 5 年从全省中小学教师和校长中分别遴选 100 名作为培养人选。旨在为"立志终身从教、教育理念新、科研能力强、专长突出、风格鲜明、发展潜力大"的中小学教师和校长创造成长平台与机会，帮助他们获得更好更快的成长与发展。培养目标为"以提高名师名校长人选职业道德、业务能力与学术水平为目标，以提升教育教学实践能力、管理能力、研究能力，逐步形成个性化的教育特色和风格为重点，使名师名校长人选在师德修养、专业水平、治学能力和育人能力上取得新突破，逐步成为在全国范围内有一定知名度和影响力的专家型教师和教育家型校长"。

培养方式包括集中研修、个人自修、考察观摩、示范引领、成果培育等方面，组建了理论、实践双导师专家团队，理论导师来自北京师范大学、华东师范大学及省内师范大学的高水平专家学者，实践导师则聘请了往届"齐鲁名师名校长"人选，通过双导师对入选者理论思想方面的指导、提升

---

① 孙月胜. 名师名校长培养的实践与思考：以山东省齐鲁名师、齐鲁名校长培养为例 ［J］. 中国成人教育，2018（15）：98 – 100.

和实践经验的点拨、提炼，实现理论与实践的深度融合，提高培养人选的教育理论素养与实践教学能力，从而使其不断走向优秀与卓越。齐鲁名师名校长培养取得了丰硕的成果，以第三期齐鲁名师、第二期齐鲁名校长为例，近两年的时间内，培养人选共获得特级教师等各项荣誉称号112项，独立承担省级及以上科研课题56人，公开发表论文70余篇，独立或参与出版著作28部，一批领军人物正在形成，引领着教育教学和学校管理的改革发展。

上述作为省级"双名工程"的培育方案，培育对象的名额似乎偏少，其辐射和示范作用有限。当然，除了省级之外，还有市县级"双名工程"的分层实施，形成了整体的联动体系，这对于促进"名师名校长"更大范围的孕育具有重要意义，有利于"双名工程"带来文化聚合效应，推动教师队伍建设的有效发展。有所遗憾的是，没有形成一套专门针对乡村卓越教师培养体系，制度设计也没有体现出对乡村教师的倾斜政策，乡村卓越教师的培育仍然任重道远。

（三）湖南省基础教育名师名校长培养计划

据调研了解，湖南省教师发展中心从2014年开始，设计并实施了幼儿园—小学—初中—高中四个阶段的不同层次的培训主题项目，具体分设青年精英教师、教学名师、未来教育家三个类别；同时开设了中小学校长、园长卓越领航研修，三年为一个培养周期。累计设有37个高端培训项目，培养了1776人，他们成为了湖南基础教育领域的精英与领航者。从2020年开始，培训规模有所扩大，培训周期约2~3年，其中三分之一或40%以上的是乡村教师或乡村校长，重点向农村学校倾斜，且从2018年开始就专门开设了乡村优秀校长（教师）高端培训项目，体现了对乡村教育的重视，对乡村教师队伍建设的行动支持。如乡村优秀校长培训项目，其中包括：乡村优秀小学校长培训，具体委托给湖南师范大学实施；乡村优秀中学校长培训，具体委托给国家教育行政学院实施；乡村优秀教师培训，委托给清华大学继续教育学院实施。此外，还设有农村高中学校校长、骨干教师培训项目，委托给华东师范大学实施。旨在通过分层的、分阶段的培训，引领这些老师或校长从优秀走向卓越，并产生强烈的磁场效应，激励其他教师的积极成长。

2022年11月湖南省专门出台了《湖南省新时代基础教育名师名校长培养计划（2023—2025）》（简称"双名计划"），其培养目标为"2023—2025年，依托省内外高水平的培养基地，按照'价值引领、成果导向、培用结合'的原则，统筹国家与我省名师名校长培养，分学段分学科（领域）对100名省级名师名校长培养对象和1000名省级卓越教师和校长进行为期三年的集中培养，造就一批能够引领我省基础教育改革发展的领军人才队伍。发挥国家级、省级名师名校长的示范引领作用，滚动培训1万名市县以上青年骨干教师和校长"。选拔的培养对象要求有良好的师德师风；较强的业务素养，为本地公认的名师名校长、骨干教师（校长）等基础教育高层次人才；具备一定的资格条件，要求拥有正高级职称，或副高级职称且同时具有特级教师荣誉称号、或副高级职称且同时拥有博士学位，年龄原则上不超过50周岁的校长和教师。可见，对培养对象的资格要求还是十分严格，有很多硬性的规定条件。

"双名计划"采取"育己＋育人"的"双育"培养模式，采用"1＋10＋40"的融合培养方式。"1"即依靠"一个基地培育"，以高水平大学作为培养基地，为每位培养对象制定系统化、个性化的三年培养方案，配备理论与实践"双导师"。培养对象每年开展累计不少于30天的集中研修，卓越教师校长培养对象每年开展不少于10天的线下集中研修。"10"即全省组建100个工作室，由培养对象担任工作室主持人，负责带领1000名有发展潜力、45岁以下的卓越教师校长培养对象开展课题研究、教研活动等，起到了放大10倍的培养效果。"40"即在国培、省培计划中设置市县青年骨干教师校长研修坊，名师名校长担任坊主，每个工作坊每年培训40名40岁以下的优秀青年骨干教师和校长，3年共培训120名青年骨干教师和校长，起到以点带面的作用。

与"双名计划"同时发布的还有《湖南省新时代基础教育名师名校长（2023—2025）培养对象管理办法》及《湖南省新时代基础教育名师名校长培养计划（2023—2025）工作室建设及管理办法》《关于遴选湖南省新时代基础教育卓越教师校长培养对象（2023—2025）的通知》三个重要文件，对于100名省级名师名校长的选拔核定没有明确的城市农村之分，但"关于卓越教师校长培养对象"（约1000名）却有明确的规定，农村教师校长的推荐比例不低于30%。对培养对象进行动态管理，对"培育过程中未按要求完成培育任务、未按规定履行义务、培养期间未经市州教育行政部门同意跨市州或跨省调动、离开教育教学岗位、调离教育系统、发生违规违纪行为的培养对象"，立即终止和退出培养。

湖南省在对"卓越教师（校长）"的培养中有了较为具体的实施方案，并兼顾了农村教师校长的参培比例，这无疑是值得充分肯定的。但对于工作室在名师的带动培养中如何凸显农村教育的特色、提高基于农村教育教学与管理的能力的问题上却是需要进一步思考的。

（四）河南省乡村中小学首席教师岗位计划①

河南省教育厅于2021年9月23日出台了《河南省乡村中小学首席教师岗位计划实施方案》，提出"积极服务国家乡村振兴战略，培育乡村教育带头人"，在全省范围内实施乡村中小学首席教师岗位计划。其目标为"在乡村设立一批乡村中小学首席教师岗位，通过充分发挥他们作为乡村教育带头人的示范引领作用，带动当地乡村教师提升教育教学水平，进而提高乡村教育质量"。具体做法是："十四五"期间，按照全省乡镇全覆盖的目标，力争全省每个乡镇都设立1~2名首席教师岗位，全省共遴选3000名左右乡村首席教师，建立3000个乡村首席教师工作室，采取"1+10+100"的模式，即1名乡村首席教师协同指导10名乡村骨干教师，示范引领、辐射带动100名乡村教师的专业发展。以乡镇或学区为单位设立首席教师，原则上每个乡镇可在中学与小学各设立一个首席教师岗位，教师人数多的乡镇则可以相应增加岗位数。对首席教师的岗位职责也做出了明确要求，如：参与所在县、乡镇和学校的教育教学改革；发挥教育教学示范带动作用，组建首席教师工作室，通过听课评课、示范课、专题讲座、师徒结对等方式，承担本乡镇青年教师培养、指导任务，把首席教师工作室建设成为所在地教师发展共同体；引领、带动本乡镇教科研工作，任期内取得标志性成果。

给予首席名师成长支持。各级教育行政部门要将首席名师及其成员纳

---

① 河南省关于印发《河南省乡村中小学首席教师岗位计划实施方案》［EB/OL］.（2021 – 09 – 23）［2024 – 01 – 11］. https：//jyt. henan. gov. cn/2021/09 – 23/2317272. html.

入省教师梯队攀升体系建设规划，优先安排参加各级骨干教师提升培训，并将其作为各级名师的重点培养对象，为其个人成长和梯级攀升提供支持。在首席名师工作室建设过程中，为首席教师配备"双导师"，既有高校的理论指导老师，又有"中原名师""特级教师"等教科研实践指导老师。同时有相应的经费保障，省级设立乡村首席教师专项培训经费，对发挥突出作用的乡村首席教师工作室，还给予工作室建设奖补经费，各市县也要给予一定的经费支持。此外，省里还给以一定的政策支持，对于受聘的首席教师，在各级评优评先时予以倾斜，在各级名师、教育系统先进个人、特级教师等评选时优先推荐。

河南省乡村中小学首席教师岗位计划是专门针对农村教师专业发展而作出的一个行动方案，着眼于提高农村教师队伍素质。"将首席教师岗位计划作为当前形势下乡村教师队伍改革的重要突破口，把首席教师培养好、管理好、保障好、宣传好，支持他们立足乡村、大胆探索，努力成为教育家型的乡村教师"[①]，这是本项目的高阶目标。本方案中设立的首席教师遍及每个乡镇学校，旨在让每个农村学校都有领航者，注重首席教师的传帮带作用以及工作室的教育辐射影响，从而达到整体提升农村教师素质、提高农村教育质量的目的。这是一种相对可靠、积极的培育模式，也是值得推广的理想模式，有助于农村学校教师素质上升到一个新的水平。只是目前还只是试点阶段，还没有在全省全面普及，需要在试验中发现问题、探讨问题以及解决问题，从而在更大程度上加以推广。必须指出的是，在项目实施中要保障经费到位、专家指导到位，要注意顶层设计，加强对首席教师工作室的活动开展的检查、指导，加强对首席教师的培训、管理，突出他们的职责及作用价值，阶段性或年终要进行工作成绩汇报。建立基本的评价指标体系，在县域范围内评定优秀等级或给以物质奖励。

综上，农村卓越教师培养已经进入了各级教育主管部门的工作视野，不同省市出台了行之有效的措施方案或行动规划，"双名计划"是一致的、共性的追求。尽管在实施中具体的措施、策略或关注点有所不同，有的突

---

① 韩玉兵，陈亚楠. 只有乡村教师强，乡村教育才能强［J］. 河南教育（教师教育），2021（5）：1.

出了农村教育的特殊性、专门性，有的强调培养培训体系的分层性，但都是以名师工作室等形式来带动、促进更多教师的高水平专业发展，这是值得充分肯定的。在"双名计划"的不断推进下，农村卓越教师必将更高质量、更大层面地涌现，这是令人期待的结果。当然，农村卓越教师培养需要多个方面的共同努力，形成协作、互促的关系，方可有利于它的真正形成与发展。

二、农村卓越教师培养的区域环境要求

农村卓越教师培养是教师主体专业素质的能动发展，是教师主体的一种精深的专业追求，或者说是特殊的环境促使个体不断走向拾级而上的专业境界。平心而论，农村教育的整体环境还不够理想，农村教师的生存环境还不够优化，农村卓越教师的催生因素还不够强烈，所以，改变农村教育的整体环境还是非常有必要的。在此谈论的环境主要是指人文环境，当然也包含对自然环境的有效改善。下面从三个方面来进行探讨。

（一）重塑尊师重教的人文氛围

尊师重教是中华民族的优良传统，自古便有"天地君亲师"并列一说，足以看出教师职业的崇高地位。我国将每年的 9 月 10 日作为特别设立的教师节，也是对教师职业的高度重视。"教师是太阳底下最光辉的职业""教师是人类灵魂的工程师"等广为流传的论调，都是对教师职业的内在礼赞。

作为传统意义上的知识分子的乡村教师，在传播文化、改良社会、承续文明方面一直起着重要的角色作用，他们作为"文化人"受到乡民的尊敬与厚爱，享有较高的社会地位。中国传统的乡村教师被称为"先生"，作为一种文化符号，"先生"这一称谓具有一种约定俗成的象征意义，在传统儒家伦理的教化与熏陶下，人们不仅将"先生"看作是自己子女知识的启蒙者和传递者，更是将其视为道之代表、礼之化身、德之典范。① 在二十世纪八九十年代，大量的农村学校代课教师、民办教师逐渐退出，正式地接受过师范教育的专业教师来担任农村学校教师，整个农村社会尊师重教之

---

① 容中逵. 传统与现代的交锋：百年中国乡村教育的实践表达［M］. 杭州：浙江大学出版社，2010：201.

风还是十分和谐、浓郁的，农村教师感受到来自职业的尊严与荣光，农村教育也呈现了较好的发展局面和较高的教育质量。尤其是那时代的中师生，他们在十八九岁的年纪便投身到以普及九年义务教育为基本国策的农村教育广阔天地之中，用他们的青春、热情、智慧点燃了农村教育的希望与未来，"中师毕业生师德好，技能好，有上进心，还非常稳定"①。总之，农村教师素质得以迅速提高，农村教育质量有了可靠的保障，从而受到村民们的啧啧称赞，农村教师的社会地位令人倾羡。

进入二十一世纪之后，在市场经济的全面冲刷下，价值多元、价值失序成为时代的基本特征，尊师重教的风气在农村受到了一定的影响，待遇不高、工作繁重自然成为教师这一职业不被看好的主要理由。准确地说，重教不尊师的现象在农村比较普遍，他们对教师有着较高的要求，却很难配合老师做好家校共育工作，很多时候把小孩教育不好的责任单方面推到教师身上。在某些农村地区，新的"读书无用论"又沉渣泛起，对知识的渴望随之下降，自然也失去了对教师的基本尊敬。

重塑尊师重教之风，就是让教师在农村学校工作顺心、顺意，就是建立良好的家校合作的关系，就是在农村树立尊重知识、尊重人才的社会认知，使农村教师充分感受职业带来的体面与尊严，体验工作带来的欣喜与愉悦。尊师重教之风主要体现为当地政府对学校教育工作的重视，当地村委对学校教育工作的支持，当地村民对学校教师的尊敬与配合，从而形成一股积极的、健康的、深入人心的依靠力量，促使农村教师不断提升自己的专业水平，不断强化自身的身份认同，不断增强对农村教育工作的责任心理，从而有利于走向优秀与卓越。

（二）乡村振兴背景下美丽乡村建设

党的十九大报告指出，"中国特色社会主义进入新时代，我国社会主要矛盾已经转化为人民日益增长的美好生活需要和不平衡不充分的发展之间的矛盾"②。城乡之间、区域之间的不平衡已成为现阶段我国发展的关注重

---

① 李益众. 高师毕业生为什么站不稳三尺讲台［N］. 中国教育报, 2007 – 05 – 21（2）.

② 习近平. 决胜全面建设小康社会 夺取新时代中国特色社会主义伟大胜利：在中国共产党第十九次全国代表大会上的报告［N］. 人民日报, 2017 – 10 – 28.

点，如何缩小城乡差距、如何释放乡村活力彰显乡村魅力是我国重要发展方向，于是"乡村振兴战略"在此时代背景下也顺利出台。乡村振兴包括乡村产业振兴、文化振兴、文明振兴、生态振兴等内容，但"乡村振兴战略"其中根本的一条是"坚持人与自然和谐共生，走乡村绿色发展之路"，建设美丽乡村、绿色乡村是乡村振兴的题中应有之义。美丽乡村是一个综合的、系统的概念，但环境美丽、交通便利、民心聚力等特征基本可以代表美丽乡村的内涵要素。美丽乡村建设是一项民生工程，却与乡村教师的留任意愿、乡村情怀等不无关系。只有乡村环境变美了，娱乐生活更丰富了，乡村文明凸显了，对工作于斯、生活于斯的乡村教师来说才具有吸引力，才能使他们感受到乡村教育特有的风景，体验乡村教育特有的幸福，从而更加热爱乡村教育，钟情乡村教育，迷恋乡村这一方热土。

　　长期以来，乡村是落后的代名词，乡村环境恶劣、交通不便、通信不发达等使乡村教育留不住人才，乡村教师想改行或调动的比例很高，一些优秀的乡村教师只要有机会便人心思走，向往城镇或城市工作，乡村教育始终处于不堪的境地。美丽乡村建设在一定程度上可以改变这种现状，对于增强乡村教师的留任意愿、促进他们的专业成长会有一定的价值作用。当然，乡村教师并不是美丽乡村建设的坐享其成者，他们也是行动者、参与者、建设者，他们与美丽乡村是一场双向奔赴的过程。"乡村振兴战略赋予乡村教师角色以崭新的涵义和鲜明的时代特征，他们不再是传统的教书匠的角色，而是具有专业性和公共性双重角色；他们在完成乡村学校教育教学工作之余，还要承担国家使命和公共教育服务的职责；他们是新乡贤的重要代表，在乡村振兴战略中理应发挥重要的示范引领作用。"[①] 在乡村振兴战略背景下，乡村教师积极参与公共事务，为美丽乡村建设献计献策，引领乡村文明的发展，体现新乡贤的当代风貌，成就自身能力素质的卓越。

（三）乡村教育政策落实的渠道通畅

　　近年来，乡村教育受到了国家的高度重视，乡村教师队伍建设提上了重要日程，乡村教师队伍的优化及高素质发展有了更多的政策依靠。然而，

----

　　① 肖正德. 论乡村振兴战略中乡村教师的新乡贤角色［J］. 教育研究，2020（11）：135 – 144.

乡村教育政策的落实、实施的程度关涉乡村教师队伍质量的长远发展问题，实施不到位、实施效果差无疑会严重制约乡村教师队伍的建设和发展，尤其会影响高水平教师群体的持续稳定，影响农村教育的高质量发展。

以《乡村教师支持计划（2015—2020 年）》为例，其工作目标是"到2020 年，努力造就一支素质优良、甘于奉献、扎根乡村的教师队伍，为基本实现教育现代化提供坚强有力的师资保障"。其主要举措包括：1. 提高乡村教师生活待遇。落实乡村教师生活补助政策，依据学校艰苦边远程度实行差别化的补助标准。2. 加快实施边远艰苦地区乡村学校教师周转宿舍建设。3. 职称评聘向乡村教师倾斜。各地研究完善乡村教师职称评聘条件和程序办法，实现县域内城乡学校教师岗位结构比例总体平衡，切实向乡村学校倾斜。4. 推动城镇优秀教师向乡村学校流动。推行义务教育阶段"县管校聘"管理体制，为组织城市教师到乡村学校任教提供制度保障。5. 从2015 年起，"国培计划"集中支持中西部地区乡村教师校长培训。6. 建立乡村教师荣誉制度。《乡村教师支持计划（2015—2020 年）》为乡村教师队伍建设、专业发展、福利保障等作出了具体、可操作性的方案措施。其实施的效果究竟如何？刘佳对我国东中西部 3 省 9 县的调查分析表明，乡村教师补充更充足，但仍难推动优秀教师"下得去"；提高了乡村教师的留任意愿，但仍难激励青年教师留下来。对于教师个人来说，改善了生活的绝对水平，但相对水平仍落后。94.8% 的乡村教师认为，"支持计划"提高了教师的生活待遇，但对于当前乡村从教生活的满意度，仅有 2.96% 的乡村教师表示非常满意。27.2% 的乡村教师比较认同近年来乡村教师的社会地位得到了显著提高。75.6% 的乡村教师认为职称评聘依旧很难。[①] 付卫东等对中西部 6 省 12 县（区）120 余所农村中小学的调查分析得出，"支持计划"实施后仍存在的问题有：乡村教师补充数量不足且质量难以满足实际需要；乡村教师工资福利满意度不高。部分县（区）乡村教师生活补助标准偏低，还有部分县（区）乡村教师生活补助不到位，以及部分县（区）乡村教师生活补助"一刀切"，周转房建设也严重滞后、城镇教师向乡村学校流动不

---

① 刘佳. "乡村教师支持计划"的实施成效与政策启示——基于对我国东中西部 3 省 9 县的调查分析［J］. 当代教师教育，2021（3）：30 - 38.

畅等。①

《乡村教师支持计划（2015—2020 年）》为乡村教育的发展、乡村教师的成长提供了强大的支持保障体系，各省市也大都出台了相应的配套制度，这一切都有利于乡村教师队伍的稳定、优质发展。但在政策的实施过程中，还存在一些不完善、不细密的方面，还有部分政策没有实施到位，因此在成效方面还不理想。只有切实提高政策的实施效率，畅通政策实施渠道，打通一些问题关节，让乡村教师有实实在在的获得感、尊严感、地位感，他们的职业认同才会加深，他们的专业信仰才会加强，他们的专业成长才会加速，优秀的乡村教师队伍才有可能成为现实，卓越乡村教师才能蔚然呈现。

三、农村卓越教师培养的具体实施策略

（一）区（县）域教师教育资源整合与强化策略

乡村卓越教师培养是一个长期的实践过程，对于教师个体来说是一个需要终身努力、玉汝于成的过程。作为一种价值目标，"卓越"是教师专业发展不断追求的理想境界。对于师范生而言，职前培养只是向"卓越"迈出了前进的一小步，或者说埋下了"卓越"的种子，需要在职后教育中进一步孕育、拔节、抽穗，以逐步成就卓越。职后教育的形式多种多样，而职后培训与研修是提升乡村教师专业发展水平的重要方式，现有的各级中小学教师发展中心则是实现这一教育功能的核心组织。但目前，较多省域内三级（省、市、县）教师发展中心机构设置并不完备，功能体系并不健全，建立分工合作、职能互补的三级独立教师发展机构是当务之要。

在三级教师发展机构中，县级教师发展中心虽是最基层的一级组织，但却是最重要的一级教师发展机构，因为它直接负责培训与指导全域内中小学教师专业发展。然而令人遗憾的是，由于条件、建制等方面因素，县级教师发展中心没有得到很好的资源整合，主体功能没有得到有效释放，实际教育能力较为有限。《教师教育振兴行动计划（2018—2022 年）》要求

---

① 付卫东，范先佐.《乡村教师支持计划》实施的成效、问题及对策：基于中西部 6 省 12 县（区）120 余所农村中小学的调查［J］. 华中师范大学学报（人文社会科学版），2018（1）：163 – 173.

"制定县级教师发展中心建设标准。以优质市县教师发展机构为引领，推动整合教师培训机构、教研室、教科所（室）、电教馆的职能和资源，按照精简、统一、效能原则建设研训一体的市县教师发展机构，更好地为区域教师专业发展服务"。加强县域内教师教育资源的整合，以及聘请当地名师、名校长作为中心的兼职研究员，并适当援引外部教育资源力量，强化县级教师发展中心的基础功能。促进县域内中小学教师尤其是农村青年教师的专业发展是现阶段工作重点，可出台相应的针对农村教师专业培训与业务指导的年度计划方案，结合送教下乡、集中观摩、区块联合教研、网络研讨等形式帮助农村教师专业成长。

（二）乡村特色的职业能力提升培训策略

近年来，乡村教师们切身感受到接受培训的机会明显增多，94.8%的乡村教师表示近一年接受过出校的培训，然而只有27.9%的乡村教师认为所接受的培训符合自己的实际需要。大多数乡村教师认为已有培训成效不佳，对现有的培训满意度低。① 由此说明，虽然乡村教师参与培训的机会多种多样，但大部分教师认为培训对其专业发展和教学能力的提高作用有限。乡村教师的培训与城市教师有相同但更有不同之处，需要结合乡村教育教学实际诉求，提高培训的针对性和实效性。② 为此，本书认为，可以根据乡村教育的特点对乡村教师进行一些专门职业技能培训，这些独特的能力素质是他们更好地适应乡村教育、热爱教师职业、进行教学改革的前提基础，更是他们成为优秀乃至卓越乡村教师的根本保证。

乡村特色的职业能力提升培训应成为乡村教师继续教育的重要内容，对刚入职1至3年的青年教师应重点加强培训，对具有工作经验的老师进行轮流提高培训，由县级教师发展中心负责教育实施。乡村特色的职业能力提升培训要结合当地文化特色或文化传统，要体现本土性、情境性、应用性等特征，可以通过专题讲座、小组研讨、实践训练等多种形式开展，并有结业考核等具体要求。培训内容可以包括如何开展农村家访、留守儿童

---

① 刘佳. "乡村教师支持计划"的实施成效与政策启示：基于对我国东中西部3省9县的调查分析［J］. 当代教师教育，2021（3）：30－38.
② 张校文，张旭. 乡村教师支持计划背景下教师生存状态省思：基于2888名乡村教师的调查分析［J］. 当代教师教育，2018（4）：80－87.

的心理健康教育、乡土文化教育、农村校本课程开发、农村综合实践活动课程教学、农村信息技术教学改革，与农村家长的沟通艺术，如何鼓舞乡村孩子的自信心、对待乡村学校后进生、组织乡村学校班级主题活动、开展生命安全教育等，以及乡村音乐课、乡村美术课、乡村体育课、乡村劳动教育的多样化实施途径等。

乡村特色的职业能力提升培训是为了增强农村教师的教育自信，建构一种自信而从容的教育人生。在乡村教育具体情境中展开教育事件，分析教育问题，有助于形成具有乡村特色的教育智慧，专业水平由此迈上新的台阶。

（三）推行国培省培"乡村教师专项"倾斜计划以及"乡村卓越教师成长"系列培训策略

在每年的国培省培项目中对乡村教育实施倾斜，提高专门针对乡村教师培训项目的比重，让更多的乡村教师有参与培训的机会。"建构分层次、分类别的乡村教师培训内容体系，针对不同发展阶段、发展水平、不同学科、不同发展需求等特点的教师，分别设计和提供基础性培训、提高性培训、卓越性培训等不同层次的内容。"① 强化培训内容的乡土性、向农性，提高培训的针对性、有效性。

同时，发挥三级教师发展中心的职能联动作用，制订有助于乡村卓越教师成长的系列培育计划，分层次、分周期进行。大致包括：1. 青年精英教师培训。规定年龄为 30 岁以内入职 3 年以上的年轻教师，采取自行申报与组织考核相结合的方式确定人选，主要考察教育教学基本能力、事业心、乡村教育情怀等方面，培训周期为 2～3 年一轮，集中在寒暑假时间进行，培训内容与课程实施具体由县级教师发展中心负责。2. 骨干教师能力提升培训。参培对象是指在教育教学方面取得了一定成绩并有良好发展潜力的学科骨干教师，年龄在 35～40 岁，主要由学校组织认定，进行教育理念、教学方法、教育信息化等方面的培训，培训周期为 3 年一轮，具体由市级教师发展中心负责。3. 卓越领航研修。培训对象为在教育教学领域取得了突

---

① 庞丽娟，金志峰，王红蕾，等 . 乡村振兴需要高度重视乡村教师队伍建设［N］. 人民政协报，2020－08－12.

出成绩并有一定社会影响力的乡村优秀教师，由县级教育主管部门考核认定参培对象，培训周期为 3 年一轮，优秀者可以进入下一轮学习。培训内容和方式具体由省级教师发展中心负责，主要是培养乡村教育改革的方向领航人、学术带头人。通过三个层次的进路设计安排，为乡村教师不断走向优秀与卓越提供坚实的智力支持。在具体执行过程中，尽量扩大参培对象，并实施人员动态调整与考核验收要求，保证质量效果。

（四）推行"乡村卓越校长"系列培训策略

"一个好校长就是一所好学校"，这句话被广为认可，反映了校长对于学校的发展、进步、提质等方面具有重要的作用。对于农村学校来说，好校长于学校、于老师具有更加特别的价值意义。因为农村学校教育资源相对比较欠缺，环境条件相对比较简陋，个人发展容易受到限制，校长的引领示范以及人格魅力对教师们的影响更大，学校的发展与校长个人素质的联系更为密切。许多青年乡村教师的快速成长，可能就是追随校长、服膺校长的结果。校长不仅是学校的首席管理者，也是教育教学能手，是青年教师的专业指引者和学科带头人，"学校文化在一定程度上是校长思想价值观念体系的延伸和拓展"[①]。也就是说，"有什么样的校长，就有什么样的学校"，校长的领导素质和专业能力提高了，教师的教育教学能力素质也会相应得到全面的提升，更高水平的优秀教师才会大量涌现，这也是为什么要重视对农村学校校长进行培训、提升的重要原因。

作为一名好的中小学校长，必须具备以下基本素质：道德品质、创新思维、先进的教育理念、勇于开拓的精神、渊博的专业知识及理解能力、决策能力、适应能力等。但其中最重要的是必须具备征服人心的人格魅力，即校长在无形之中成为广大师生心目中的楷模或榜样。[②] 为了提高农村中小学校长的整体素质，需要组织多个层级的农村学校校长的培训。县级教师发展中心组织农村中小学优秀校长培训，对象可以是所有的农村学校校长，主要进行素质教育、基础教育改革、学校民主管理、财务管理、以德树人

① 林海河. 校长：学校文化的缔造者：中小学校长在学校文化建设中的能动作用 [J]. 内蒙古师范大学学报（教育科学版），2004（6）：10 – 11.

② 陈存千. 中小学校长的人格魅力在管理中的作用 [J]. 宁波大学学报（教育科学版），2002（4）：117 – 118.

等专题培训；市级教师发展中心组织开展农村学校骨干校长培训，主要进行校长领导力、胜任力、决策力、家校共育、校社联系、校长心理健康教育等专题的培训，对象可以是农村学校校长中比较优秀者；省级教师发展中心实施农村学校卓越校长培训，主要进行学校文化建设、特色学校创建、学校教育质量综合评价等专题的培训，对象是第二层次中的佼佼者。可以三年培训方案为一个实施周期，加强过程考核与效果评价。上述培训的目的在于全面提升农村学校校长的综合素质，提高他们的教育教学领导水平，提高他们的管理能力与教育境界。只有他们的能力、素质达到了优秀乃至卓越校长的层次水平，才能带动教师们追求进步、积极前行、勇于创新，走向自我卓越之路。

（五）城乡学校的校际互动策略

城乡教师交流是缩小城乡教育差距、促进师资力量在城乡间公平合理配置的有效手段。目前城镇教师向乡村学校流动不畅，导致乡村学校处于极为尴尬的局面：想要的优秀城镇教师"来不了"，不想要的城镇教师却"不请自来"，即便那些为"镀金"的城镇教师主动来乡村学校支教，却常常"三天打鱼、两天晒网"，或是"身在曹营心在汉"，不仅没有起到引领和示范作用，反而给乡村学校带来极坏的影响。① 这需要改变一种思路，第一，加强城乡学校之间的交流研讨，利用现代信息技术手段，多种方式进行。第二，促使城乡教师的双向流动。即不仅是城镇教师下乡支教，而是要形成一种双向互换的流动机制，时间以一个月或一个学期为宜。

在县域范围内，教育主管部门组织城乡学校进行联谊结对、集体研修、共同发展，以线上和线下两种形式进行。线上主要开展集体备课、主题研讨、观课评课等教研活动，线下组织观摩学习、专题讨论等，通过人员交流岗位互换获得双向的受益。原来只限于城镇学校教师下乡支教，乡村学校教师没有机会到城镇学校学习取经，这种单向度的"援助"方式并不完美，而且可能还有一定的负面效应，有些下乡支教变成一种应景式、完成

---

① 付卫东，范先佐.《乡村教师支持计划》实施的成效、问题及对策：基于中西部 6 省 12 县（区）120 余所农村中小学的调查［J］. 华中师范大学学报（人文社会科学版），2018（1）：163 – 173.

任务式的行为，背离了支教的初衷本心。如果推进城乡学校教师"双向互换"，并在城乡联谊学校内部变成一种常态的互动机制，灵活安排每次交换的人数及时长，行政部门加强过程考核与效果监督，对双方的激励作用会更加有效。通过这种校际互动交流，城镇学校教师可以进一步拓宽教育视界，提高专业综合能力，加强对乡村教育的认识；乡村学校教师可以向城镇学校学习先进的办学理念、教学方法、课堂艺术、管理模式等，感受学校的文化内涵与情境意蕴，感知学校的生命律动，在体验、领会的过程中对专业能力与教育素质提出新要求、新挑战，从而促进自己更快的专业成长。

（六）教研指导下的乡村学校自主培育策略

乡村教师专业发展既要借助于各种外在的专业学习与培训机会，以开阔眼界、拓展思路，但最重要的专业发展平台还是学校本身。忽视或淡化学校自身的教研育人作用，则失去了教师专业发展一个最可靠的基石。"提供和创设一种促进教师进行高效学习的安全、友善、宽容、民主、自由、和谐的学习环境和互相帮助、互相尊重、互相支持、互相启迪的学习氛围，是农村教师专业发展的重要力量源泉。"① 这种立足于学校自身问题、形成校内学习共同体的研习方式即校本研修。校本研修就是要唤醒教师沉睡的研究意识，激发其对教育问题的深度思考，在与他人分享交流中达成对教育观点的一致认识，从而使教师的教研能力得以提高，专业能力得以增强，走向卓越也自然成为一种不再遥远的集体目标与共同愿景。可以说，校本研修是一种促进乡村卓越教师生成的学校自主培育策略。

为了校本研修开展的正常化、有序化、高效化，需要对乡村学校加强教研指导。可以由县级教师发展中心安排学科专家或教研员深入乡村学校具体指导或者集中连片研修指导，开展示范教学、研课磨课、问题研讨等活动。这些学科专家或教研员可以统一聘请，如高校教师、一线教学名师或退休资深教师等；指导方式也可以采取线上或线下进行，但必须保证有制度化的运行机制。学校自身也要加强教研文化建设，树立"教师即研究

---

① 徐君. 自我导向学习：农村教师专业发展的有效途径 [J]. 教师教育研究，2009（3）：17 - 22.

者"的共同意识，创造一种积极、主动、相互支持的教师专业发展环境，引导他们自觉追求卓越。

（七）荣誉制度保障策略

乡村教师专业发展具有诸多不利的外部环境因素，乡村教师工作环境艰苦、任务繁重、学习机会少是不争的现实，"留守难"已成为乡村教师队伍建设的一个突出问题。为了提升乡村教师队伍的整体素质，尤其是稳定高水平教师队伍，需要设立具有象征意义和精神价值的荣誉制度，形成一种良性的社会机制，激励他们不断前进以及生成扎根乡村的信念与勇气。荣誉制度还要与乡村教师的物质奖励、实际获得联系起来，而不仅仅是一种精神慰勉，从而构成对乡村教师的职业引力。

荣誉制度大致可以分为三类：一是精神荣誉，即乡村教师从教荣誉表彰制度。可以设立教育奉献奖、立德树人奖、功勋教师奖等，根据教师在乡村任教的时间年限及个人综合表现，获评不同的荣誉称号，使其有职业尊严感和自豪感，同时在退休以后享受相关的政策待遇。二是职称荣誉，即评聘中小学高级和正高级教师要有乡村专项计划，开辟乡村教师职称评审的绿色通道，在职称晋级方面给予乡村教师倾斜的政策，实行"定向评价、定向使用、定期服务"的原则，让他们有更多的获得感与幸福感。三是身份荣誉。对乡村教育中表现卓越、成绩突出的教师评定为省市或县级某某名师，并对相应设立的名师工作室给予一定的年度配套经费，且由不同层级的教师发展中心组织名师进行经验交流、教学指导、学科讲座。借助新闻媒体加大对乡村名师的宣传报道，提升他们的社会影响力和广泛传播力，使他们有更多的价值感与成就感，让他们充分体会到作为乡村优秀教师的幸福与尊严，感受自我实现的人生价值。只有在荣誉制度的健全完善下，乡村教师追求卓越的内生动力越强，乡村卓越教师群体的形成才有可靠保障。

（八）物质待遇激励策略

乡村教师待遇偏低，人心不稳，这是困扰乡村教育、阻碍乡村教师专业发展的重要诱因。在功利化与经济主义为突出特征的时代背景下，由于待遇低下而引起的乡村教师社会地位下降、乡村社会重教不尊师的现象成为不可回避的事实。提高乡村教师工资待遇，让乡村教师过上体面而有尊严的生活，这是乡村教育的现实呼求，也是加强乡村教师队伍建设的根本依托。正如学者指出，"县域内义务教育学校校长教师交流轮岗"，不是解决农村教师质量的有效手段，也不应该把责任转嫁给同县教师身上。只有大幅度提高农村教师工资才是最根本的手段。① 目前不少地方因财政性教育经费缺口大、责任主体不明确等因素，导致乡镇工作补贴和乡村教师补助等合并成单项发放，或引发乡村教师生活补助不到位等问题。因此，各级政府要将乡村教师生活补助列入新增教育经费中的重点保障对象。中央和省级政府在农村义务教育保障经费中要将乡村教师生活补助列为专项资金，县（区）政府要将土地出让金中的一部分用来重点保障乡村教师生活补助并按时足额到位。同时，进一步强化省级政府统筹责任，保证以往乡村教师政策性补助如农村教师津贴、乡镇工作补贴和乡村教师生活补助等项目不减少、标准不降低，并且确保金额逐年递增，充分保障乡村教师应有的权益②。

乡村教师的物质待遇还包括健全养老保险等社会保障制度，正如 1999年国际教育大会指出："应该给农村和边远地区的小学教师们提供补偿措施，例如给予特殊津贴，对边远或不利于健康的地区定期观察，为教师提供住房、娱乐设备以及免费的交通工具，对教师的家属给予免费的医疗服务，为其子女提供寄宿和学习的便利设备。"③ 只有从多个方面关心、关注乡村教师，使他们感受到作为乡村教师的优势与长处，他们才会体验到职业的神圣与庄严，才能激发强烈的身份认同与职业兴趣。总之，要切实增加乡村教师的收入，确保乡村教师的待遇大幅高于城市同职级教师的待遇水平。这样，乡村教师才会构成职业吸引力，乡村教师的专业发展才有持续的外在动力，乡村卓越教师的出现就会充满希望。

---

① 钟茂初：建设高质量乡村小学，推动乡村振兴. 人民论坛网. https：// www. chinanews. com. cn/m/ll/2021/03－08/9427501. shtml.

② 付卫东，范先佐.《乡村教师支持计划》实施的成效、问题及对策——基于中西部 6 省 12 县（区）120 余所农村中小学的调查 [J]. 华中师范大学学报（人文社会科学版），2018（1）：163－173.

③ 赵中建. 全球教育发展的历史轨迹——国际教育大会 60 年建议书：1934—1996 [M]. 北京：教育科学出版社，1999：286.

参考文献

一、著作类

［1］翟博．教育均衡论［M］．北京：人民教育出版社，2008．

［2］赵苑达．西方主要公平与正义理论研究［M］．北京：经济管理出版社，2010．

［3］邬志辉，等．中国农村教育：政策与发展（1978—2018）［M］．北京：社会科学文献出版社，2018．

［4］王定华．美国基础教育：观察与研究［M］．北京：人民教育出版社，2016．

［5］张茂聪．论教育公共性及其保障［M］．北京：商务印书馆，2012．

［6］Fessler, R. & Christensen, J. C.．教师职业生涯周期：教师专业发展指导［M］．董丽敏，译．北京：中国轻工业出版社，2005．

［7］项贤明．教育学原理［M］．北京：高等教育出版社，2019．

［8］王福强．做一个有思想的教师［M］．长春：吉林大学出版社，2010．

［9］叶澜．教师角色与教师发展新探［M］．北京：教育科学出版社，2001．

［10］张彦春，朱寅年．16位教育家的智慧档案［M］．上海：华东师范大学出版社，2006．

［11］雷玲．故事里有你的梦想：18位名师的精神档案［M］．上海：华东师范大学出版社，2007．

［12］陶行知．陶行知文集［M］．南京：江苏教育出版社，2008．

［13］容中逵．传统与现代的交锋：百年中国乡村教育的实践表达［M］．

杭州：浙江大学出版社，2010.

［14］袁锐锷．教师专业化与高素质教师：经验、理论与改革实践［M］．
广州：广东高等教育出版社，2007.

［15］张万祥，万玮．教师专业成长的途径：30 位优秀教师的案例［M］．
上海：华东师范大学出版社，2005.

［16］朱旭东，裴淼．教师学习模式研究：中国的经验［M］．北京：北京
师范大学出版社，2017.

［17］李克勤，等．六年制本科农村小学教师定向培养的理论研究与实践范
式［M］．长沙：湖南师范大学出版社，2015.

［18］宋嗣廉，韩力学．中国师范教育通览上卷［M］．长春：东北师范大
学出版社，1998.

［19］刘捷，谢维和．栅栏内外：中国高等师范教育百年省思［M］．北京：
北京师范大学出版社，2002.

［20］李友芝，李青年，柳传欣，等．中国近现代师范教育史资料［M］．
北京：北京师范学院出版社，1984.

［21］蒋馨岚．传统与超越：师范生免费教育制度的价值研究［M］．青岛：
中国海洋大学出版社，2015.

［22］赵中建．全球教育发展的历史轨迹：国际教育大会 60 年建议书：
1934—1996［M］．北京：教育科学出版社，1999.

二、论文类

［1］纪德奎．乡村振兴战略与城乡义务教育一体化发展［J］．教育研究，
2018（7）．

［2］杨军．英国促进基础教育均衡发展的政策综述［J］．外国教育研究，
2005（12）．

［3］贺武华．英国“教育行动区”计划改造薄弱学校的实践与启示［J］．
教育科学，2006（3）．

［4］刘丽群．乡村教师如何下得去和留得住：美国经验与中国启示［J］．
教师教育研究，2019（1）．

［5］傅松涛，赵建玲．美国城乡教育机会均等与“农村教育成就项目”

［J］. 外国教育研究，2003（3）.

［6］李文英，史景轩. 日本义务教育均衡发展的实现途径［J］. 比较教育研究，2010（9）.

［7］吴晓蓉. 日本偏僻地区教育优先发展经验研究：以《偏僻地区教育振兴法》为鉴［J］. 当代教育与文化，2009（4）.

［8］杜屏，谢瑶. 农村中小学教师工资与流失意愿关系探究［J］. 华东师范大学学报（教育科学版），2019（1）.

［9］朱永新. 追寻公平而有质量的教育［J］. 中国农村教育，2018（5）.

［10］刘益春，高夯，董玉琦，等. "U—G—S"教师教育新模式的探索［J］. 中国大学教学，2015（3）.

［11］蒋蓉，李金国. "卓越小学教师"培养目标、模式与课程设置［J］. 课程·教材·教法，2017（4）.

［12］王林发，伦明莉. 地方师范院校全科型卓越教师培养的困惑与探索［J］. 中国教育学刊，2019（6）.

［13］张松祥. 本土化：我国乡村教师培养的必由之路［J］. 中国教育学刊，2016（12）.

［14］苏尚锋，黄玲芳. 引导性回流：地方公费师范生政策演进的功能逻辑［J］. 教育研究，2021（12）.

［15］刘建银，黄露. 地方师范大学师范生对免费教育政策的态度及其影响因素：基于某地方师范大学的调查分析［J］. 教师教育研究，2011（2）.

［16］黄友初，马陆一首. 小学全科型卓越教师的内涵、特征与培养路径［J］. 教育科学，2020（2）.

［17］金业文. "卓越教师"培养：目标、课程与模式［J］. 国家教育行政学院学报，2014（6）.

［18］刘铁芳. 乡村的终结与乡村教育的文化缺失［J］. 书屋，2006（10）.

［19］游旭群. 重塑教师教育培养体系 着力打造优秀乡村教师［J］. 教育研究，2021（6）.

［20］刘益春. 协同创新 培养卓越教师［J］. 中国高等教育，2012（23）.

［21］赵明仁. 如何解决农村教师"留不住"的问题［J］. 湖南师范大学教

育科学学报，2019（6）.

［22］吴云鹏. 乡村振兴视野下乡村教师专业发展的困境与突围［J］. 华南师范大学学报（社会科学版），2021（1）.

［23］王艳玲，李慧勤. 乡村教师流动及流失意愿的实证分析：基于云南省的调查［J］. 华东师范大学学报（教育科学学版），2017（3）.

［24］赵明仁，谢爱磊. 国际视野中乡村教师队伍高质量发展的策略与启示［J］. 中国教育学刊，2021（10）.

［25］王玉国. 乡村教育的现实困境与未来之路［J］. 教育发展研究，2009（17）.

［26］范先佐. 义务教育均衡发展与农村教育难点问题的破解［J］. 华中师范大学学报（人文社会科学版），2013（2）.

［27］方健华. 名师专业成长的规律、影响因素与机制：基于名师成功人生的解读［J］. 教育发展研究，2011（15 - 16）.

［28］李继宏，李玮，冯睿. 优秀乡村教师特质研究：基于全国 300 位优秀乡村教师的典型案例分析［J］. 中国教育学刊，2021（10）.

［29］李琼，曾莉. 何以坚守：乡村小学教师韧性特征研究［J］. 教育学报，2017（1）.

［30］邬志辉. 打出"全方位组合拳"大力支持乡村教师发展［J］. 中国民族教育，2015（5）.

［31］周春良. 卓越教师的个性特征及成长机制研究［D］. 上海：华东师范大学，2013.

［32］王莹莹. 小学教学名师的成长规律与培养策略研究：以重庆市小学教师为例［D］. 重庆：重庆师范大学，2014.

［33］张静. 基础教育名师专业成长历程的个案研究［D］. 重庆：西南大学，2008.

［34］马毅飞. 澳大利亚政府优秀教师计划研究［D］. 上海：华东师范大学，2010.

［35］张永铃. 卓越教师及其成长研究［D］. 上海：华东师范大学，2012.

附　录
乡村教师队伍建设现状调查问卷

尊敬的老师：

　　您好！

　　为进一步了解乡村教师队伍建设现状，我们特组织了本次调查。您的回答对我们的研究非常重要。此次调查为匿名调查，答案不分对错，您只需要按照真实情况填写即可。感谢您对我们调查工作的支持和帮助。

湖南第一师范学院

第一部分　乡村教师基本状况

1. 您的学校在　　　　　　　　　　　　　　　　　　　（　　）
   A. 乡中心区　　　　　　　　　B. 村小
   C. 教学点

2. 您的学校距离县城中心区　　　　　　　　　　　　　（　　）
   A. 10 公里以内　　　　　　　　B. 20 公里以内
   C. 30 公里以内　　　　　　　　D. 40 公里以内
   E. 50 公里以内　　　　　　　　F. 60 公里以内
   G. 60 公里以外

3. 您家离学校　　　　　　　　　　　　　　　　　　　（　　）
   A. 非常远　　　　　　　　　　B. 比较远
   C. 比较近　　　　　　　　　　D. 非常近

4. 您的性别　　　　　　　　　　　　　　　　　　　　（　　）

A. 男　　　　　　　　　　　B. 女

5. 您的婚恋生活状况　　　　　　　　　　　（　　）

A. 已婚分居　　　　　　　　B. 已婚团聚

C. 已有男友（女友），不在一个地方

D. 已有男友（女友），在一个地方

E. 单身

6. 您是所在学校的　　　　　　　　　　　　（　　）

A. 在编教师　　　　　　　　B. 特岗教师

C. 临聘教师　　　　　　　　D. 顶岗教师

E. 挂职教师　　　　　　　　F. 支教教师

G. 交流教师

7. 您任教学段　　　　　　　　　　　　　　（　　）

A. 小学　　　　　　　　　　B. 初中

C. 高中　　　　　　　　　　D. 九年一贯制

8. 您任教的学科数量　　　　　　　　　　　（　　）

A. 一门学科　　　　　　　　B. 二门学科

C. 三门学科　　　　　　　　D. 三门以上学科

9. 您任教的年级数量　　　　　　　　　　　（　　）

A. 一个年级　　　　　　　　B. 二个年级

C. 三个年级　　　　　　　　D. 三个年级以上

10. 您的最后学历　　　　　　　　　　　　　（　　）

A. 高中或中专　　　　　　　B. 专科

C. 本科　　　　　　　　　　D. 硕士研究生

E. 博士研究生

11. 您的职称　　　　　　　　　　　　　　　（　　）

A. 三级教师　　　　　　　　B. 二级教师

C. 一级教师　　　　　　　　D. 高级教师

E. 正高级教师　　　　　　　F. 未评职称

12. 您的年龄　　　　　　　　　　　　　　　（　　）

A. 25 岁以下　　　　　　　B. 25～30 岁

C. 31～35 岁　　　　　　　D. 36～40 岁

E. 41～45 岁　　　　　　　F. 46～50 岁

G. 51～55 岁　　　　　　　H. 56 岁及以上

13. 您的教龄　　　　　　　　　　　　　　　　（　　）

A. 5 年以下　　　　　　　B. 6～10 年

C. 11～15 年　　　　　　　D. 16～19 年

E. 20 年及以上

14. 您出生于　　　　　　　　　　　　　　　　（　　）

A. 乡村　　　　　　　　　B. 县镇

C. 城市

第二部分　乡村教师发展现状

15. 目前，您认为乡村教师面临的主要困境是（限 3 项）（　　）

A. 工资待遇偏低　　　　　B. 没有住房保障

C. 孩子上学面临困难　　　D. 专业发展不足

E. 职称评定困难　　　　　F. 无法融入乡村生活

G. 没有重大疾病救助　　　H. 社会认可度不高

I. 教师编制不足　　　　　J. 职业倦怠严重

K. 学校交通不便利　　　　L. 婚恋问题

M. 没有困难　　　　　　　N. 其他（请写明）＿＿＿＿＿

16. 您有调动或改行的想法吗？　　　　　　　　（　　）

A. 从来没有　　　　　　　B. 有时有

C. 经常有　　　　　　　　D. 总是有

17. 您所在学校教师流失、调出现象严重吗？　　（　　）

A. 非常严重　　　　　　　B. 比较严重

C. 很少　　　　　　　　　D. 没有

18. 据您所知，教师离开学校的主要原因是（限 3 项）（　　）

A. 工资待遇偏低　　　　　B. 没有住房保障

C. 孩子上学面临困难   D. 专业发展不足

E. 职称评定困难   F. 无法融入乡村生活

G. 社会认可度偏低   H. 没有编制

I. 学校交通不便利   J. 婚恋问题

K. 很少有教师离开   L. 其他（请写明）＿＿＿＿＿

19. 据您所知，离开学校的老师去了   （   ）

     A. 离家近的学校   B. 县城学校

     C. 市里学校   D. 离县城比较近的乡镇学校

     E. 本乡初中或中心小学   F. 本乡镇其他学校

     G. 从事其他行业   H. 其他（请写明）＿＿＿＿＿

20. 您认为在提升教师能力素质方面面临的最主要困境   （   ）

     A. 面临非常大困境，专业无法成长

     B. 主要由于工学矛盾，时间不充足，使专业培训面临一些困难

     C. 困难很小，只要积极学习均能提升专业能力

     D. 没有困难，教师培训能满足专业成长需求

     E. 其他（请写明）＿＿＿＿＿

21. 您获得过最高级别的专门针对乡村教师的荣誉吗？   （   ）

     A. 省、自治区、直辖市级   B. 地市级

     C. 区县级   D. 没有获得过

22. 您因在乡村学校任教获得过奖金吗？   （   ）

     A. 获得过   B. 没有

23. 据您所知，您周围的教师在师德上面临   （   ）

     A. 没有职业理想   B. 职业道德较差

     C. 法治教育观念不足   D. 心理健康面临问题

     E. 没有问题   F. 其他（请写明）＿＿＿＿＿

24. 您选择在乡村学校任教的主要原因（限3项）？   （   ）

     A. 热爱教育   B. 这里是家乡

     C. 职业稳定   D. 待遇不断改善

     E. 社会认可度不断提高   F. 工作压力小

G. 乡村自然环境好　　　　　　　H. 毕业分配或聘任到这里

I. 没有条件离开　　　　　　　　J. 评职称需要有任教乡村学校的经历

K. 学校交通便利　　　　　　　　L. 其他（请写明）＿＿＿＿＿＿＿

25. 近几年，在哪些方面的改善让您觉得最满意？（限 3 项）　　　（　　）

A. 工资待遇水平不断提高　　　　B. 社会地位不断提高

C. 自身专业能力水平不断提高　　D. 乡村文化融入较好

E. 职称（职务）向乡村教师倾斜 F. 乡村教师荣誉制度

G. 办学条件不断改善　　　　　　H. 学校管理和教学风气较好

I. 其他（请写明）＿＿＿＿＿＿＿

第三部分　乡村教师职业发展期待

26. 您认为乡村教师月收入比例高出城市教师多少合适？　　　　（　　）

A. 20% 及以下　　　　　　　　　B. 30%～40%

C. 50% 及以上　　　　　　　　　D. 不需要

E. 其他（请写明）

27. 您希望乡村教师住房如何解决？　　　　　　　　　　　　　（　　）

A. 不需要　　　　　　　　　　　B. 给予乡村教师建房用地

C. 提供乡村教师周转房　　　　　D. 给予乡村教师就近县城优惠购房

E. 明确服务期限，并一次性拨付住房津贴

F. 其他（请写明）＿＿＿＿＿＿＿

28. 您认为乡村教师子女在接受教育的过程中最需要的政策关照是　（　　）

A. 不需要

B. 在就近入学的前提下，可以选择进入优质义务教育学校

C. 中考时可以获得一定的加分

D. 希望子女在报考教师职业招聘考试中有一定的优惠政策

E. 其他（请写明）＿＿＿＿＿＿＿

29. 您希望在自身专业发展上最需要提高的是：　　　　　　　　（　　）

A. 提升学历　　　　　　　　　　B. 提升教育理论素养

C. 提升教育教学能力　　　　　　D. 提升解决实际问题的能力

E. 加强心理健康学习   F. 提升信息技术应用能力

G. 提升科研能力   H. 其他（请写明）＿＿＿＿

30. 您希望在乡村从教多少年的教师该有津贴？   （   ）

    A. 10 年   B. 15 年

    C. 20 年   D. 25 年

    E. 30 年

31. 您希望长期在乡村从教的教师的津贴为：   （   ）

    A. 每年额外一个月工资   B. 每三年额外半年工资

    C. 每五年额外一年工资   D. 其他（请写明）＿＿＿＿